Felix Dahn
Karl der Große

FELIX DAHN

Karl der Große

Der Begründer des Abendlandes

tosa

Wir waren bemüht, die Inhaber der Urheberrechte des Coverbildes ausfindig zu machen. Sollten wir unbeabsichtigt bestehende Rechte verletzt haben, so bitten wir die Betroffenen, sich mit dem Verlag in Verbindung zu setzen.

Sonderausgabe für den Tosa Verlag mit Genehmigung des Bildbuch Verlags, Wien

Alle Rechte vorbehalten
Originalausgabe © 1997 erneuert by Bildbuch Verlag, Wien
Umschlag von Beate Dorfinger unter Verwendung eines Bildes aus dem Verlagsarchiv
Copyright © dieser Ausgabe 1997 by Tosa Verlag, Wien
Printed in Austria

ERSTES BUCH

Erstes Kapitel

Die Grenze zwischen den Dänen-Gauen und dem zum Frankenreich gehörigen Nordsachsen – nördlich der Elbe – bildete zu Anfang des neunten Jahrhunderts der von Osten nach Westen ziehende Lauf der Eider; die Mark war nördlich der Eider ein umstrittener Boden; die Dänen behaupteten sich hier noch in manchen Strichen. Erst allmählich gelang es, sie über die Schlei zurückzudrängen.

Das Land war dort damals noch meist von Urwald bedeckt oder von schilfigem Sumpf. Selten waren die Rodungen – auf brauner Heide stand dann der einsame Hof –, viele Stunden hatte man zu gehen bis zu der nächsten Siedlung.

Am Ufer der Eider erhob sich ein solches Gehöft, da wo eine Furt das sächsische, das Südufer erreichte.

Nicht ein Stein war zu dem Bau verwendet: ganz aus rohen Stämmen war er gefügt. Das mächtige, fast bis zur Erde herabreichende, teils graue, teils bräunlichgrüne Dach bestand aus tiefen Schichten von Schilf und von Moos; an der dem Fluß abgekehrten Stirnseite kreuzten sich die beiden obersten Schrägbalken: in zwei kunstlos geschnitzte Pferdeköpfe liefen sie aus. Das Wohnhaus und der darangebaute Stall lagen wie versteckt hinter einer Gruppe von uralten Eichen. Umzäunt waren das Haus und der etwa fünfzig Schritt im Geviert messende Anger von einer fast mannshohen Palisade aus starkem Pfahlwerk.

In den hölzernen Trog rechts vor der Haustür floß aus einem ausgehöhlten Baumstamm fast lautlos das klare Wasser einer Quelle. Auf allen drei Seiten, nur nicht nach dem Flusse zu, war der Zaun auf Pfeilschußweite von dichtem Wald umgeben. Zwischen Wald und Palisade lagen ein paar schmale Felder. Roggen und Hafer nickten mit wehenden Halmen im sommerlichen Abendwind. Denn es war später Nachmittag.

Da schritt aus den Bäumen westlich vom Hof ein stattlicher, hochgewachsener Mann in schlichtem braunem Mantel auf die Lichtung heraus. Er trug keine Kopfbedeckung, er hatte dunkelblondes, kurzgekräuseltes, dichtes Haar und einen Vollbart. Auf der Schulter lag ihm die Waldaxt: Er kam von der Arbeit.

Wie er in den schmalen Pfad einbog, der durch das Haferfeld führte, blieb er stehen. Er warf einen langen, sinnenden Blick auf das Gehöft, das im Abendlicht vor ihm lag. Die Sonne grüßte es noch einmal, bevor sie hinter die hohen Wipfel des Waldes sank. Das alte Moosdach leuchtete in warmem Goldbraun; ein feines Wölkchen weißen Rauchs stieg aus der Luke oberhalb des Herdes: Es war eine friedliche, fast feierliche Schau.

Der Mann fuhr sich mit der Linken über die Stirn, sein graues Auge glänzte. »Nein«, sagte er, »Herr Graf. Mein Haus bleibt mein.«

Mit weiten Schritten hatte er das Haferfeld durchmessen. Als er die Türe der Palisade öffnete, erscholl starkes, aber freudiges Gebell, und mit hohem Satz sprang an dem Herrn ein mächtiger grauer Wolfshund empor, beide Vorderpranken gegen seine Brust stemmend. »Hofwart, du Treuer«, sprach der Mann, sich losmachend und das breite Haupt des edlen Tieres streichelnd. »Hast du wacker gewacht? Wo bleibt die Frau?« Der Hund hatte verstanden. Schnell wandte er sich und lief mit rufendem Bellen zum Haus. Aber er brauchte sie nicht zu holen, die Frau.

Schon stand sie auf der Schwelle der offenen Türe: Voll fielen die Strahlen der sinkenden Sonne auf die schöne Gestalt. Sie hielt die linke Hand oberhalb der Augen; in der Rechten trug sie, zur Erde gesenkt, die flachsumflochtene Spindel; das hellblonde, lichte Haar, vom Strahl der Abendsonne übergoldet, leuchtete: So stand sie da, umrahmt von den tief dunkelbraunen Eichenpfosten ihrer Haustür, ein wunderschönes, edles Bild.

Dem Mann schlug das Herz vor Liebe und vor Stolz. Schon stand er vor seinem Weib – die Axt ließ er aber doch nicht in der Hast zu Boden gleiten: Bedachtsam schlug er sie in den Brunnentrog –, zog die schöne junge Frau an sich und drückte die Erglühende innig an die breite Brust. Sie schwiegen beide und hielten sich umfangen in langem, langem Kuß.

Sie schloß die Augen mit den goldbraunen Wimpern. Endlich machte sie sich los und schlug die sanften hellblauen Augen wieder auf. Der scheue, wie erstaunte Aufschlag dieses Auges hatte einen unwiderstehlichen Reiz, und es konnte das matte, sonst fast allzu kühle Blau auch wohl lebhaft, ja feurig leuchten. »Du erstickst mich, Mann! Hast du mich denn noch immer so lieb? Nach vierzehn Jahren!«

Er erwiderte nicht mit Worten, nur mit einem Blick. »Und die Kinder? Wo . . .?«

Da waren sie schon. Hofwart hatte sie geholt. Laut bellend sprang er voran, als aus dem Gang ein Knabe und dicht dahinter ein Mädchen hüpften. »Der Vater!« schrie der Kleine laut auf und sprang ungestüm an des Ankömmlings Hals.

»Willkommen daheim, Vater«, lächelte freudestrahlenden Auges seine Schwester und umschloß die mächtige Rechte mit ihren beiden zarten Händen. Sie mochte dreizehn, der Bruder zwölf Jahre zählen. Sie zerrten ihn zur Bank, welche die Stirnseite des Hauses umgab, er ließ sich darauf nieder, und gleich saßen sie auf seinen Knien.

Der Knabe trug als Gewand nur ein enganliegendes braunes Widderfell, das die Arme und vom Knie ab die Beine unbedeckt ließ; er ging barfuß; den breiten Gürtel aus ungegerbtem Leder schloß eine eiserne Spange. Das Mädchen, dessen schlichtes Haar von allerhellstem, fast weißem Blond mit einem blauen Wollband von der Mutter zierlich zusammengeschnürt war, schmückte ein weißes Leinengewand, das vom Hals bis an die Knöchel reichte –

den Gürtel aus blauem Tuch hatte die Mutter mit roten Fäden durchwirkt, ebenso den blauen Halssaum und die blauen Ärmelöffnungen des Gewandes –, die Füßlein staken in Lederschuhen.

Die Frau stand vor den dreien. Sie freute sich des Anblicks. Die Spindel in der Rechten hatte Ruhe, ihre Augen strahlten, langsam strich sie das sanft wellige Haar mit der linken Hand aus der Schläfe.

Wie sie so dastand, in dem einfachen, langfaltigen lichtblauen Wollgewand, das um die Hüften der handbreite Gürtel zusammenhielt, das Antlitz von tiefstem Stolz auf den Gatten und von freudigem Mutterglück verklärt, war sie mit ihrer nicht allzu hohen, aber durchaus ebenmäßigen Gestalt – schlank, fein und doch von jener weichen, echten fraulichen Rundung des jungen Busens – vollendet schön.

»Vater, ich habe getroffen! Mit deinem Bogen«, rief der Knabe, »das Wiesel im Lauf!« – »So lange bist du fort gewesen, Vater!« klagte die Kleine, sich zärtlich an ihn schmiegend. »Mehr Tage als ich Finger habe! Jetzt bleibst du aber doch recht lange bei uns?«

»Recht lange, Lindmuth.«

»Ist die Arbeit im Neubruch zu Ende?« fragte die Frau; sie ließ den Blick nicht von seinem Antlitz.

»Der Bifang ist fertig und die Rodung. Nur noch ein paar Eichenknorren sind auszugraben. Das kann Heimo allein. Mich zog's nach Haus!« Er reichte seinem Weib die Hand über die Köpfe der Kinder. Sie drückte sie und ging dann ins Haus.

»Wann kommt Heimo?« fragte der Knabe. »Er versprach mir etwas mitzubringen.« – »Seine Fußwunde«, forschte eifrig die Kleine, »heilt sie?« – »Langsam. Eberzahn . . .« – ». . . und Hirschgeweih quetschen breite Wunde«, fiel der Junge ein. »Und für den Vater«, sprach Lindmuth, »empfing er die Wunde!« – »Ich war dabei! Das heißt: ich sah es – von dem Baum herab!« verbesserte der Bruder ehrlich.

»Die wütende Bache griff die Männer beim Brandroden an. Ich kletterte gar hurtig auf die Tanne! Des Vaters Speer zerknickte in ihrem Schulterschild, sie rannte den Waffenlosen mit den Hauern an: Da sprang Heimo dazwischen und gab ihr mit dem Sachs den Fangstoß ins Genick. Aber sein Bein wurde schwer verletzt.« – »Er hinkt. Wird er immer hinken müssen?« fragte Lindmuth. »Ei, dafür hat ihn der Vater freigelassen. Lieber lahm und frei als heil und Knecht.« – »Recht, Volkbert«, sprach der Vater – er sah sehr ernst aus – und strich ihm dabei über das krause Haar.

Die Frau trat mit einem irdenen Krug und einem Holzbecher aus dem Haus, unter dem linken Arm einen Laib Roggenbrot, Sie schenkte die schäumende Milch aus dem Krug in den flachen, schalenähnlichen Becher und gab ihm diesen. Er trank in tiefen Zügen. »Da ist auch Brot«, sagte sie. Er nahm das Messer, den Sachs, aus dem Gürtel und schnitt sich davon ab. Sie wandte das Auge nicht von ihm. »Ward ihr beiden immer allein im Wald?« fragte sie sehr ruhig, denn eine wunderbare, wohltätige, vornehme Ruhe besaß diese blonde Frau. Und doch verriet manchmal der aufblitzende Blick: Es war nicht Kälte, war Zurückhaltung.

»Immer, Muthgard. – Fast immer!« – »Hat der Graf nicht gejagt?« – »Der böse Graf«, flüsterte das Mädchen ängstlich, sich an den Vater schmiegend. »Auf den möcht ich schießen, nicht auf Wiesel«, rief Volkbert und ballte die Faust. Der Vater hatte geschwiegen auf die Frage der Frau. Jetzt gab er dem Knaben einen festen Schlag auf den Krauskopf. »Volkbert! Du dummer Bub! Der Graf herrscht an des Kaisers Statt. Darüber denke nach. Aus meinen Augen!«

Schamrot und zögernd schlich der Knabe in das Haus. Die Kleine sprang eilfertig von des Vaters Schoß und lief ihm nach. »Wohin?« fragte er. »Ihn trösten!« Sie verschwand im Haus, mit einem mitleidigen und doch heiteren Lächeln.

Die Gatten waren nun allein.

Zweites Kapitel

Langsam ließ sich die Frau – alle ihre Bewegungen hatten etwas Ruhiges, fast Feierliches – neben ihm nieder auf die Holzbank. Sie schob Krug und Becher zur Seite und sagte, das klare Antlitz voll ihm zugewandt: »Graf Hardrad war im Wald. Ich hörte seine Hunde. Was hat er von dir gewollt?« Der Mann furchte die Stirn. »Das alte Begehren. – Und ein neues dazu«, lachte er bitter. »Er wollte mir die Rodung verbieten. Es sei königlicher Wald und sein Lehen. Schweigend wies ich mit der Hand auf die Grenzeiche, in die meine Hausmarke geritzt ist.«

»Und was gabst du ihm zur Antwort auf das andere, das alte Begehren?« – »Nichts. Ich schlug nur grimmig in den Baum vor mir. Die Späne flogen ihm ins Gesicht. Er fluchte laut und ritt davon.« Da legte die Frau den vollen weißen Arm um des Mannes Hals und sah ihm scharf in die Augen: »Und das, Volkfried, muß ich dir alles abfragen, Wort für Wort?« – »Du weißt, ich habe nicht viele Worte.« – »Du fürchtest dich«, sprach sie aufstehend und sich hoch aufrichtend, »mich zu ängstigen, erzählst mir von dem bösen Grafen und seinem Haß gegen dich. Sei ruhig, du kannst mir alles sagen. Ich fürchte mich nicht. Ich habe dich.«

»Und ich habe das Recht. Was kann auch der schärfste Richter gegen das Recht? Nichts. Drum versucht er schon lange, mich ins Unrecht zu setzen. Er reizt mich, wo er kann. Aber der fränkische Edelherr kennt sie nicht, die Axt der Sachsen: stet und still, stolz und stark. Er kann mich reizen, solang er will. Ich glaube«, lachte er grimmig vor sich hin, »ich kann gar nicht zornig werden.« – »Oh, Volkfried! Du bist wie das Meer. Wenn du losbrichst . . .!« – »Das hast du noch nie erlebt. Oder . . . Nur einmal . . .! Als der freche Händler«, er sprang plötzlich auf, seine sonst so ruhigen Augen sprühten blaue Blitze, das Haar auf seiner Stirn hob sich, »dir an die Wange rührte.« – »Rühren wollte«, lächelte sie, sehr anmutvoll, und nun war zu sehen, wie lieblich diese stolzen, strengen Züge werden konnten, wenn sie zärtlich, wenn sie freudig, wenn sie ein ganz klein wenig schelmisch lächelten. »Er kam nicht weit mit seinem Ansinnen! Als er die schmutzige Hand nur gegen mich emporreckte, da hast du ihn gewürgt, bis er umfiel – wie tot. Zum Glück war er nicht ganz tot: Sonst ließe Kaiser Karl dich hängen.«

Sie versuchte laut zu lachen. Aber es gelang ihr schlecht. Und in tiefstem Ernst – der Scherz war ihr rasch vergangen – das Antlitz wendend, sprach sie leise zu sich selbst: »Nie, niemals darf er ahnen . . . das andre.«

Da schlug der Hund an und sprang in mächtigen Sätzen gegen den Eingang der Palisade. Ein Mann ward dort sichtbar: Sein Speer und seine eiserne Sturmhaube ragten über die Pfähle. Nun wollte er eintreten durch die schmale Tür. Aber der Hund stellte ihn mit wütendem Gebell. Volkfried war schon zur Stelle. Er rief den Hund, jedoch trat er nun selbst in die Pforte, den Eingang verstellend.

»Hund von einem Hund! Hätte mich fast zerfleischt«, schrie der Fremde, ein stämmiger Mann, das Gesicht von südlicher Sonne gebräunt. »So empfängt man des Herrn Grafen, des Herrn Kaisers Boten?«

»Der Hund kennt Feind und Freund des Hauses«, sprach die Frau. »Gib Raum! Laß mich ins Haus«, rief der Fremde Volkfried zu, der schweigend vor dem Eingang stand. »In des vollfreien Sachsen Hof tritt der Fronbote nicht. Über die Palisade hin, durch das Gatter, melde er seinen Auftrag.« – »Ungastlich Volk, diese Sachsen«, schimpfte der Fronbote. »Kaum verstehe ich ihr Gelispel. Oh, wäre ich daheim im warmen Seinetal geblieben.« – »Wir haben dich nicht gerufen, wir Sachsen«, sagte die Frau. »Was bringst du?« fragte Volkfried. »Eine Ladung. In sieben Tagen ist ein Thing am Grafenstein . . .« – »Schon wieder?« rief Volkfried, er wurde bleich, aber blieb ganz ruhig. Die Frau sah das und erschrak. »Erst vor vierzehn Tagen holte mich der Graf. Ich kann nicht schon wieder fort. Die ganze Ernte wartet! Und die Wasserarbeit unten am Deich! Stopf ich den Deich nicht, ersäuft mir beim nächsten Hochwasser all mein Vieh auf den Flußwiesen. Schon wieder Haus und Hof verlassen! Die Wirtschaft geht zugrunde! Ich kann nicht!« – »So bleib aus«, höhnte der Fronbote, »und zahle den Königsbann. Sechzig Goldgulden. Ist nicht viel für einen vollfreien Sachsen. In Geld habt ihr's wohl nicht. Aber der Hof ist mehr wert. Komm ich aber dann, um die verfallene Strafschuld euch zu pfänden, dann müßt ihr mich wohl einlassen.«

Volkfried schwieg, doch er atmete schwer; der Hund knurrte grimmig gegen den Fremden. »Verkaufe mir diese Bestie; ich bat euch schon oft darum.« Statt einer Antwort strich Volkfried über den Kopf des schönen Tieres. »Nicht? Dann pfänd ich den zuerst. Also: Richtig geladen bist du. Bleibst du aus, nehme ich euch Haus und Habe.«

»Schon wieder ein Thing«, wiederholte der Sachse. »Den Königsbann bezahlen? Das kann ich nicht. Und wieder zum Thing, das kann ich auch nicht. Wer hilft mir?«

»Kaiser Karl. Er hat dir schon geholfen«, sprach da eine leise Stimme, die hinter dem Fronboten erklang. Betroffen wandte sich der um, die Gatten traten einen Schritt vor. »Bruder Fidus, Ihr seid's?« riefen beide. Es war ein kleiner, magerer Mann; das ziegenhärene Gewand hielt ein Strick um die mageren Hüften, die dürre Hand hielt einen Kreuzstab, kummervoll war das faltenreiche, müde Gesicht, aber die kleinen Augen blickten klug.

»Welch übler Wicht schickt Euch hierher?« zürnte der Fronbote. »Mich schicken Herr Christus und Kaiser Karl. Ich trage wieder das Kreuz unter die Heiden. Ich muß durch die Furt. Stehe schon lange hinter Euch, hörte jedes Wort, Golo. Und staune. Wie? Warum ängstigt Ihr diesen guten Volksfried da mit leerer Drohung?« – »Leere Drohung? Er wird's schon spüren, pfänd ich ihn.« – »Wofür? Weil er ein Thing nicht besucht? Ja, bist du denn Schöffe geworden, Volkfried?«

Golo biß sich auf die Lippen.

»Doch sicher nicht«, fuhr das Männlein fort. »So viele Hufen hast du nicht. Und weiß der Fronbote, weiß Graf Hardrad nicht Kaiser Karls Recht, das neue Recht, das gute, rettende?«

»Was meint Ihr?« rief die Frau; erleichtert atmete sie auf bei des Mönches Worten.

»Ei, schon seit Jahr und Tag gilt Kaiser Karls Recht, daß nur die allerreichsten Grundeigner – als Schöffen – die Thinge besuchen müssen, welche die Herren Grafen gebieten, die kleineren Freien aber nur dreimal im Jahr die althergebrachten Thinge: zur Winter-Sonnwend, das Maifest und den Herbsttag.« – »Seit Jahr und Tag schon, sagst du?« grollte Volkfried. »Schon bald zwei Jahre sind's, seit zu Aachen dieses Gesetz erging.« – »Und Graf Hardrad hat mich im letzten Jahr leicht zwanzigmal zum Thing entboten! Meine Wirtschaft verkam fast darüber. Ich mußte sieben Rosse verkaufen. Und all das wider Recht . . .?« Der Zorn erstickte seine Stimme. Er ballte die starke Faust.

Golo trat zur Seite. »Ich weiß davon nichts. Ich habe meinem Grafen zu gehorchen.« Er machte sich auf den Weg, doch warf er noch einen bösen Blick auf den Hof. »He, da ragen noch die zwei Pferdeköpfe auf dem First: die heidnischen Abzeichen, dem üblen Wicht Wotan geweiht. Weißt du nicht, daß es geboten ist, sie abzusägen?« Volkfried schüttelte den Kopf.

»Das melde ich dem Herrn Abtvikar. Da gibt es Kirchenbuße! Ist darin vielleicht auch neues Recht ergangen, du kluger Mönch?« Er war schon in dem Haferfeld verschwunden.

Drittes Kapitel

»Kommt in das Haus, guter Vater«, sprach die Frau und beugte das schöne Haupt freundlich zu dem Mönch nieder, ihn sanft an der Schulter hereinziehend durch die Zaunpforte. »Wie danke ich Euch für Euer rettend Wort!« – »Ihr seid doch Eurer Rede gewiß?« forschte Volkfried. »Es ist dem Volk eine große Hilfe! Und wie vom Himmel herab verkündet.« – »Das mag wohl sein«, meinte der Mönch ernsthaft. »Der Engel Gottes schwebt gar oft im Sternenschein herab zu Kaiser Karl und flüstert dem Träumenden Rat zu.«

Die Gatten hatten den Gast nun bis an die Tür des Hauses geführt und hießen ihn eintreten.

»Nein«, wehrte er ab. »Ach, nein!«

»Du bleibst bei uns«, mahnte Volkfried. »Sieh, schon ist die Sonne hinter den Wald gesunken. Bald naht die Nacht.« – »Eben deshalb, Frau«, seufzte der Kleine.

»Du erreichst jenseits der Eider kein Gehöft vor acht Wegstunden bis an des Reiches äußerste Nordmark. Du kannst doch nicht im Freien übernachten. Die Wölfe rennen im Eiderwald.«

»Und die Dänen streifen darin!« warnte die Frau.

»Ja und gar viele Waldgänger«, nickte der Mönch mit einem raschen Blick auf Volkfried, »verbannte Sachsen, die fliehen müssen vor dem Herrn Kaiser, weil sie ihren Treueid ihm und dem Herrn Christus gebrochen und in das Heidentum zurückgefallen sind. Ich weiß: Diese Geächteten, die hassen das Mönchsgewand noch viel heißer als die Dänen, die niemals getauft wurden.« – »Durch Zwang sind die getauft«, fiel die Frau ein, »die Armen!« – »Gleichviel«, schoß Volkfried streng und herb. »Sie haben sich zwingen lassen! Wären sie doch gestorben, lieber, als sich zwingen lassen! Das stand jedem frei. Nun haben sie's geschworen. Nun müssen sie's halten.« – »Es ist gut, daß du so denkst«, sprach der Gast bedeutsam, »sehr gut, denn gar nah liegt dein Gehöft dem Eiderwald, und leicht könnte einer der Ächter dein Mitleid anrufen. Und du weißt, wer einen der Gebannten beherbergt, den trifft . . .«

»Sei unbesorgt«, sprach Volkfried, »ich hab's geschworen.«

Die Frau schlug rasch die Augen nieder, aber niemand achtete darauf, und der Mönch sagte nochmal: »Das ist sehr gut, daß du so denkst – gut für euch alle.« – »Aber die Dänen feiern dort im Wald nach wenigen Nächten das Ernteopfer«, mahnte die Frau. »Eben deshalb«, wiederholte der Mönch. Er ließ sich auf der Hausbank nieder. »Hier draußen, solang es noch nicht Nacht ist, darf ich wohl ein wenig bei euch ruhen. Ich ruhe gern bei euch. Es tut gut, bei euch zu sein. Bei euch hat das heilige Sakrament der Ehe seinen ganzen Segen entfaltet. Das seh ich so gern an – an den andern.« Seine Stimme bebte. »Und eure Kinder – die holde Lindmuth, der kecke Volkbert –, wo sind sie?«

»Da kommen sie schon gelaufen«, sagte die Mutter. »Sie haben dich lieb.« Um die Ecke des Hauses kam der Knabe. Der erste Blick galt fragend dem Vater. Der sah nicht mehr zürnend aus. Nun war Volkbert schon an des Mönches Seite. »Vater Fidus«, rief er, »erzähle gleich weiter! Weißt du noch? Von Karl dem Hammer war's zuletzt und von der Sarazenenschlacht.« Lindmuth aber kniete vor dem Mönch, hob beide Hände zu ihm auf und sprach: »Ich glaube an Gott, den Vater, der da ist im Himmelreich, den Schöpfer Himmels und der Erden. – Nun segne mich, Vater. Du hast es versprochen, falls ich den Spruch nicht vergäße.«

Und der Alte legte die Hände auf das blonde Haupt und sprach: »Du bist schon gesegnet, Lindmuth, denn Gott hat dir ein sanftes Herz gegeben.« Er hob das Kind auf. »Ei, Frau Muthgard, wie ähnlich sie Euch wird! Mehr von Jahr zu Jahr. Jeder Zug des Gesichts! Ganz so saht Ihr aus – als ich Euch zuerst sah. Da ward Ihr etwa so alt wie jetzt Lindmuth.«

Die Frau nickte, während sie für den Gast von dem Brot schnitt. »Ja, all sagen's. Ganz ähnlich. Das ist nun lange her. – Nehmt vorlieb mit Brot und Salz und Fisch. Es ist kein Fleisch im Hause. Der Mann war lange fort, da gibt es kein Wildbret.« – »Oho«, rief Volkbert, »traf ich nicht – beinahe! – einen Hasen?« – »Warum dürft Ihr nicht übernachten unter unserem Dach?« fragte Volkfried. – »Der Herr Abtvikar hat es mir verboten, unter Dach . . . Übrigens – euer Dach! Der Fronbote hat recht: Die Pferdehäupter sind verboten.« Volkfried furchte die Stirn: »Von wem? Vom Herrn Kaiser?« – »Nein. Vom Abtvikar.«

»Ich bin nicht sein Mönch! – Mein Vater hat sie selbst geschnitzt, als die alten verwittert waren. Meine Hand sägt nicht ab, was meines Vaters Hand geschnitzt.«

»Beileibe nicht!« rief der Knabe. »Mahnen sie doch die Waltenden, wann sie vorüberschweben, der vielen Pferdeopfer, die ihnen der Hof gebracht hat, und zeigen, daß dies Haus unter dessen Schutz steht, der das Grauroß reitet durch die Wolken und aller Sachsen Urahnherr ist.« Der Mönch bekreuzigte sich: »Wer gab dir diese Deutung, Knabe?« – »Ei, Heimo.« – »Mein Freigelassener«, erklärte der Hofherr. »Der kann die alten Zeiten und die alten Götter nicht vergessen.«

»Er muß«, sprach der Mönch. »Und gerade wegen dieser Deutung müssen die Pferdeköpfe weg von euren Dächern.« – »Die da oben bleiben. Mein Vater hat sie dort angebracht. Ich will sie nicht erneuern, fallen sie von selbst vermorscht herab. Aber ich zersäge sie nicht.« Der Mönch wollte etwas erwidern, aber der Blick der Frau gebot ihm zu schweigen.

Volkfried stand auf und ging mit großen Schritten vor dem Haus auf und ab. Der Knabe hing sich in seinen Arm und ging eifrig mit.

»Wenn er die Stirne so furcht«, sprach die Frau, »sind alle Worte machtlos. Gebt es auf.« – »Ja, ja, so sind gar viele. Deshalb hat der Herr Kaiser einen Ausweg . . .« Volkfried kam gerade wieder vorüber. Sie beugte sich zu dem Männlein nieder; er flüsterte in ihr Ohr.

»Gut«, lächelte sie lieblich. »Diese Arglist will ich verantworten.«

Volkfried setzte sich wieder neben den Mönch. »Müßt Ihr wirklich fort noch vor Nacht, nehmt noch einen Trunk feinen Mets . . . Wo ist der Krug?« – »Gleich«, sagte die Frau. »Komm, Tochter, hilf. Doch laß, da ist die Magd. Wlasta! – Wlasta! – Hörst du nicht?«

Um die Ecke des Hauses bog eine schmächtige Gestalt. Ein Mädchen. Es schleppte auf den Schultern an einer Tragstange zwei Wassereimer; sie waren wohl schwer; sie ging gebückt. Da sah sie, aufschauend mit trotzigem Blick bei dem Anruf der Frau, den heimgekehrten Hofherrn auf der Bank. Mit einem leisen Schrei schnellte sie die Stange von der Schulter; blitzschnell war sie herangelaufen; aus dem roten Kopftuch flatterten lange schwarze Haare, sie lag vor Volkfried auf beiden Knien, beugte den Kopf tief zur Erde und küßte die Riemen an seinem Schuhwerk.

Volkfried achtete dessen nicht. »Und warum müßt Ihr fort?« fragte er den Mönch. Er schob die Magd mit dem Fuß zur Seite; er hatte sie gar nicht gesehen. Fidus aber blickte auf das glühende braune Gesicht des schönen Mädchens, das sich nun erhob und die zerzausten Haare mit beiden Händen hinter die Ohren strich; die braunschwarzen Augen waren auf Volkfried geheftet; die nackten Arme kreuzten sich über dem üppigen, heftig wogenden Busen.

»Das ist nicht Sitte unseres Volkes«, sprach der Mönch. »Aber des meinen«, erwiderte das Mädchen. »So ehrt man nur Gott«, fuhr der Alte fort. »Und den Herrn.« Fidus wollte heftig werden. Doch Volkfried sagte, den Hund streichelnd, der den breiten Kopf auf seine Knie legte: »Laß sie doch! Hofwart freut sich ja auch, wenn der Herr kommt, und küßt ihm die Füße.«

Ein Blick flog aus den schwarzen Augen, der jeden erschreckt hätte, der ihn gesehen. Aber niemand sah ihn. »Hole den Metkrug aus dem Keller«, gebot die Frau mit ruhiger Stimme. Wlasta verschwand im Hause.

»Wo ist die Wendin her?« – »Aus dem letzten Wilzenkrieg. Die Schilfhütten der zersprengten Horde loderten rot durch die Nacht. Ich schritt an der letzten vorbei, die gerade zusammenstürzen wollte, über der Schwelle lag auf dem Gesicht ein Weib. Ich stieß daran mit dem Speer, da zuckte es. Sie lebte noch, ich riß sie empor. Jetzt brach die Hüttendecke krachend auf die Schwelle. Da fiel mir ein, daß die Frau längst eine Magd kaufen wollte. So nahm ich die Gefangene mit und sparte den Kaufpreis.« – »Ich werde sie verkaufen«, meinte die Frau. »Sie ist faul – oder vielmehr launisch: heute honigsüß, morgen bitterböse.« – »Wir brauchen ein paar Pfluggäule. Für die Wendin krieg ich leicht vier.«

Wlasta kam zurück aus dem Haus, den schweren Metkrug auf dem Kopf tragend, mit der Linken den Henkel fassend, hielt sie in der Rechten ein paar irdene Becher. Sie stellte alles neben den Herrn auf die Bank – leise, zierlich, in kleinen Bewegungen der feinen Glieder – und verschwand geräuschlos, wie sie gekommen, die Eimer mit der Stange auf die Schultern hebend. Sie hatte den Blick jetzt nicht von der Erde erhoben. Fidus sah ihr sinnend nach.

»Aber warum willst du – mußt du noch vor Nacht fort, Vater Fidus?« fragte Lindmuth. »Das – das sollte ich fast nicht erzählen. Denn es gereicht mir nicht zum Lobe!« sprach der Mönch errötend. »Aber«, und er hob das Haupt, »gerade deshalb! Sich selbst herabsetzen, das ist Christenpflicht. Allzu hohe Meinung habt ihr guten Leute von dem schwachen Fidus. Es ist wohlgetan, sie herabzudrücken. Nein, laß die Kinder nur zuhören, Frau. Sie hören nur, was sie bessern, nichts, was ihnen schaden mag. – Ich bin ein schlechter, ungetreuer, pflichtvergessener Mönch.« – Und das Haupt mit den spärlichen grauen Haaren sank müde herab, und die Hände verdeckten die traurigen Augen.

Viertes Kapitel

»Wie kam es, daß Ihr Mönch geworden seid?« fragte die Frau. »Ihr seid doch lange Zeit weltlich gewesen, Kaufmann, meine ich ...«

»Gewiß. In Utrecht, bei des heiligen Willibrords Kirche, steht heute noch meines Vaters kleine Werkstatt. Freigelassene und Grundholden des Heiligen waren die Vorfahren; und die Kunst, die friesischen Mäntel zu weben, zu färben, zu schneidern, vererbte sich bei uns von Geschlecht zu Geschlecht. Ich lernte beim Vater, und in der freien Zeit lernte ich auch ein wenig Latein – viel ist's nicht gewesen, aber es langt jetzt doch für die Gebete! – bei den guten Mönchen drüben im Kloster. Nach des Vaters Tod übernahm ich die Werkstatt, und des Nachbars, des Klostergärtners, Tochter ward mein Weib.« Er hielt inne, die Stimme versagte ihm.

»Nehmt einen Schluck Met«, mahnte die Frau. »Ihr werdet schwach.«

»Nein, ich darf nie mehr schwach werden! Wir hatten uns von Herzen lieb.« – Er schlug ein Kreuz. »Wir durften ja damals. Wir waren sehr glücklich miteinander. Sie war so gut, so klug, so schön! – O Gott, ich werd es nie vergessen.« Er schlug die Hände wieder vor die Augen. »Ist sie denn tot?« fragte Lindmuth und strich sanft an den magern Fingern, durch welche Tränen drangen. »Nein, liebes Kind! Nur tot – für mich! Jahrelang beteten wir, der Himmel möge uns ein Kind gönnen – es war das einzige, was unserem Glück fehlte. Und der Himmel erhörte unser Gebet – hatte ich doch dem Heiligen sechs neue Altardecken aus besten rot- und blaugestreiften Wollzeug geschenkt. Und da die Stunde gekommen war, da sprach der Klosterarzt zu mir und zu meinem zuckenden Weib: ›Mutter und Kind müssen sterben.‹ – ›Müssen sterben? Unbedingt?‹ schrie ich. – ›Ja, unbedingt. – Es sei denn‹, fügte er fromm hinzu, ›die Heiligen tun ein Wunder.‹ – Da warf ich mich vor ihrem Lager auf die Knie und faßte ihre Hand. Sie war schon ganz kalt. Da schrie ich in meiner Herzensqual: ›Hilf, Sankt Willibrord, hilf! Rette mein liebes Weib! Du tust ja so viele Wunder – tu auch mal eins für mich. Und bleibt sie am Leben, so will ich dir fortab mein Leben weihen. Ich werde Mönch – ich werde Priester – ich will unter die Heiden fahren – nur rette sie.‹ Und kaum war das Gelübde getan, da klang an mein Ohr der Schrei eines kleinen Kindes. Und mein Weib war gerettet. Und es blieben am Leben Mutter und Mägdlein. Und wie freute sich Hercha, da sie mir das Kind zeigen konnte! Aber ich schrie lauf auf vor Weh und küßte sie. Und der Arzt, der Mönch, der mein Gelübde gehört, riß mich fort von dem Lager meines Weibes, schob mich in den Klosterhof und erzählte dem Abt die nach menschlicher Kunst unabwendbare Todesgefahr – ja er meinte, Hercha sei schon tot gewesen –, mein Gelübde und die plötzliche Rettung, ja Auferweckung. Und alle Mönche liefen zusammen, sangen Psalmen und meldeten das neue Wunder des Heiligen dem Bischof zu Utrecht, dem Erzbischof zu Mainz und dem Herrn König – damals war er noch nicht Kaiser! – in Aachen. Und für den Heiligen war das sehr gut, denn der Glaube an ihn ward noch viel stärker. Aber für mich ...« – »Nicht weinen!« bat Lindmuth. »Du sagst ja, sie lebt heute noch.« – »Kind, du sprichst wahr wie ein Engel. Aber für mich, das heißt für den sündigen Menschen in mir, war es doch hart. Denn ich – ich habe mein Weib nicht wiedergesehen – so viele Jahre lang.«

Volkfried warf einen Blick auf seine Frau. »Ist hart«, sagte er. »Aber ein Versprechen muß man halten, Heiligen wie Menschen.«

»Ja, ja, gewiß. Ich hielt es ja auch! Ich . . .! – Gegenüber dem Klosterhof lag unser Hausgärtlein. Wenn ich nun das Schreiben lernte, bald die Heiligenleben abschrieb, hörte ich meines Weibes süße, holde, liebe Stimme, wie die Mutter das Kind in Schlaf sang; doch wie heiß das Herz mir auch brannte, ich sah nicht hinüber in meinen eigenen Garten! Noch hatte ich geheime Hoffnung, loszukommen von dem Gelübde. Sie hatte – armes, junges Ding! – die Zustimmung nicht geben wollen, daß ich Mönch würde. Sie durfte nach dem Recht, auch nach der Kirche Recht, widersprechen. Dann war ich frei. Aber die Mönche! Nun, sie hatten ja recht! – Weiß der Herr, ich will nicht murren! – Sie hielten ihr Tag und Nacht vor, welch scheußliche Sünde sie tue durch ihre Weigerung, wie undankbar sie sei. Das Kind müsse sterben, das der Heilige ihr nur unter der Voraussetzung meines Gelübdes gegeben. Werde das nicht gehalten, werde der Heilige nehmen – und sie hätten ja recht! –, was man ihm abgelistet. Und ob sie sich nicht schäme, so sündhaft ihren Mann in den eigenen Armen behalten, der Kirche vorenthalten zu wollen? Das sei das Fleisch, der Eva Erbsünde in ihr, der Dämon Venus stecke in ihrem Leibe! Mein süßes, junges Weib – sie war damals zwanzig –, und ein Dämon in ihrem holden Leib! Aber sie hatten ja recht, die Mönche, und Hercha sah es ein. Sie ließ mich nur noch fragen, ob ich denn wirklich das grausame Gelübde getan? Ich schrieb auf ein Blatt: Ja. Da schickte sie mir am anderen Tage das abgeschnittene nußbraune Haar! Sie war Nonne geworden. Denn am selben Tag, da sie sich noch immer trotzig geweigert hatte, war unser Mädchen plötzlich gestorben. Sie hatte nun nichts mehr zu tun in der Welt. Die Mönche aber sagten mir – und sie hatten ja recht! –, der Tod des Kindes sei des Heiligen Strafe für mein und meines Weibes Versuch, mein Gelübde nicht zu halten. Da ward ich Mönch – am selben Tage noch. Und neben den üblichen Gelübden nahmen sie mir noch das besondere ab – weil sie meine Schwäche kannten –, niemals im Leben – bei schwerster Strafe im Himmel und auf Erden – wieder die Nonne aufzusuchen, oder, träfe ich sie zufällig, sie anzuschauen oder anzusprechen. Ich gelobte alles, was sie mir vorsagten. Denn ich glaubte, daß ich ohnehin vor Gram sterben werde. Allein man stirbt, so scheint es, nicht vor Gram, wenn man fünfundzwanzig Jahre alt ist und gesund wie ein Lachs im Rhein. Gelacht hab ich nicht mehr seit jenem Tag, und gefreut hat mich nichts mehr auf Erden – aber gestorben bin ich nicht. So sind dreißig Jahre vergangen. Ich bin gealtert vor der Zeit. Bin noch nicht sechzig und doch schon so müde! Von Hercha hörte ich nie mehr, ich weiß auch nicht, ob sie noch lebt oder schon gestorben ist. Mich schickten die wechselnden Äbte – schon viele habe ich begraben helfen! – mit allerlei Aufträgen weit umher: Bis über die Alpen bin ich gekommen und durch ganze Francien, gar oft nach Aachen zu dem Herrn Kaiser. Der will mir wohl, der gewaltige Karl! Weiß wahrscheinlich nicht, warum. Vielleicht hat er Mitleid mit mir. Auch unter die Heiden hier im Sachsenland bin ich oft gefahren, mit dem Abt von Fulda, Herrn Sturm aus Bayerland: Das war ein wackrer Herr! Aber der ist nun auch lange tot! Der hatte doch – bei aller Frömmigkeit – ein menschliches Herz im Leibe behalten. Jedoch mein jetziger Herr . . .!« – Er seufzte tief. »Vergib mir, Gott im Himmel! Ich darf ihn nicht schelten! Er hat ja recht.«

»Du meinst den finstern Langobarden, den Petrus?« fragte Volkfried. »Er ist nur streng, nicht ungerecht gegen mich!« – »Man sagt, er hat einst seinen eigenen König, den Langobardenkönig, in Paviastadt verraten?« – »Ich weiß das nicht! Nur ist es wohl eine Art Verbannung, daß man ihn aus Utrecht fortgeschickt hat – hierher, an die allerletzte Kapelle, an des Reiches äußerste Nordmark.« – »Wo hat er seinen Sitz?« fragte Volkbert. »In der neuen Burg, die der Herr Kaiser erst vor kurzem an dem Flusse Stör erbaut hat.«

»Jawohl, zu Esesfeld«, bestätigte Volkfried. »Die Feste soll das Werk des Dänenkönigs Göttrik noch übertreffen, das der Heide angelegt hat, um sein Reich vom Ostarsalt zu sperren bis an das Nordmeer, an Eider und Treene hin – das ›Dänenwerk‹, wie sie es hochmütig heißen.«

»Wohl! Ebendorthin sind ein paar Mönche unseres Klosters gesandt worden, unter Petrus als Vikar des Abts, der Besatzung dort die Sakramente zu spenden und wohl auch den heidnischen Dänen und Wenden in der Nähe das Kreuz zu predigen.«

»Das ist wohl eine Art Strafort?« – fragte die Frau gespannt, »auch für die Laien dort?« – »Mag wohl sein.« – »Wie kommst aber du dann dorthin, lieber Mönch?« fragte Lindmuth. »Du bist doch . . .« – ». . . nicht zur Strafe geschickt. Ich bat um die Entsendung.« – »Warum?« forschte die Frau. »Weil – weil es recht sündhaft ist von mir – nach dreißig Jahren . . .!« – »Schweig davon, tut es dir so weh«, mahnte Lindmuth. – »Nein! Es setzt mich herab, drum will ich's sagen. In Utrecht daheim, im Kloster, in der Zelle, von der ich auf unser altes Häuslein schaue, da – ach, da kann ich die Erinnerung gar nicht loswerden! Und die Sehnsucht, die sündhafte.« – »Sündhafte! Treue ist's!« meinte die Frau. »Ach nein, Sünde! Und um dem Bilde Herchas zu entrinnen – stets seh ich sie dort zwischen den Blumen, den Lilien des schmalen Gärtleins wandeln! –, froh ich bis hierher, bis an die Dänenwildnis. Und hier, ach, ach . . .! Nun, hört es nur zu Ende! Es muß sein! Voriges Jahr hat der Herr Kaiser, wie ihr wißt, wieder viele Tausende von Sachsen aus der Heimat vertrieben, ganze Geschlechter, mit Weibern und Kindern, sei fortführend nach Francien und überallhin verstreuend über sein weites Reich, die Weiber und Kinder gar oft in Klöster gebracht. Bei der weiten Fahrt geschah nun oft allerlei Ungebühr der fränkischen Krieger gegen die Weiber, die sie zu geleiten hatten.«

»Und um das zu verhindern«, fiel die Frau ein, »hat der Herr Kaiser – das hat mir sehr gefallen! – in Friesland Nonnen eingeschifft und sie die Elbe flußaufwärts fahren lassen, die Sachsenweiber abzuholen und in fraulichem Geleit zu Schiffe fortzuführen.«

Der Mönch nickte. »Ja, und ich hatte mit ein paar anderen Mönchen die Frauen bis an das nahe Bardenfleth begleitet, den Flecken an der Elbe, wo die Schiffe der Nonnen auf unseren Zug warteten. Und wie ich die letzte der meinem Schutz befohlenen Sachsenfrauen auf schwankendem Brett auf das hochbordige Friesenschiff geleite – wohl vierzigmal hatte ich den Weg mit den früheren zurückgelegt –, da schallt vom Schiff her ein Schrei, und über das Brett, mir entgegen, wankt eine Frau in grauem Schleier über dem schwarzen Gewand. ›Waltger!‹ ruft sie, ›mein Waltger!‹ So hieß ich nämlich, bevor ich Mönch wurde. Und nun wieder diesen Namen – so viele, viele Jahre hatte ich ihn nicht mehr gehört! Und auch die Stimme! Sie weckte alles wieder auf, was nur begraben, aber nicht erstorben war in mir. Ich erkannte sie, meine Hercha! Ich werd es nicht leugnen. Und obgleich ich sie erkannt hatte – merkt, ich beschönige nicht meine Sünde! –, und obwohl ich recht wohl hätte umkehren können und ihr einteilen – ach, ich tat es nicht! Ich sah nicht weg, ich verhüllte nicht das Haupt, ich enteilte nicht! Sondern fest sah ich ihr in das liebe, schöne, ach so früh vom Gram gealterte Gesicht und auf das weißgraue Haar, das unter dem Schleier hervorquoll. Meine beiden Arme breitete ich aus, und entgegen lief ich ihr! ›O mein Weib, mein geliebtes Weib!‹ rief ich, schloß sie fest in die Arme, drückte sie ans Herz und küßte sie auf den Mund, und heiße, bittre Tränen liefen uns beiden über die alten Wangen.«

Die Frau drückte leise des Gatten Hand, die auf der Bank

sich zur Faust ballte. Er wollte die Rührung in sich erdrücken. Und aus des Mönches Augen rannen langsam zwei große Tränen: Er ließ das Haupt auf die Brust sinken und schwieg. Der Hund legte den breiten Kopf auf seine Knie und sah zu ihm auf. Die Kinder waren traurig, sie wußten nicht recht, warum.

»Der arme, gute Fidus, was sollte er tun?« flüsterte Lindmuth schüchtern dem Bruder zu. »Ich hätte sie bei der Hand genommen und wäre flugs mit ihr auf und davon gelaufen.« – »Aber, Bruder! Und sein Versprechen?«

»Wie kann doch nur eine Sünde«, fuhr der Mönch nun nach einem Seufzer fort, »so selig machen im Herzen! Noch jetzt, wenn ich daran denke, wird's mir selig weh und selig wohl da tief drinnen in der Brust.« – »Sünde!« rief Volkfried, »die achte ich gering.« – »Da tust du sehr unrecht. Große Sünde war es! Nun, die Strafe blieb nicht aus. Kaum hatte ich die Frau umfangen – noch hatte ich sie nicht fragen können, wo sie und wie sie gelebt all diese Jahre –, da riß mich an der Schulter eine harte Faust zurück. ›Elender, Eidbrüchiger!‹ scholl es. Ich kannte die Stimme, brauchte gar nicht in das zornige Antlitz zu sehen. Ich sank auf die Knie, nicht vor Schreck, nicht aus Furcht vor dem Abtvikar, sondern aus Reue vor Gott dem Herrn, aus Scham. Einen leisen Wehruf – wie ein ersticktes Wimmern – hörte ich noch. ›Leb wohl, leb wohl, mein Waltger!‹ klang es von dem Schiff her. Da hatte mich der Vikar schon aufgerissen von den Knien und herabgezerrt von dem Brett. Er übergab mich zwei Brüdern zur Bewachung, die mich binden sollten. Aber sie weinten – sie hatten alles mitangesehen –, und sie wußten, ich würde nicht entlaufen. In Esesfeld legte mir der Abtvikar die Buße auf. Sie ist nicht gar schwer. Ich habe Schlimmeres verdient.« – »Was mußt du leiden? Oder tun?« fragte die Frau mitleidig. – »Er hat mir Stillschweigen auferlegt. – Die Nacht sinkt rasch! Lebt wohl, ihr Guten! Du hilfst mir wohl ein wenig, Volkfried. Nur bis in die Mitte der Furt, dann finde ich mich schon zurecht.«

»Das Wasser steht zu hoch. Ich trage dich hinüber. Aber du gehst – im Eiderwald – in den Tod.« – »Mag wohl sein! Jeder Schritt unsres Lebens geht in den Tod. Und das ist das Beste an meiner Buße, daß sie rascher...« Die Frau stand auf. »Sage, der Abtvikar, weshalb will er deinen Tod?« – »Ich könnte sagen, ich weiß es nicht. Aber das wäre gelogen.« – »Was hast du ihm zuleide getan? Was kannst du ihm schaden?« – »Ihm und seinen Freunden, dem Grafen Hardrad und dem Vizegrafen Fortunat, bin ich im Wege, weil ich in allen Dingen des Herrn Kaisers Willen und Gebot vollführt wissen will. Und weil ich viel kenne von den Gesetzen in geistlichen und weltlichen Dingen, die der Herr Kaiser hat verkünden lassen zur Schonung und Erleichterung der kleinen Leute im Volke, da ich gar oft zu Aachen weilte, zur Zeit der Reichstage und der Synoden, und der Herr Kaiser häufig Auskunft von mir verlangte über die Dinge in Friesland und im Sachsenland und die Unterdrückungen durch den Grafen und den Abt. Und ich verschweige und vertusche kein Unrecht vor dem Herrn Kaiser. So mögen sie denn wohl wünschen, daß dieser Mund bald verstumme.«

»Wie mag doch der Himmelsherr solchen Frevel dulden? Schläft er?« rief da sehr laut der junge Volkbert. Er war schon lange zornig, und sein Gesicht war rot.

»Daran magst du lernen, du Wildfang«, sprach der Mönch sanft und strich dem Knaben über das krause, braungelbe Gelocke, »daß der Himmelsherr, der niemals schläft« – hier gab er ihm einen ganz leichten Backenstreich –, »den Seinigen alles zum besten kehrt. Denn schau, die drei Mächtigen zu Esesfeld, die mich ja wohl in den Tod mögen schicken wollen, die wähnen, mir dadurch ein Übel anzutun. Und siehe, sie bereiten mir Gutes. Denn von allen Dingen auf Erden ersehne ich nichts so heiß wie den Tod.« Und er drückte der Frau die Hand und schritt rasch dem Flusse zu. Volkfried folgte ihm. Die Frau zog leise die beiden Kinder an sich.

»Weißt du, Mutter«, sagte der Knabe, »der Alte kann nicht lassen von seiner Frau, die Nonne ward. Er hat sie noch immer lieb.« – »Ist das nun Sünde?« fragte Lindmuth. »Vielleicht«, antwortete die Frau, »ich kann es nicht entscheiden, denn es ist doch – Treue.« – »Aber es ist doch recht traurig für ihn«, meinte Volkbert. »Es wäre besser für ihn, wenn er von ihr lassen könnte.« – »Nein«, sprach die Frau, »denn dann hätte er sie nicht geliebt.« – »Mutter«, forschte Lindmuth, »des Vaters Bruder ist doch auch ein Waldgänger?« Die Frau furchte die Brauen: »Wer hat dir das gesagt?« – »Heimo. Der Oheim hat doch auch den Treueid gegenüber dem Herrn Kaiser gebrochen?« – »Ja«, antwortete die Frau traurig, »leider.« – »Aber ich darf doch, wann ich das Nachtgebet spreche, auch für ihn beten? Es muß so hart sein, im Wald zu leben – unter den Wölfen.« – »Ja, bete nur für ihn wie für . . . nun, du weißt, für wen!« – »Für Herrn Richwalt«, sprach die Kleine ernsthaft.

»Und für deine Mutter, daß Gott ihr – uns allen – alle Schuld vergebe!« Sie seufzte schwer, stand auf und ging mit beiden Kindern ins Haus.

In triefenden Gewändern kam Volkfried zurück. Er zog sich aus und schlüpfte in das Fell eines gewaltigen Wisents. Die Frau bereitet die Kleider in der Nähe des Herdfeuers aus, das auch die Nacht über fortglimmte.

Die Kinder schliefen schon in dem Holzverschlag hinter der Halle. In demselben Raum, nur durch ein Segeltuch getrennt, stand der breite, starke, nur wenig vom Boden erhöhte Eichenschragen, auf welchem die Gatten ruhten. Zahlreiche gegerbte Felle machten das Lager weich und warm. Bald war Volkfried entschlummert, denn er hatte den Tag über streng gearbeitet. Die Frau fand keinen Schlaf, bange Sorgen hielten ihr Herz wach.

Da bellte der Hund draußen an der Hofwehr laut, Volkfried sprach im Traum: »Laß ihn nicht ein, Hofwart! O Bruder, Bruder, wie hab ich dich geliebt! Von Kind auf! Den Vater hab ich dir ersetzt. Aber dich aufnehmen? Nein! Der Kaiser hat's verboten. Warum brachst du den Eid? Niemals . . .! Fort von meinem Zaun! Ach, armer Bruder!«

Die Frau hatte sich nun ganz aufgerichtet. Sie sah auf ihres Mannes edles Gesicht. Das Herdfeuer – es war nur in halber Manneshöhe durch den Verschlag ausgeschlossen – warf einen matten Schein herüber; seine Lippen zuckten vor Weh.

»Wie er ihn liebhat! Fast wie die eigenen Kinder! Und doch! Wenn er es wüßte! Gott, vergib mir!«

Fünftes Kapitel

Am andern Tag ward es früh schon drückend heiß – weiße Donnerwolken, dicht geballt, stiegen auf –, es mußte ein schweres Gewitter kommen. Und es kam.

Volkfried war weit vom Hof gegangen, um nach seiner Roßweide zu sehen, die nahe dem Flusse lag. Den Knaben hatte er wegen des drohenden Unwetters nicht mitgenommen. Er war allein.

Manchmal, wie er über die Wiesen schritt und durch das Weidengebüsch, war ihm gewesen, als höre er hinter sich einen leichten Schritt, höre jemanden durch die Zweige schlüpfen. Er sah sich einmal um, aber es nickten nur die Büsche, durch welche er selbst geschritten war.

Er prüfte auf der Roßweide die Tiere, die ihn nur scheu betrachteten. Es waren erbeutete, die er vor kurzem dem Slawen abgekommen hatte.

Da brach das Gewitter mit strömendem Regen los. In der Umgebung stand eine offene Heuhütte, darin suchte Volkfried Schutz. Er legte sich auf das duftende Waldgras, das hier hoch, bis fast unter das Dach, gehäuft lag – es war frisch geschnitten; es duftete sehr stark, fast betäubend, aber süß, berauschend. Er schlief nicht, aber er träumte.

Da – es war keine Täuschung! – da regte sich's leise unter dem dichten Heu an seiner Seite. Die Haufen schienen lebendig zu werden, sie hoben sich, wölbten sich.

Ein Waldtier, dachte er, dem ich die Zuflucht gestört.

Aber größer und länger ward die Erhebung. Aus dem Heu tauchte eine Menschengestalt hervor, ein paar volle Arme, ein üppiger Nacken, eine Flut von schwarzem Gelock, aus dem überall Heuhalme ragten, aber das paßte gar gut zu dem glühenden, braunen Gesicht. Vor ihm lag, die Arme über dem wogenden Busen gekreuzt, die Wendin. Das Kopftuch hatte sie verloren, die schwarzen Haare flatterten wild auf die nackten Schultern nieder, das Hemd aus weißem Schaffell war herabgeglitten von der rechten Achsel, denn die Spange war gebrochen. Verwirrt, in Scham erglühend, hielt das schöne Mädchen das rauhe, zottige Fell mit der linken Hand vor die junge Brust.

Er richtete sich langsam auf, so daß er saß, und stemmte beide Fäuste verwundert in die Hüften: »Wlasta! Du hier? Was suchst du hier?«

»Dich.« Ganz leise kam es von den üppigen, halb geöffneten kirschroten Lippen.

Er verstand sie offenbar nicht. Weit öffnete er die hellgrauen Augen.

Ein bitteres Lächeln zog nun fast spöttisch um den ausdrucksvollen, stets bewegten Mund. Die kleinen weißen, ganz gleich gereihten Zähnlein wurden sichtbar. Aber gleich entfloh dies Lächeln wieder. »Ich schlich dir nach – all den weiten Weg! Ich wußte wohl, daß dich das Unwetter hier hereintreiben mußte. Ich kroch voraus.«

Er sah sie immer noch höchst erstaunt an. Da ertrug sie es nicht mehr. Sie bäumte sich hintenüber und schlug die rechte Hand vor die Stirn. »Ach, was hast du mich nicht verbrennen lassen in der Hütte der Mutter! Vom Rauch erstickt, war ich in meinem Versteck zusammengesunken. Ich glaubte zu sterben. Und ich wähnte im Himmelreich, in den ewigen Blumenwiesen der Todesgöttin zu erwachen, vom goldhaarigen Lichtgott geweckt, als mich eine Lichtgestalt, ein himmlisch schöner, großer Held, in seinen starken Armen aufhebt! – Und der Lichtgott führt mich seinem blonden, herben Weibe zu wie eine erbeutete Kuh! Ich will's nicht länger ertragen! Ich will nicht. Ich verbrenne an langsamen Flammen! Küsse mich! Oder wirf mich dort in den Strom.«

Sie hatte drohend, zuletzt schreiend gesprochen, ihre schwarzen Augen funkelten zornig. Aber gleich verflog blitzschnell dies Wilde, und mit weichstem, mit flehendem Schmeichellaute hauchte sie nun, die beiden ineinandergerungenen Hände bittend gegen ihn ausstreckend: »Bitte! Bitte! Nur einmal – aus Erbarmen – küsse mich! Wir sind hier ganz allein! Niemand soll's wissen! Ich will dann selbst – gleich! – in den Strom springen.« Und nun stürzte sie, vornübergebeugt, auf das Antlitz, die kleinen, zierlichen Hände weit vor sich hinstreckend. Sie vergrub sie tief in das Heu.

Er sprach kein Wort. Er stieß mit dem Fuß nach ihr – er traf die eine Hand – und sprang auf. Aber gleichzeitig war auch sie emporgeschnellt wie eine sich aufbäumende Schlange. »Das? – Das? – Für all meines Lebens innerste Glut? Das verdanke ich ihr! Ihr willst du Treue halten? So hör's. Du bist ihr keine Treue schuldig! Sie hat dich verraten. Sie traf, sobald du fort warst, jede Nacht, beinahe jede Nacht, an deinem Hofzaun einen fremden Mann! Sie bemerkten mich nicht, wie ich im Grase herankroch...«

Volkfried erbleichte. »Du Unselige!« stöhnte er.

»Siehst du?« frohlockte sie. »Nichts bindet dich mehr an sie. Oh, wie ich diese Stunde ersehnte! Nun ich dir ihren Buhlen...«

Da traf er sie mit der Faust auf die Stirn. Sie stürzte schreiend vor seine Füße.

»Elende! Mein Bruder war's, der Verbannte. Das aber wisse, zum Abschied, denn morgen verkauf ich dich in das nächste Nonnenkloster als Magd: Hätte ich Frau Muthgard und ihres Angesichts keusche Herrlichkeit nie gesehen – dich hätte ich nie berührt. Mich reut's, daß ich dich aus den Flammen riß.«

Blitzschnell sprang sie auf mit einem gellenden Schrei. »Haß für Liebe? Für solche Liebe Verachtung? Warte, das sollt ihr büßen! Wohlan denn, der lichte Gott stieß mich mit Füßen fort, aber ich weiß den dunklen Dämon, der mich aufnimmt. Wehe dir – und wehe ihr!«

Schon war sie im Freien. Volkfried trat aus der Hütte. Da sah er sie auf dem Rücken eines der kleinen zottigen Wendengäule sitzen. Sie hielt sich mit der Linken an der Mähne fest, mit der Rechten, der kleinen, zierlichen Rechten, schlug sie aus Leibeskräften auf das Tier ein, sie schnalzte mit der Zunge, sie gellte ihm, sich vorbeugend an seinen Hals, slawische Zischlaute ins Ohr. Hurtig setzte nun der Rappe über die hohe Umzäunung des Weidegeheges und schoß sausend davon in die Heide.

Sechstes Kapitel

Die Burg Esesfeld war erst im Jahre vorher angelegt worden; an dem rechten Ufer der Stör erhob sie sich auf einem ragenden Hügel, den Übergang über die Furt beherrschend und die wenigen Hütten des früher offenen Ortes überschauend, die sich verstreut an dem Flusse hinzogen.

Die Feste war vor allem im Außenbau vollendet worden, um sie gegen einen Handstreich der Dänen zu schützen; die Gräben waren hinreichend ausgehoben und durch das hineingeleitete Wasser des Flusses gefüllt, der Wall der ausgegrabenen Erde hoch aufgeschüttet, gestampft und oben durch Pfahlwerk gefestigt und gekrönt. Im Innern dagegen war noch gar manches unfertig, als die kleine Besatzung, schleunigst, aus den nächsten friesischen und sächsischen Gauen aufgeboten, den schmalen vierkantigen Turm und die paar Wohnräume bezog. Dieselben Mannschaften hatten, in den Hütten der Fischer und Bauern wohnend, die Bauleute während ihrer Arbeit beschützt, auch selbst, je zur Hälfte sich ablösend, mit Hand angelegt.

In dem mittleren der drei Stockwerke des Wachtturms lag die Halle, der Wohnraum des Befehlshabers. Das Erdgeschoß des Turms und seine Anbauten enthielten Stallungen für die Rosse. Die Halle zeigte an der Ostseite in dem von rauhen Feldsteinen zusammengesetzten Boden eine mannsbreite viereckige Öffnung, in welcher die vielsprossige Leiter lehnte, welche die Treppe ersetzte. Durch einen breiten Quader war das Loch zu schließen. Der Turm zeigte ungefähr in Mannshöhe vom Boden vier schmale Ritzen, mehr Schießscharten als Fenster, aber genügend, den Ausblick über die ganze flache Landschaft zu gewähren; in das dritte, höchste, Stockwerk unter dem Balkendach gelangte man aus dem zweiten ebenfalls nur durch eine Leiter und eine Öffnung im Holzboden jenes Dachraums.

Die Sonne neigte sich nach regenreichem Tag zum Untergang, aus grauem Gewölke selten hervorblickend; sie warf nur noch wenig Licht in die Turmhalle durch die schmale Mauerritze im Westen. Das Gewitter hatte starke Abkühlung gebracht. Ein glimmend Feuer brannte auf der Westseite, abgetrennt von dem Boden durch einen kleinen Kranz von erhöhten Steinen.

An dem runden Eichentisch saßen zwei Männer auf einer halbkreisförmigen Bank, ein dritter lag neben der Bank auf den Binsen. Unwirsch stieß der eine der Sitzenden einen zinnernen Becher, den er zum Munde geführt hatte, so heftig auf die Tischplatte, daß rote Tropfen heraussprangen. »Satan saufe das saure Gesöff!« rief er, den roten Bart mit der Hand von der Lippe streichend.

»Der wird sich hüten, Hardrad«, lachte sein Bankgenosse. »In seiner Höhle ist's heiß, da gedeiht wohl ein besseres Gewächs.« Er zerschlug mit der Faust auf dem Tisch ein Stück Brot. »Das ist so hart wie ein Sachsenschädel. Sticht schon in die Hand, wie sticht's erst im Gaumen! Pfui!« Er schüttelte das krause, dunkelbraune Gelock. »Und der verfluchte Rauch! Wie das in den Augen beißt!« schalt der dritte, der auf der Streu lag; er nahm den Ärmel seines schwarzen, faltigen Priestergewandes und wischte sich über die Lider mit den kohlschwarzen Wimpern. »Warum willst du auch Feuer haben mitten im Erntemonat!« meinte der zweite. »Weil ich immer friere in eurem Barbarenland«, grollte der Geistliche und zog die Brauen zusammen. »Läßt man das Feuer ausgehen, wird man zu Eis, läßt man's brennen, wird man geräuchert. Und von den nassen Wänden rinnt es nieder in klatschenden Tropfen! Nicht einmal einen Teppich für Tisch, Estrich oder Mauer! Ein Hund lebt menschlicher in Italia als hier ein Bischof.« – »Ei, warum seid Ihr nicht in Italia geblieben, Herr Petrus?« spottete der Krauskopf. »Das will ich dir sagen, Fortunat«, lachte Graf Hardrad. »Weil's ihm dort ebenso zu heiß ward . . .« – ». . . wie jetzt hier zu kalt!« schloß der andre.

Der Priester biß sich auf die Lippen.

»Nun«, fuhr Fortunat fort, mit Wohlgefallen sein zierlich mit Silber gesticktes hellblaues Gewand betrachtend, »der Hochwürdige ist wohl ebensowenig ganz freiwillig hier in diesem Sumpfloch wie – wie meines Bruders Bruder. Allein du, großmächtiger Hardrad! Von deinen argen Streichen hat der Herr Kaiser, so allwissend er sich wähnt, doch noch nichts erfahren. Weshalb du hier aushältst . . .« – »Schlage mich der rote Donner, wenn ich länger bleibe, als ich's nötig habe. Dann werf ich diesem Schulmeister unter der Kaiserkrone sein Grafenamt vor die Füße und lebe, wo's mich und wie's mich freut.« – »Das könntet Ihr doch jetzt schon«, meinte der Abtvikar. »Ja, wenn ich leben wollte, leben könnte wie so ein Welscher! Wie Ihr, der den Tag über an einer Kuchenrinde kaut und mehr Tinte verbraucht als Wein! Ich aber! Ich brauche Wälder und Felder, um darin zu jagen, viele hundert Rosse, um täglich ein anderes müde zu hetzen, Dörfer voll knirschender Bauern, um sie zu treten, edle Hunde, um den Bär zu stellen, kostbare Falken, um den Reiher zu beizen, ja ich brauche Scharen von Bewaffneten, die nur meinem Winke folgen, um mein Recht durchzusetzen . . .« – »Oder auch dein Unrecht«, lachte Fortunat. »Ich brauche einen ganzen Gaul als mein Erbeigen, einen fast gleichmächtigen Nachbarn, um Fehde mit ihm zu führen!« – »Das hat aber der Herr Kaiser verboten!« – »Bah, der ist fern, und sein Reich ist groß, und er kann nicht überall zugleich sein.« – »Das ist das einzige, was es ermöglicht, in seinem Reich zu leben. Sonst wär's halb Schulstube, halb Kloster . . .« – ». . . Halb Kriegslager, halb Kerker«, grollte der Priester.

»Das sind viele Hälften«, lachte Fortunat. »Und weshalb, Hardrad, brauchst du das alles?« – »Weshalb? Dumme Frage! Weil's meine Ahnen gebraucht haben von jeher. Waren Herzöge in Thüringland, lange bevor die Ahnen Kaiser Karls Hausmeier hießen. Und die Ahnen haben's auf mich vererbt.« – »Das heißt«, spottete Fortunat, »den Hang dazu, nicht die Mittel.« – »Auch die Mittel hatte ich«, zürnte Hardrad und schlug auf den Tisch, daß die Becher klirrten. »Bis dieser . . .« – »Tu dir keinen Zwang an! Ich habe ihn schon soviel gescholten vor deinen Ohren, daß ich dich nicht verschwätzen werde. Und dieser schwarzhaarige, gelbgallige Welsche da, der schimpft zwar nicht laut wie wir, aber er haßt ihn schweigend und – giftig.« Der Priester drückte die dunklen Augen zusammen. »Ich hatte Macht und Mittel genug«, fuhr Hardrad fort, »um wie ein Fürst zu leben, wie ein Herzog, bis dieser ...« – »Ja! Er nahm dir alle Benefizien und von dem Erbgut die Hälfte.« – »Warum?« fragte der Abtvikar. »Weil ich, nach gutem altem Recht der Thüringer, dem Nachbar Fehde angesagt.« – »Ja, ja. Du hast ihm dabei das Haus verbrannt, den Sohn und zwölf Knechte erschlagen und alles Gold und Silber geraubt. Kaiser Karl aber hatte den Fehdegang verboten.« – »Und noch als Gnade mußte ich's hinnehmen, daß er mir die Hälfte des Allods beließ und mir diese Grafschaft übertrug, die schlechteste, ärmste, gottverhaßteste in seinem ganzen Reich. Nun warte! Wehe diesen Sachsen, denen er mich zum Grafen bestellt hat! Es wäre ihnen besser, der Höllenwirt wäre ihr Graf.« – »Sie sind, glaub ich, alle dieser deiner Meinung!« – »Und sobald ich so viel Land und Gold aus ihnen herausgepreßt habe, daß ich wieder leben kann, wie's meiner Sippe ziemt – fort aus diesem großen Gefängnis, darin Kaiser Karl mit Schlüsseln und Ketten rasselt.« – »Aber wohin?« – »Oh, gleichviel! – Zu den Dänen!« – »Sind Heiden«, meinte der Vikar. »Sie fragen nicht nach dem Glauben, nur nach der Kraft. Das Land, das ich hier zusammengebracht habe, mache ich zu Gold, zu Waffen. Mit offenen Armen nimmt mich König Göttrik auf jenseits des Danevirks. Aber nicht mit leeren Händen, nicht ein Flüchtling, nicht bittend, sondern spendend will ich kommen. Geh mit, Fortunat!« – »Vielleicht! Vielleicht auch nicht. Weißbusige Weiber – das ist wohl wahr! – leben in Nordmannia. Aber vielleicht läßt mich doch Kaiser Karl zurück in meine Heimat Aquitania, in das schöne Land zwischen Loire und Garonne. Dort scheint die Sonne gütevoller. Und feuriger fließt das Blut der Frauen ...« – »Daß du nichts anderes im Sinn hast als Weiber!« – »Ja, sie sind all mein Glück! Und all mein Unglück! Sind sie doch auch schuld, daß ich hier eure angenehme Gesellschaft genieße.« – »Wie das?« fragte der Langobarde. »Nun ja! Gewöhnlich brauche ich keine andere Überredung bei ihnen, als mir der reiche Gott in meinem glatten Gesicht, meinem glatten Wuchs und meiner glatten Zunge gegeben hat.« – »Heuchler und Schmeichler, du betrügst sie alle!« schalt der Graf. – »Nein! Da tust du mir unrecht. Schreiend unrecht! Mir gefällt immer eine am besten. Und das sag ich ihr. Und da sie mir wirklich am besten gefällt, sag ich ihr's sehr lebhaft und überzeugend. Heilige Genoveva . . .!« – »Laß die Heiligen aus dem Spiel«, grollte der Vikar. – »Nun denn: Frau Venus!« – »Was weißt du von der?« – »O bitte! In der Klosterschule zu Tours lassen wir, auf Kaiser Karls und auf Alkuins Befehl, Ovidius! Lateinische Verse sollten wir dabei lernen, aber Liebschaften lernten wir. Bei Sankt Venus also! Jede hält sich doch im Herzen für die Schönste. Sagt es ihr nun obendrein ein Mann – der's selber glaubt in dieser Stunde –, wie soll sie's nicht erst recht glauben? Kam bis vor kurzem ganz glücklich vorwärts bei allen! Da will es das Unglück, daß zwei Schwestern gleich schön sind. Das wäre nun bloß ein doppelt Glück gewesen. Aber sie waren auch beide – und das eben war das Unglück. – gleich tugendhaft. Beiden mußte ich daher den verfluchten Goldring an einen ihrer weißen Finger stecken. Was tut man aber nicht den lieben Narren zuliebe! So heiratete ich die eine zu Tours, die andere – zwei Monate später – zu Toulouse. Keine wußte von der andern; Faustus hieß ich zu Tours und Fortunatus zu Toulouse. Die eine gab mir der Bruder, die andere der Oheim, der Bischof zu Tours. Sie hätten es noch lange nicht herausgebracht. Denn meine Villen, wo ich jedes der Weiblein hatte, lagen weit auseinander, eine an den Pyrenäen, die andere an der Loire. Aber zu meinem Verderben hatten sie eine Kusine, ein reizendes Ding, sag ich euch! Die kam zu Besuch auf die Villa an der Loire. Und da das dumme Ding nicht nachgab, mußte ich mit Gewalt nachhelfen – nur ein klein wenig! Da springt sie in den Strom! Und meine Frau, das heißt die eine, die an der Loire, erfährt es und ruft den Bruder herbei zur Rache. Und der kommt und erkennt mich als seinen andern Schwager, von den Pyrenäen her! Nun der Lärm! Der Bischof! Der Doppeloheim! Und der Doppelschwager! Was half's, daß ich den in ehrlichem Zweikampf erschlug. Der Bischof focht nicht; er klagte bei Kaiser Karl. Und das Hofgericht verurteilte mich zum Tode wegen so vieler Verbrechen! Ein ganzes Rudel! Zwei Seiten füllten die lateinischen Namen der Vergehen! Der Herr Kaiser aber begnadigte mich zur Verbannung nördlich der Elbe!«

»Warum?« meinte Petrus, vor Frost die Hände reibend. »Ihr hattet Euch den Tod doch redlich verdient!« – »Gewiß«, sagte Hardrad. »Aber Fortunat führt eine rasche Klinge. Er hat Kaiser Karls Sohn, König Pippin, aus einem ganzen Wespenschwarm von Awaren herausgehauen und ihm damit das Leben gerettet. Dessen hat der Vater gedacht.«

»Ja, ja«, lachte der Aquitanier. »Aus mir hätte was werden können, gäbe es keine Weiber. Nun, vielleicht wird hier was aus mir. Denn hier gibt es gar keine. Oder die, welche es gibt, sind so kühl wie die Eider im Winter. Neulich gar«, sprach er ganz zornig, »hab ich mir an einem Sommerabend einen Stoß vor die Brust und noch was geholt. – Ich will nie mehr küssen, zahle ich's nicht heim!«

»Wo? Bei unsrem letzten Ritt?« fragte der Graf. »Die schwarze Wendin – dort an der Furt?«

»Eine Sklavin!« grollte Fortunat. »Ein schöner schwarzbrauner Teufel! Ich packe sie plötzlich – ich hatte ihr Schild schneiden zusehen –, ihre geschmeidigen Glieder reizten mich. ›Komm mit, schönes Weib‹, rief ich ihr vom Roß herab zu, ›du brauchst einen schönen Mann.‹ – ›Es gibt nur einen Mann‹, kam es zwischen ihren weißen Zähnen hervor, und mit einem Stoß vor meine Brust ist sie mir aus den Armen geglitten wie ein Aal.« – »Und du gabst das Spiel auf?« – »O nein! Ich ritt ihr nach! Sie huscht in den Pfahlzaun des nahen Gehöfts, ich springe vom Gaul, will ihr nach durch das schmale Pförtlein. In der Pforte aber steht eine – nun, kurz gesagt –, eine Göttin. Um eines Hauptes Höhe größer als ich, prachtvolle, stolze Brüste, zwei Arme, schneeweiß, rund und weich! Und eine Flut von hellblond leuchtendem Haar und . . .« – »Wir schenken dir das andere!« sagte der Graf. »Wär's mein eigen geworden, ich schenkte es keinem Gott! Ich stehe vor ihr wie geblendet. Ich glaube wirklich, mein Knie senkte sich ein wenig in Scheu vor so viel reiner Frauenherrlichkeit. Aber gleich darauf stieg mir all das heiße Blut, das die Traube der Garonne in sich kochen hat, in das Herz, mir schwindelte vor Verlangen, und mit beiden Händen griff ich nach ihren wonnevollen Schultern – da war das nächste . . .«, er stockte. – »Nun?« – »Ha!« lachte er grimmig. »Daß ich zur Erde flog. Aber nicht allein!« – »Mit dem Weib?« – »O nein! Mit der stärksten Ohrfeige, von der ich je gelesen oder gehört oder, seit mein Vater starb, gespürt. Ich sprang auf wie der Blitz. Da stand in der Türe, wo die nordische Göttin gestanden, geblitzt und gedonnert hatte, ein Hund – nun, so wie ein mäßiger Bär! – und knurrte. Die Göttin war verschwunden. Aber«, schloß er grimmig, »wir Christen haben die Pflicht, Göttinnen zu zerstören. Ich kann nicht mehr schlafen, seit ich dies weiße Weib gesehen! Und ich schwör's: Die Hölle soll mich braten, erfülle ich's nicht – ich sterbe oder ich zerbreche diesen keuschen Trotz in meinen Armen. So wahr mir Gott helfe! Amen.«

»Eine hübsche Art von Christentum!« lachte der Priester. »Hat der fromme Kaiser viele solcher Vizegrafen in seinem Reich?« – »Das war an dem Hof bei der Eiderfurt?« forschte Hardrad. »Ja? Das ist das Weib des Sachsenhunds, der mir den Hof nicht verkaufen und nicht mein Höriger werden will. Jahrelang dringe ich in ihn, jahrelang banne ich ihn zu Thing und Heerfahrt und Wachtdienst, bis er mürbe werde oder ausbleibe, daß ich den Königsbann von ihm einheischen oder ihn vom Hofe treiben kann. Umsonst! Jedesmal ist er gekommen: Ich fasse es nicht, daß nicht längst seine ganze Wirtschaft verdorben ist.« – »Das macht die Frau«, fiel der Abtvikar ein, »die soll, fehlt der Mann, so trefflich wirtschaften. Fidus hat mir viel von dem Paar erzählt, steckt oft dort, rühmte diese Ehe als eine Musterehe. Die Frau, meinte er, ist so wacker und klug, wie sie schön ist. Ist eine gar herzbrechende Geschichte, bis die beiden sich heiraten konnten. Jahrelang mußte der Mann harren. Ich hab es nicht recht verstanden. Ihr Vater wollte sie einem ganz andern geben, einem vornehmen Nachbarn. Ich weiß nicht mehr, wie es geschah, daß sie dann doch der viel ärmere Freier gewann.«

»Wie war das, Hardrad?« fragte Fortunat neugierig. »Weiß nichts davon«, fuhr der Graf fort. »Aber das weiß ich: Jetzt, seit der verfluchte Mönch ihm das Gesetz Kaiser Karls gesteckt hat – der Fronbote hat's gemeldet! –, jetzt ist ihm vollends nicht mehr beizukommen. Die Hölle verschlinge Fidus.« – »Der Heidenwald wird ihn wohl verschlingen«, lachte der Abtvikar. »Kommt er zurück von dem Auftrag, den ich ihm gab, so müssen die Heiligen mehr Wunder tun, als ich ihnen zutraue, für einen armen Mönch, der ihnen keine Kirche bauen kann. Der Tropf ist ein Aufpasser, ein verlängertes Ohr des Tyrannen Karl. Übrigens, den Sachsen kann ich doch wohl fassen: wegen der dummen Pferdeköpfe, wenn der Fronbote recht berichtet hat. Aber was liegt dir soviel an seinem Hof? Ist er so wertreich? So groß?« – »Das gerade nicht. Aber sein Land allein trennt noch die Hufen, die ich mir dort zusammengezwungen. Und die Hauptsache: die Furt! Dort zieht der Hauptweg ins Dänenland. Sobald ich jene Uferstrecke habe, laß ich mir vom Kaiser Zollrecht, Furtrecht, Fährenrecht einräumen mit hohen Gebühren. Das kann sehr, sehr wertvoll werden! Dann verkaufe ich die ganze Landstrecke an einen Käufer, der . . . der nicht knickert.« – »Ich ahne es!« rief Fortunat. »Der Däne gewinnt dann Eigengut in Kaiser Karls Reich und offenen Eingang.« – »Aber ich fürchte, das hat nun gute Wege. Der Sachse hält sich streng ans Recht.« – »Das kann man brechen!« rief Fortunat. »Ein rascher Ritt – in einer Nacht ist's getan! – Der Lümmel erschlagen, dir der Hof, mir die herrliche blonde Herrin und – als Zugabe – die zierliche schwarze Magd!« Graf Hardrads Augen blitzten, er griff ans Schwert. »Nichts da!« warnte der Priester. »Wohl ist das leicht und rasch geschehen. Aber dann kommen die Kaiserboten!«

Der Graf fuhr zusammen. »Das ist der verfluchteste Strick«, grollte er, an dem roten Bart zerrend, »den dieser Karl um freier Männer Nacken geworfen hat!« – »Ja, ja, die Kaiserboten!« fuhr der Priester fort. »Je ein Bischof und ein Graf, aus himmelferner Provinz, unbekannt, unbestechlich, parteilos bei den Streitsachen der Grafschaft. Und sie rufen alle Geistlichen und alle freien Männer des Gaues zusammen und fragen sie aus über alles Unrecht, das etwa im Laufe des Jahres Graf oder Vizegraf oder Abt oder irgendein Amtmann verübt! – Vereidigte Rügeschöffen fragen sie besonders. Die trifft der Tod, schweigen sie. Aber sie schweigen nicht! Gern decken sie auf jede Gewalttat der Beamten. Und wenn nur einer von den Hunderten redet, die da erfahren müssen, daß dort an der Eiderfurt ein Hof ausgemordet ward, dann wehe dir, Graf Hardrad.« – »Es ist wahr«, zürnte der. »Der Sachse muß ins Unrecht. Anders geht es nicht. – Horch, was ist das? Das Walltor wird geöffnet – ein Weib – auf einem Gaul. – Es springt ab, es wird hierhergeführt. – Du erhältst Besuch, Fortunat!«

»Da wollen wir doch lieber gehen«, meinte der Priester und erhob sich. »Ja, gehen wir«, lachte Hardrad.

»Nein! Bleibt, Herr Graf«, rief da eine weibliche Stimme, und schon ward ein schwarzer Lockenkopf sichtbar, sprang jetzt eine schlanke Gestalt herein, und schon lag sie zu den Füßen Fortunats.

»Nimm mich, Herr«, rief sie außer sich. »Ich bin dein.«

Und sie umschlang seine Knie mit den Armen. Ihr Atem flog, ihr Busen wogte: Sie zitterte am ganzen Leib. Er hob sie nicht auf: »Und der einzige Mann, der lebt?« höhnte er, sich herabbeugend.

»Zertritt ihn, wie er mich getreten hat. Du kannst es, du mußt es. Er, Volkfried der Sachse, ist ein Verräter! Er und sie – die Verhaßte! Sie pflegen in ihrem Hof einen Waldgänger, einen Verbannten!«

Siebentes Kapitel

Am Abend darauf saßen in der Halle des Hofes »bei den Volkingen« – so hieß das Gehöft an der Eiderfurt: Seit grauer Vorzeit hatten darin die Söhne des Volko gewohnt, die zuerst den Wald hier gerodet und aus den gefällten Eichen das Haus gezimmert hatten – auf der Bank am Herdfeuer die beiden Kinder, links und rechts geschmiegt an einen Mann von etwas sechzig Jahren, der in rauhe Felle gekleidet war: Das graue, aber noch dichte Haar reichte nur bis an das halbe Ohr.

Der Alte saß vornübergebeugt und schnitzte mit leicht gekrümmtem Messer an einem schmalen Schaft, den er gegen seine Brust und gegen den gestampften Lehmboden der Halle gestemmt hielt; rasch glitten die Späne herab.

Die Frau saß ihnen gegenüber auf einem erhöhten Stuhl, oberhalb dessen sich eine im Halbkreis geschnittene Lehne erhob; sie ließ emsig die flachsumwobene Spindel schnurrend auf dem Estrich tanzen; aber oft flog doch ihr Blick hinüber zu den Kindern.

»Weil du nur wieder da bist, Heimo«, sagte das Mädchen und streichelte dem Alten die wetterbraune Wange. »Ich sorge mich um dich! So ganz allein – auch die Nächte! – im Dickicht. Die Waldfrau soll dort wohnen.« – »Die Waldfrau wohnt dort, das ist gewiß«, sprach Heimo ernsthaft, den Schaft vor sich hin haltend und mit dem Auge prüfend. »Aber die tut mir nichts zuleide. Im Gegenteil. Die schützt meinen Schlaf.« Die Frau horchte auf: Sie wollte unterbrechen, aber sie sah, wie begierig beider Kinder Augen an des Alten Mund hingen, und sie schwieg.

»Warum? Woher weißt du das?« fragte Volkbert eifrig. »Weil ich nie versäume, von meinem Nachtmahl ein wenig Milch und Brotkrumen vor die Holzhütte zu sprengen und zu verstreuen. Davon naschen gern die Waldwichtlein in der Königin Gefolge.«

»So ist sie eine Königin, die Waldfrau?« forschte das Mädchen. »Hat sie auch eine Krone?« – »Sie braucht keine. Ihre Krone ist ihr goldig Haar: das trägt sie siebenmal um das Haupt gewunden. Aber ein goldenes Halsgeschmeide trägt sie.«

»Hast du sie denn gesehen?« meinte der Knabe ganz verwundert.

»Muß man alles gesehen haben, was da ist? Hat der Mönch Fidus schon den Schutzengel gesehen, von dem er soviel zu sagen weiß?« Da sprach aber die Frau: »Das ist doch nicht gleich! Du sollst den Kindern nicht soviel erzählen von den Waldwichten. Ist das Kreuz fertig, das ich dich – zur Strafe – habe schnitzen lassen?« – »Jawohl! Steht auch schon an seinem Ort. So, jetzt ist der Schaft überall gleich gerundet, meine ich. Das ist die Gabe, die ich mir mitzubringen versprach aus dem Eichenwald – ward nur nicht ganz fertig damit. Da, Volkbert, versuch ihn einmal. Ist er so handlich?« – »Herrlich!« rief der Knabe, den Speer schwingend. »Und doch auch schwerer als der letzte.« – »Alle neun Monde etwas schwerer. Denn alle neun Monde mehrt sich die Kraft dem Mann, bis sie wieder abnimmt! Ich werde alt und schwach!«

»Mußt dich nicht mehr so schwer mühen, Heimo«, mahnte die Frau. »Wir wollen einen Knecht kaufen statt der entlaufenen Wendin.« – »Hi, hi«, lachte da der Alte. »Weißt du, Frau, was das Beste war an der? – Gar nichts? – O doch! Eben, daß sie entlaufen ist. Die war nicht geheuer! War von den Dunkelelfen, meine ich.« – »Wo der Herr nur bleibt?« rief die Frau und warf einen Blick durch die halboffene Tür. »Er kann noch nicht zurück sein«, tröstete der Alte, »er wollte doch bis an den oberen Deich. Das ist weit.« – »Erzähl was, Heimo«, rief Volkbert. »Ja, erzähle, guter Heimo«, bat das Mädchen. »Aber nicht von den alten« – die Frau hielt inne, »Göttern« hatte sie sagen wollen –, »nicht von den alten Gewalten.« – »Das höre ich aber doch am liebsten«, schmollte der Knabe. »Nun, so erzähle von Kaiser Karl.« – »Ja, und von seiner guten, schönen Königin, Frau Hildigard«, mahnte die Kleine. »Nein! Von der Schlacht, wo du ihn selbst gesehen. Und vom Vater und von Herzog Widukind!« – »Habt's ja schon oft gehört.« – »Du hast immer wieder was Neues zu sagen, man muß dich nur recht ausfragen! Also, wie war's? Gib acht, ob ich den Anfang noch weiß! Also: Weil die Sachsen wußten, der Kaiser Karl weile fern jenseits der großen Berge, war Herzog Widukind aus den Dänenmarken, wohin er geflüchtet, zurückgekehrt, und alle Sachsen nördlich der Elbe und die südlich in Wigmodia folgten ihm wieder zum Kampf. Und sie schlugen die fränkischen Grafen in zwei Schlachten und trieben sie vor sich hin an die Weser. Und auch in dem dritten Gefecht an der Weser wankten bereits die Feinde und . . .« Begeistert fuhr der Alte fort: »Auf grauweißem Roß sprengte Herzog Widukind voran wie Siegvater Wotan . . .« Da fiel das Mädchen ein und schlug ein Kreuz: »Ab schwöre ich Wotan und Donar und Sassenot und allen den Unholden, die ihre Genossen sind.«

»Brav, Lindmuth«, lobte die Mutter, »du bist ein frommes Kind . . .«

»Und wir folgten zu Fuß in dichten Haufen, Speer an Speer«, erzählte der Knabe. »Du warst aber doch noch nicht geboren!« lachte die Mutter. Er ward feuerrot: »Das ist gleich. Heimo erzählt so. Und auch Heimo war dabei. Denn auch die Knechte hatte man in solcher Not bewaffnet. Aber plötzlich sprengte aus dem Wald eine starke Schar von Gewaffneten, voran ein Gewaltiger, ganz in Eisen gehüllt, ganz eisengrau. ›Kaiser Karl!‹ riefen da die Franken. ›Kaiser Karl ist zurückgekehrt! Unser ist der Sieg!‹«

»Und viele Sachsen erschraken«, fuhr Heimo fort, »denn sie erkannten ihn. Aber nicht erschrak Herzog Widukind.« – »Und nicht der Vater . . .« – »Der Herzog zu Roß . . .« – »Der Vater zu Fuß, an seines Rosses Mähne sich haltend, und neben ihm vorspringend . . .« – »So drangen sie vor gegen Kaiser Karl.« – »Wohl deckten ihn treulich seine Grafen und Paladine . . .« – »Aber der Herzog schlug einen und zwei und drei . . .« – »Und der Vater traf zwei zu Tode . . .«

»Und so hatten sie Kaiser Karl erreicht. Der aber zagte nicht vor zwei so starken Männern. Die Speere warfen sie, des Herzogs Wurf ging fehl, zum Staunen der Seinigen, aber Kaiser Karl fehlte nicht: Er warf den Lindenschild Widukinds durch und durch, blutend stürzte der Held vom Roß, seine Getreuen trugen ihn aus dem Getümmel. Die Sachsen flohen . . .« – »Aber nicht der Vater! Der sprang an Kaiser Karls schildlose Seite, und bevor dieser das lange Schwert ziehen konnte, hatte der Vater den Sachs gezückt und holte aus zum tödlichen Stoß wieder sein Antlitz . . .«

Da hielt der Knabe plötzlich inne.

»Was stockst du?« schalt die Frau. – »Es verdrießt mich jedesmal.« Auch Heimo schwieg, er schaute unwirsch ins Herdfeuer. »Es soll dich nicht verdrießen«, rief da Lindmuth. »Es ist keine Schande für den Vater, daß der Himmelsherr nur durch ein Wunder den großen Karl erretten konnte vor seinem Arm. Und daß er unsern Vater gewürdigt hat, ihn durch ein Wunder zu bekehren. Denn wie war's? Als der Vater zielte auf des Kaisers Antlitz, da mußte er ihm scharf ins Auge sehen, und der Herr Kaiser, furchtlos, obwohl jeder Waffe bar, erwiderte den Blick – und –«

»Und so gewaltiger Glanz«, fuhr die Frau fort, »leuchtete aus diesen Augen nieder, so verklärt war das erhabene Antlitz, daß Held Volkfried, der noch nie gezagt, niederstürzte, wo er stand, neben des Kaisers Roß, die Waffe fortwarf und ausrief: ›Kaiser Karl, mit dir ist der stärkste Gott!‹«

»Ja«, fuhr Lindmuth fort, »und nun waren die Paladine alle heran: Herr Wilhelm von Toulouse und Herr Erich von Friaul und alle, und ein grimmiger Alemanne . . .« – »Herr Gerold selber war's, des Kaisers Schwager«, fiel der Knabe ein, »der schwang die Streitaxt über des Vaters Haupt . . .«

»Das breitete«, fuhr Lindmuth fort, »Kaiser Karl vom Roß herab seinen blauen Mantel über den Vater und wehrte den vielen Waffen der Paladine und rief: ›Der Mann bleibt leben! Er ward mein – durch Christus den Herrn.‹«

»Und als ich sah«, hob nun Heimo wieder an, »wie mein Herr Kaiser Karl sich ergab, da warf auch ich den Streitkolben weg und trat an seine Seite. Und das war die letzte Schlacht Herzog Widukinds gegen Kaiser Karl.«

»Denn er sprach zu seinen Getreuen«, ergänzte das Mädchen: »›Wahrlich, nun erkenne ich, daß sein Gott stärker ist als die unsern. Nie hab ich meines Feindes gefehlt auf halbe Speerwurflänge! Sein aber fehlte ich! Denn als ich auf ihn zielte, ganz scharf, haarscharf, da brach plötzlich die sinkende Sonne aus dem Gewölk und schien mir grell in die Augen, und mir war, goldene Strahlenpfeile hoch vom Himmel her schossen mir durch die Wimpern. Und ich blinzelte und warf und fehlte. Er aber traf!‹ Und alsbald schickte der wunde Herzog Boten an Kaiser Karl, wenn der ihm sicheres Geleit verspreche, wolle er zu ihm kommen in seine Pfalz und die Taufe nehmen und Kaiser Karl Treue schwören. Und gern gewährte das der Kaiser. Und so geschah's gar feierlich.«

»Und mit ihm nahm auch euer Vater die Taufe«, sprach die Frau, »und tat den Eid. Und unverbrüchlich haben beide seither Herrn Christus und Kaiser Karl die Treue gehalten. Das sollten sich Geringere merken.« Heimo verzog das Gesicht. »Ja, ja, schon recht. Besonders was Kaiser Karl angeht. Dem hab ich ja geschworen, als ich freigelassen ward. Was aber den Herrn Christus angeht...« – »Du hast den Taufbund mit ihm geschlossen«, mahnte die Frau. »Aber recht ungefragt! Ganz gröblich haben sie mich dabei angefaßt. Ja, wie sie den Herzog tauften und unsern Herrn zu Attigny – ich stand ja dabei –, der unsichtbare Gesang von oben her und die vielen hundert Kerzen und der süßliche Rauchqualm aus goldenen durchbrochenen Gefäßen, die kleine Knaben schwangen, ganz betäubt ward einem dabei und beinahe übel! Und war alles sehr geheimnisvoll und feierlich. Aber mit mir machten sie's anders. Gleich nach jener Schlacht an der Weser wurden wir geringen Gefangenen zusammengetrieben am Ufer, wohl ein paar Hundert auf einmal, von Frankenreitern und mit den Speerschäften zurechtgeschoben, so recht wie eine Herde Schafe. Und dann kam der Bischof und weihte das Uferwasser der Weser, und nun hieß es: ›Vorwärts! Da hinein! Und untergetaucht! Als Heiden hinein, als Christen heraus. Wer sich sperrt, wird erstochen.‹ Und das Wasser, in das sie mich hineinschoben, war schon ganz blutig. Denn manche hatten's gar nicht verstanden, was die Franken da auf fränkisch, die Priester auf römisch von ihnen verlangten, andere hatten gut verstanden, aber nicht gewollt. Sie alle wurden flugs erstochen. Und so stieg ich wieder heraus, halb mit Blut getauft und – mehr als halb – wider Willen.«

»Du mußt's doch halten«, sagte der Knabe ernsthaft. »Hättest dich ja auch erstechen lassen können.« – »Ja, ja, so sagt der Herr; und von dem hast du's gelernt.« – »Oder geerbt«, sprach stolz die Frau. »Es wird schon so sein müssen. Nur verlangt nicht, daß es mich auch noch freuen soll!«

»Aber!« verwies ihn Lindmuth. »Du kommst doch nun in den Himmel.« – »Wer weiß?« meinte der Alte. »Und wenn auch, ich glaube kaum, daß es mir da so recht gefallen wird.« – »Lästre nicht«, schalt die Frau. »Warum soll es dir dort nicht gefallen?« – »Warum? Weil es gerade wieder sein wird wie zu Aachen, wo es mir auch nicht – aber gar nicht! – gefallen hat. Gold, Weihrauchduft und Singen! Singen in fremden, leisen Sprachen, die ich nicht verstehe. Auf dem Throne der Himmelskönig mit dem langen weißen Bart – ganz wie Kaiser Karl zu Aachen! –, um ihn her die Erzengel und die Großheiligen, die Himmelspaladine! Und wir geringes Volk? Ganz hinten, draußen, in den nassen Wolken. Und immer nur beten! In Walhall dagegen gab es Kampfspiel und Met und . . .«

»Horch«, rief die Frau und sprang auf. »Das ist Hofwarts Gebell.« – »Ja, er grüßt den Hof, sobald er ihn sieht vom Waldrand aus!« – »Der Vater! Dem Vater entgegen.« Fort waren beide Kinder. Auch die Frau legte die Spindel nieder und schritt zur Tür hinaus in den Hofraum.

Die Sonne sank; sie hatte das Regengewölk durchbrochen; in hellem Schein lagen Anger und Wald; durch die Pforte seines Hofes schritt die hohe Gestalt Volkfrieds, er trug schwer, der Starke, an dem Rehbock, dessen Läufe um den Jagdspeer zusammengeschnürt waren; die Kinder hingen links und rechts an seinen Armen; die Frau reckte ihm beide Hände entgegen.

Auch Heimo war herangehinkt: Er stand nun in der Hallentür und sah auf die Gatten. »Die mögen sich immer noch wie am ersten Tag. Fast allzu jung für so reife Leute! Nun, haben Kampf und Leid genug auszustehen gehabt, bis sie sich gewannen.« Und leise fuhr er fort: »Frau Frigg und du, guter Donar, schütz ihnen Herd und Haus! – Wenn's recht von Herzen geht, muß ich euch anrufen, nicht die Heiligen.

Der Hofherr und die Frau opfern den Heiligen in der Steinkapelle, ich opfere den alten Göttern unter der alten Esche. Wißt ihr was, Götter und Heilige? Schützt sie reihum.«

Achtes Kapitel

Volkfried war sehr müde von dem weiten Weg im feuchten Waldgrund und von der Jagd. Bald nach dem Abendessen sagte er Heimo, er wolle sich schlafen legen.

»Ich hörte viel Hundegebell«, sagte dieser aufstehend, »im Eiderwald. Auch Hörnerblasen.« – »Die Frankengrafen von Bardenfleth jagten.« – »Auf Wölfe?« – »Nein, auf Waldgänger.«

Heimo sah scharf in seines Herrn Antlitz, aber der verzog keine Miene; der Alte seufzte und ging, er schlief in der Hütte an der Furt.

Bald schlummerte Volkfried; aber die Frau an seiner Seite fand keine Ruhe.

Nach ein paar Stunden schlug der Hund an, heftig, zornig, dauernd. Sie warf einen Blick auf Volkfried; der schlief ruhig. Da schlug ein verhaltener Ruf an ihr Ohr: »Muthgard, hilf!«

Sie war schon aus dem Lager; sie warf das mächtige Wisentfell ihres Mannes um die Schultern, schob geräuschlos den Holzriegel der Halle zurück und eilte durch den Hofraum. Es war ganz finstre Nacht; nicht Mond noch Stern stand am Himmel. »Volkhelm, du bist's?« – »Ich bin's.« – »Schon wieder da! Ich hab dir's doch verboten. Du hast versprochen, damals, es sollte das letztemal sein.« – »Heute ist's, glaub ich, das letztemal! Ich bin wund! Da – im Rücken – der Pfeil! Sie haben mich gehetzt – den ganzen Tag – mit Hunden.« – »Unseliger!« – »Laß mich hinein! Nur noch einmal am Herdfeuer liegen! Mich fröstelt. Rufe den

Hund ab.« – »Du weißt: ich darf nicht. Ich tat schon mehr für dich, als mein Gewissen ertragen kann. Aber ich weiß, wie er dich liebt.« – »Er! Der Bruder, der mich umkommen läßt! Laß mich ins Haus!« – »Niemals!«

»Gib mir zu trinken! Gib mir Brot! Schneide mir den Pfeil heraus! Du kannst's so gut! Ich verende sonst im Wald wie ein weidwunder Hirsch.«

Die Frau überlegte. »Wundpflege? Das steht nicht unter den Verboten. Aber speisen und tränken!« – »Du hast es vorige Woche getan!« – »Das steht unter den Verboten! Ich tu's nicht mehr. Ich kann Volkfried nicht mehr in die Augen sehn. Warte hier! Nicht über die Schwelle! Ich hole . . .«

Sie wandte sich und schrie auf – Volkfried stand hinter ihr. »Mein Weib erschrickt vor mir«, sprach er sehr traurig, aber ohne Vorwurf im Ton. »Das ist hart.« – »O Volkfried! Ich tat's nur um deinetwillen.«

»Ich weiß. Aber auch um meinetwillen durftest du Kaiser Karls Recht nicht brechen! Schweig! Den Pfeil magst du ihm herausschneiden.« Sie ging. Volkhelm drängte herein: »Laß mich ins Haus.« – »Nein.« Er schob ihn mit dem Arme von der Schwelle.

»Bruder! Bruder! Hast du vergessen, wie mich der Vater sterbend dir empfahl?« – »Ich tat das meinige an dir.« – »Es ist wahr, wie ein Vater. Aber kannst du mich jetzt von deiner Schwelle weisen?« – »Ich muß. Warum brachst du deinen Eid?«

Der Wunde lehnte sich ächzend an den Zaun. »Gezwungener Eid! Sie hatten mich gefangen mit vielen andern. ›Tod oder Taufe‹, hieß es. ›Tod oder Treueschwur.‹ Die Speerspitzen standen auf unsern nackten Leibern. Ich schwor.« – »Drum mußt du's halten. Mancher – unser Oheim Volkhard – stieß sich selber den Frankenspeer, der auf seiner Brust stand, ins Herz. Du aber? Du schwurst Kaiser Karl Treue, und sobald ein paar Nachbargaue wieder losschlugen, verließest du den Hof, den ich dir bauen half, und eiltest zu den andern Eidbrechern. Gar rasch wurdet ihr zersprengt! Ich sage dir, und ein viel Weiserer und Kühnerer als ich – Herzog Widukind selbst! – hat dir's gesagt: Es ist umsonst. Herr Christus ist stärker als Wotan, und Kaiser Karl ist stärker als wir. Sei treu oder stirb!«

Da schlug der Hund, der schon vorher leise geknurrt hatte, an. Zornig bellend sprang er zur Pforte hinaus und um die Ecke nach dem Flusse hin, aber sofort verstummte er dort.

Jetzt kam Muthgard aus dem Haus zurück. Sie trug einen brennenden Kienspan in eiserner Stange mit je einem Öhr an jedem Ende; sie steckte das leere Öhr auf einen spitzen Pfahl des Zaunes und trat zu dem wunden Mann. Die Fackel warf ihr flackerndes Licht auf ihn. Er sah wohl Volkfried ähnlich, aber er war etwa fünfzehn Jahre jünger, der Wuchs schlanker, schmächtiger; sein Haar war viel dunkler, fast braun; und nun war das schöngebildete Gesicht sehr hager; wilde Leidenschaften, Rachgier, Haß und Zorn und zuletzt der Mangel, das Elend hatten es vor der Zeit mit tiefen Falten durchfurcht; die Wangen waren eingefallen, ein irres, unstetes Feuer loderte aus den dunkelgrauen Augen; Haar und Bart waren arg verwildert, Moos und Grashalme staken darin. Barhäuptig, barfüßig stand er da, an den Pfahlzaun gelehnt; ein zerfetztes Wolfsfell, um die Hüften mit einem Schiffstau geknotet, war sein einziges Gewand, einen Speerstumpf – die Spitze war abgehackt – hielt er in der Faust; er zitterte vor Schmerz, er fröstelte vor Fieber.

»Da«, stöhnte er, »da rechts in den Rippen.« Sie prüfte die Stelle mit zart tastender Hand: Er zuckte doch zusammen. »Das tut sehr weh«, sagte sie. »Bah!« Er biß die Zähne aufeinander. »Aber es ist nicht zum Sterben. Der Pfeil wird leicht herausgehen. Er hat nur einen, nicht zwei Haken.«

»Bruder«, begann Volkhelm aufs neue, »kennst du das elende Leben im Wald! Von Hunden gehetzt! Auf Bäumen schlafen, festgebunden mit dem Gürtel, um nicht im Schlaf herabzustürzen! Von den Waldbeeren leben und von rohen Fischen und rohem Wild, solange ich's glücklich erjagte: Feuer zu machen darf ich nicht wagen. Und jetzt erlege ich nicht mehr Wild und Fische: Alle meine Pfeile sind seit dem letzten Gefecht verschossen; meinen Speer – sieh den Stumpf! – zerschlug mir der fränkische Reiter. Gib mir einen frischen Speer!« – »Um keinen Preis! Du hebst ihn wider Kaiser Karls Heerleute.«

»Oh, so laß mich nur, bis meine Wunde geheilt . . . Hui, das tat weh!« – »Hier ist der Pfeil! Er ist heraus«, flüsterte Muthgard. »Nun linde Salbe in die Wunde! Das tut dir gut, nicht wahr?« – »Danke, Schwägerin!«

»Bruder, ich kann's nicht glauben von dir! Du Eider krachte im Eisgang, ich war eingebrochen, du sprangst hinein in den eisigen Tod und brachtest mich heraus. Ich lag unter dem Gaul, den der Wisent durchbohrt hatte: Das Untier senkte den Kopf, mich zu spießen, du packtest den Stier am Horn und rissest ihn gegen dich und erstachst ihn. Dein Leben hast du – mehr als einmal! – eingesetzt, mich zu retten, und nun stößt du mich von der Schwelle? Ich habe nirgends ein Obdach! In meinem Hof – er ist eingezogen vom Kaiser! – hausen die Franken. Ich bitte dich, laß mich nur, nicht in deinem Haus, aber in dem Erdgang darunter, den geheimen, liegen, bis die Wunde geheilt . . .«

Volkfried seufzte tief auf. »Auch dort ist mein Grund und Boden! Mein Leben für dich lassen? Ich tät's auch heute noch. Aber nicht die Treue.« – »Nichts, gar nichts tust du für mich?« – »Was ich kann. Der Hof hier ist alles, was ich habe: Er ist mir lieb, sehr lieb. Ich will morgen aufbrechen zum Kaiser nach Aachen. Ich bitte ihn, dir Gnade zu schenken. Dafür biete ich dem Kaiser meinen Hof.« – »Volkfried!«

rief die Frau erschrocken. »Und wohin gehst du dann?« – »Ins Elend. Mit Weib und Kind. Das kann ich tun für dich, Bruder. Das andere nicht.«

Volkhelm fuhr auf. »Sorge nicht, Schwägerin! Das nehme ich nicht an. Lieber verende ich im Busch. Oder«, schrie er plötzlich wild, »ich tue was anderes! Was dich und deine Franken wenig freuen soll! Du aber, mögest du's nie bereuen, Hartherziger, daß dir der Kaiser, der fremde Zwingherr, der vom Blut der Sachsen trieft, teurer war als der nächste Anverwandte, als der eigene Bruder.« Er sprang verzweifelt vom Zaun weg gegen den Wald zu.

»He, he, eile nicht so«, flüsterte er da aus dem Dunkel. Der Flüchtling hob drohend den Speerstumpf. »Ich bin's, Heimo. Ruhig, Hofwart, nicht knurren! Hab alles gehört. Fast hätte der Hund mich verraten. Hätte dich fast nicht mehr eingeholt, kann nicht so laufen mit dem lahmen Fuß. Sage: Du kennst die Heidenesche im Südwald?« – »Den Wotansbaum? Gewiß!« – »Nun gut. Ich – ich opfere dort in den hohlen Stamm, den alten Göttern: Speck, auch Brot; fortab will ich auch gebratenes Pferdefleisch da opfern. Ob's Wotans Raben holen oder sonst wer, mir ist's gleich. Ich opferte alle sieben Nächte: fortab alle drei.« – »Dank, treuer Heimo, Dank!« Er war verschwunden im Dunkel der Nacht und des Waldes.

Neuntes Kapitel

Die Gatten gingen schweigend in das Haus zurück. Die Frau leuchtete mit dem Kienspan in sein Gesicht: Er wandte sich ab. »O Gott!« rief sie. »Schilt mich, schlage mich! Aber nicht dieses stumme Weh! Es bricht mir das Herz.« – »Laß gut sein«, sagte er traurig, »ich muß es nur erst lernen, daß du Heimlichkeiten hast vor mir.« – »Ich tat's ja nur . . .« – »Aus Liebe zu mir. Aber es war doch schweres Unrecht. Es wird uns alle verderben.«

»Warum? Kein Mensch weiß darum.« – »Die Wendin.« – »Woher weiß die . . .?«

»Sie hat dich bei mir verklagt. Sie hat dich mit ihm flüstern gehört. So hat sie wohl auch gesehen, daß du ihn speisest und tränktest!« – »Du hast sie aus dem Feuer gerissen! Wie könnte sie gegen dich . . .?« Er zuckte die Achseln. »Und wenn's auch niemand sonst wüßte . . . ich weiß es nun!«

Da schrie sie auf, ließ die Kienfackel fallen, daß sie erlosch, und griff mit beiden Händen nach seinen Wangen. »Volkfried, magst du mich nicht mehr? Verwirfst du mich?« – »Wie könnte ich dich nicht mehr liebhaben, solange ich dies Herz in der Brust trage?« Er sprach ganz sanft, aber sehr traurig. »Allein es geht mir nicht aus dem Sinne, daß . . .« Er stockte. – »Was, Volkfried, oh, was?« – »Es peinigt mich, seit mir's die Elende gesagt hat! ich konnte mich deiner, der Kinder nicht mehr freuen seitdem! Ich meine, ich . . . Nein! Ich will nichts übereilen! Ich muß es – langsam! – ganz durchdenken. Ich will – gewiß – nichts darin rasch tun! Aber ich fürchte, es muß sein.« – »Was? Was? Ich vergehe vor Angst bei deinen stockenden Worten! Was sinnst du?« – »Der Kaiser muß es wissen!« stieß er nun rasch heraus. – »Du – du selbst willst mich anzeigen?« – »Die Treue verlangt's.« – »Volkfried!« – »Ich weiß, daß es ausdrücklich unter den Verboten steht – ›Speisen und Tränken!‹ – Er ward so verlesen auf dem Grafenthing, und ich hab es dir auch gesagt! Oder«, und ganz freudig fragte er nun, »hab ich dir dies vielleicht nicht gesagt? Nur das vom ›Hausen und Hofen und Herbergen und Waffnen‹, aber dies eine nicht? O sag: Nein!« Sie senkte den Kopf. »Du *hast* mir's gesagt!«

»Das ist hart. Aber ich weiß nicht mehr, welche Strafe dafür angedroht ist. Ich achtete nicht darauf! Wie konnte ich denken, daß mein Weib . . .« – »Oh, Volkfried!« – »Auch saß ja damals, wie das verkündet ward, der Bruder noch ganz ruhig auf seinem Hof; hab ich dir damals auch die Strafe gesagt?« – »Nein! Nur die für das Hausen und Hofen . . .« – »Darauf steht der Tod!« Er erbebte, sein starker Leib zitterte heftig. »Vielleicht ist doch das Speisen und Tränken gelinder gedroht.« – »Ich fürchte mich nicht, zu sterben«, sprach sie fest. »Nur dich verlassen – so früh! – und die Kinder! Und das Ärgste daran ist . . .« – »Die Schande!« – »Die Schande!« Beide Gatten sprachen das Wort zugleich.

»Wenn dir die Treue gebietet«, fuhr sie fort, »es anzuzeigen, so tu's gleich – morgen. Sonst zehrt es dir an der Ehre. Du *mußt* es dann tun.« – »Ja«, sagte er ganz ruhig, »dann muß es sein. Jedoch – ich seh's noch nicht klar. Die Liebe sagt nein, die Treue sagt ja. Aber es ist noch was in mir, ich weiß nicht, was es ist, das spricht auch und sagt: ›Nein.‹ Das Anzeigen wäre nur eine Wildheit des Stolzes.« – »Wäre nur Fidus da, der gute Mönch! Der wüßte Rat!« – »Freilich, du mußt es beichten. Aber der Mönch, der kann mir das nicht entscheiden! Die Kirchenbuße, ja, die wird er dir auferlegen! Aber dann – ich meine, ich höre ihn schon! –, dann sagt er: ›Damit ist's getan.‹ Aber für mich ist's damit *nicht* abgetan. Herrn Christus ward damit sein Recht, nicht Kaiser Karl. ›Das ist eitel Stolz, sündhafter Mannesstolz‹, wird der Mönch sagen. Aber das eben ist's: Ein Mönch ist kein Mann! In der Heidenzeit hielt man auf die Ehre der Treue! Soll das nun nicht mehr gelten? Ich glaube doch: ich muß!«

Sie richtete sich hoch auf: »Dir jeden Zweifel zu sparen«, sie sprach es ganz gelassen, »tu ich's selbst. Morgen . . .« – »Ich verbiete dir's! Du hast gar nicht zu sprechen. Ich, dein Muntwalt, spreche vor Gericht *für* dich, und, muß es sein, *gegen* dich! Aber erst muß ich's ruhig, gar langsam, durch und zu Ende denken. In der Hast folgen wir beide nur dem Drang der hochgemuten Herzen, auch in das Unnötige, Unsinnige hinein.«

Demütig schwieg sie und lehnte das schöne Haupt an seine Schulter.

»Und, wenn es sein muß, wem – wem willst du's anzeigen?«

»O Schmach und Elend! Dem Grafen . . .! Ihm *müßte* ich's anzeigen. Den hat uns der Herr Kaiser gegeben, ihn zu vertreten. Aber dieser Graf! Mein Todfeind! Der jahrelang mich gequält – gegen Kaiser Karls Recht! Wer bürgt mir, daß er mir nicht wieder falsches Recht, Unrecht spricht? Deine Strafe aus Bosheit erhöht wider das Recht? Ich kann ihm nicht mehr trauen! Das kann Kaiser Karl nicht verlangen! Aber halt: Da ist der andere, der Vizegraf! Der hat eine freundlichere Art, der hat mich noch nicht belogen. Wenn ich Herrn Fortunatus deine Sache überwiese . . .?« – »Nein«, fuhr sie auf. »Lieber springe ich in die Eider. Jetzt gleich!« Sie riß sich los von ihm.

»Oho! Halt!« Er griff sie am Arm: »Du zitterst ja am ganzen Leib! Ist's vor Furcht?« – »Nein!« – »Was kann's dann sein? Ah! Ich hörte sagen, er sei sehr hinter den Frauen her. Hat er gewagt . . .? Ja, ja, es kann nichts andres sein! Der Kerl! Er soll nicht mehr leben!« Er schrie, daß der Hund bellte, wie seinem Herrn im Zorn zu helfen. »Was . . . was hat er gewagt?« – »Er griff nach mir . . .«

Volkfried stöhnte: »Und auch das hast du mir nicht gesagt!« – »Wozu? Ich half mir selbst. Ich schlug ihn ins Gesicht, daß er umfiel: Dort in der Tür lag er. Ich hätt's nie gesagt. Wozu dich ergrimmen? Aber mich – meine Strafe – dem anheimgeben!« – »Ich schlage ihn tot, sobald ich ihn sehe.« – »Volkfried! Dann mußt du sterben, wie – vielleicht – ich.« Er hielt tief atmend inne. Plötzlich rief er laut: »Es hilft nur eines! Es kann nur einer helfen.« – »Wer?« – »Kaiser Karl! *Sein* Recht hast du gebrochen, nicht dieser elende Grafen. Wir müssen zu Kaiser Karl.« – »Das ist ein weiter, ein harter Weg!« – »Wir *müssen*. Er ist der höchste, der letzte Richter. Kaiser Karls Recht soll über uns ergehen.«

Zehntes Kapitel

Der folgende Tag war trüb, stürmisch, regnerisch; dichte graue Wolken lagen über Wald und Strom; der Rauch des Herdfeuers ward vom Wind niedergedrückt und vermochte nicht aus den Dachluken abzuziehen.

Die Gatten saßen um Sonnenuntergang schweigsam in der Halle beisammen. Beide, besonders Volkfried, machten niemals viele Worte; auch was sie am tiefsten bewegte, ward nicht voll ausgesprochen. So hatten sie auch über die Vorgänge der letzten Nacht gesprochen. Aber jeder der beiden traf, ohne Verabredung, für sich allein handelnd, Vorbereitungen zu der bevorstehenden weiten Reise. Die Frau räumte in dem Haus umher. Der Mann holte einen mächtigen Rucksack, füllte ihn mit Brot, mit etwas Salz, mit geräucherten Fischen, mit getrocknetem Fleisch. Dann stellte und legte er auf dem Estrich in der Halle des Hofes Speere, Schwerter, Streitäxte, Schild zusammen, vor dem Aufbruch die besten daraus zu wählen.

Der Knabe mahnte, es sei wohl bald Zeit, das Nachtmahl einzunehmen. »Ich warte nur auf Heimo«, sagte die Frau. »Er brennt Kohlen im Südwald.« – »Da kommt er«, rief Lindmuth, aus der Tür blickend. »Was hat er nur? Ganz eilig kommt er gehumpelt.« Atemlos schleppt sich der Alte über die Schwelle: »Flieht!« rief er. »Sie kommen!«

Ruhig stand Volkfried auf: »Wer kommt?«

»Der Graf! Und der Vizegraf! Und eine ganze Schar! Ich sah sie reiten im Wald. – Sie bogen von der Heerstraße ab – hierher!«

Muthgard erbleichte, sie heftete die Augen auf ihren Mann. Der schritt gegen die Tür. »Nicht doch, Herr! Lieber Herr!« rief Heimo, sich ihm entgegenwerfend. »Flieht! Durch den Erdgang! Ihr und die Frau! Ich bleibe hier am Hof mit den Kindern bis . . .« Volkfried schob ihn schweigend beiseite.

»Herr! Glaubt mir! Es sind zu viele! Wir können nicht Widerstand leisten.« Da griff Volkfried rasch unter die gehäuften Waffen: Eine mächtige langgeschäftete Streitaxt schwang er auf die Schulter und schritt ohne Hast, ganz langsam, hochaufgerichtet, über die Schwelle seines Hauses. Heimo raffte ein Schwert auf und folgte ihm eilig; aber schon vor ihm war der Knabe, seinen neuen Wurfspeer schwingend, hinausgehüpft. Muthgard folgte, die Kleine an der Hand führend.

Als Volkfried die Pforte der Palisade erreicht hatte, sprengten die Reiter aus dem Wald auf die Lichtung. Neben dem Haferfeld war ein breiter Fahrweg, den die zwei Reisigen an der Spitze einschlugen. Aber der nun folgende Reiter, Volkfried erkannte den Grafen, spornte sein Pferd rechts ab. Mitten in das Haferfeld hinein setzte der Rappe, alle die übrigen Gäule folgten ihm nach und trabten scharf auf den Hof zu, die Ernte zerstampfend.

»Auch das soll Kaiser Karl erfahren«, knirschte der Sachse; er öffnete die Pforte und trat in dieselbe, den schmalen Gang ganz ausfüllend. Der Hund stand knurrend hinter seinem Herrn.

Die Reiter stutzten, wie sie den Hofherrn erkannten; sie hielten die Rosse an. Der Graf sprach mit zweien seiner Begleiter; auf einen Wink sprangen sie ab; nur ein Weib, das in der Schar ritt, blieb im Sattel. Zwei der Reisigen hielten bei dem Weib und bei den ledigen Gäulen; die anderen, etwa ein Dutzend Bewaffnete und ein Waffenloser im schwarzen Priesterkleid, gingen auf die Zaunpforte zu. Der Geistliche trat vor. »Gleich der erste Blick auf dies Haus zeigt eine Sünde«, rief er laut. »Die heidnischen Pferdeköpfe am First! Ich klage, Herr Graf! Die Synode hat sie verboten.« – »Und ich hab es dem Sachsen ausdrücklich gesagt«, sprach der Fronbote und schwang drohend einen Eibenbogen. »Gut«, sprach der Graf, »das gibt eine weitere Strafe.« – »Nein, Herr«, rief da Heimo, auf den Zaun kletternd und nach dem Dach weisend. »Mitnichten! In der Mitte – zwischen den beiden heiligen Roßhäuptern! – steckt ein Kreuz. Seht nur recht scharf hin! Gar groß ist es freilich nicht!« lachte er pfiffig, »aber das schützt uns vor Strafe. Fidus hat es uns gelehrt.«

Volkfried wandte sich rasch um und sah hinauf; er entdeckte jetzt erst das Kreuz, so klein hatte es Heimo geschnitzt.

»Ist das so?« fragte der Graf, und als der Abtvikar schweigend die schwarzen Brauen furchte, fuhr er fort: »Gleichviel! Wo Leben, Eigen und Ehre verwirkt sind, kommt's auf das Geringe nicht an. Sachse, gib den Waldgänger heraus, den du hausest und hofest.« – Volkfried schwieg. »Hörst du nicht?« rief der Graf, nähertretend. »In des Herrn Kaisers Namen! Du bist verklagt . . .« – »Von wem?« – »Dort! – Von . . .« – »Von meiner entsprungenen Unfreien, einer Wendin. Ihr Wort ist kein Wort.« – »Gib ihn heraus, den du verborgen. Dein Bruder ist's.« – »Mein Bruder ist nicht in dem Hof.« – »So war er drin.« – »Niemals, seit er geächtet ist.«

»Dein Weib«, rief da der Vizegraf vortretend, »hat nachts mit ihm geflüstert, hier am Zaun. Du hast es selbst gesagt. Da hinter dir steht sie ja, die Vielschöne! Sie soll's leugnen! Dann lügt sie, die stolze Frau!«

Wie Volkfried Fortunat erkannte, ward er ganz blaß; unmerklich den andern zuckte die Faust an der Streitaxt, er gab ihm keine Antwort.

»Und wenn!« rief Heimo vom Zaun herab. »Es ist nicht verboten, mit Verbannten zu sprechen.«

Volkfried pochte das Herz: Nun mußte die Beschuldigung des Speisens und Tränkens folgen, falls die Wendin auch dies gesehen; aber jene Nächte waren ganz finster gewesen: Vielleicht hatte sie das nicht wahrgenommen?

Es war eine lange, bange Weile.

»Ach was«, rief endlich der Graf ungeduldig. »Sie lügen alle. Was verlieren wir hier die Zeit? Ich gehe hinein und hole mir den Flüchtling.« Er trat näher; die Männer hinter ihm machten Miene, ihm zu folgen. Volkfried atmete auf: Sie wußten von nichts! »Halt!« rief er nun laut; sie fuhren zusammen. »Das dürft ihr nicht. Ich bin ein freier Sachse, unbescholten meiner Ehre. Ihr dürft nur bei erwiesener Tat über meine Hofwehr dringen.« – Was schert mich euer Sachsenrecht!« – »Kaiser Karl hat es uns eidlich bestätigt. Hier lege ich mein Schwert auf meines Hofes Schwelle«, er zog den Sachs aus dem Gürtel und warf ihn vor seine Füße nieder, »und rufe Kaiser Karls Gericht an.« Hardrad lachte: »Kaiser Karl ist weit! Es heißt, im Land Hispania. Du bist längst verfault, bevor der von dir hört. Laß mich ein oder . . .«, er griff ans Schwert. Laut bellend sprang der Hund aus der Pforte und fuhr ihn an, erschrocken wich der Graf zurück.

»Zurück, Hofwart!« befahl Volkfried, »hierher!« Augenblicklich gehorchte das Tier und lief hinter den Zaun zurück.

»Was? Den verfluchten Hund auf des Herrn Kaisers Grafen hetzen?« schrie der Fronbote. »Warte, Bestie!« Er griff an den Köcher, den er auf dem Rücken trug, öffnete die Deckelklappe und zog einen schwarzgeflügelten Pfeil heraus. »Ihr habt's alle gesehen! Das war Friedensbruch.« – »Nein, Golo«, sprach da vortretend einer der Krieger, ein breitschultriger Mann, dessen schlichtes flachsblondes Haar, nur an den Schläfen etwas grau, unter der Sturmhaube hervorquoll; er hatte eine lange, gerade, schöngebildete Nase und goldbraune Augen. »Der Mann hat den Hund gleich abgerufen.« – »Wer bist du, selbst Hund?« schrie der Graf und wandte sich zornig gegen den Sprecher. »Hülsung bin ich, Hülsons Sohn, ein freier Sachse. Für das Schimpfwort klage ich dich, Graf, beim nächsten Königsboten.« – »Ha, ha«, lachte Hardrad, »es war noch nie einer in diesem Gau.« – »Und kommt auch keiner in diese Mark«, meinte Fortunat.

Aber der Sachse fuhr fort: »Recht hat der Mann, in allem, was er sprach. Ihr dürft nicht Gewalt brauchen, da auch schon die Sonne zur Neige gegangen ist dort hinter den Eschen im Wald. Ihr brecht den Hausfrieden, dringt ihr ohne erwiesene Tat und ohne Sonnenschein auf euren Helmen in einen Sachsenhof!«

Der Graf wollte heftig erwidern; aber der Priester winkte ihm, den Finger leise hebend. »Du bist wohl Volkfrieds Gesippe, Hülsung?« fragte er schlau. »Nein! Ich wußte und weiß nichts von ihm. Ich bin kein Nordelbinger, ich bin ein Westfale: Auf roter Erde, am Habichtsbeck bei Mimisgerneford, liegt der Hülshof, unser altes Erbe.« – »Nun«, lächelte der Priester, »dann redest du eben nur von Westfalenrecht.« – »Nein, Herr, darin ist das Recht gleich bei allen Sachsen. Und Hülsung, der Hülsunge Sohn, hilft nicht mit dabei, Sachsenrecht zu brechen. Geschieht dem Hofherrn dort Gewalt, so werde ich es Kaiser Karl klagen.«

Der Graf riß mit einem Fluch das Schwert aus der Scheide und schwang es gegen den Kühnen. Petrus rührte leise an seinem Arm. »Geh, Hülsung«, sprach er dann, »der Graf entbindet dich für heute des Dienstes; steig auf dein Roß dort und reite zurück nach Esesfeld. – Sei doch nicht so unklug«, flüsterte er Hardrad zu. »Wir schicken ihn morgen ab mit dem Auftrag, nach Fidus zu suchen.«

Der Sachse warf den Speer auf die Schulter und ging zögernd zurück zu den Pferden; aber er stieg nicht auf und ritt nicht davon.

»Allzulang lassen wir uns nicht hinhalten«, rief Hardrad. »Mir nach!« Er trat auf die Pforte zu. »Haltet an!« rief Volkfried, die Streitaxt leise lupfend. »Den ersten, der meines Hofes Frieden bricht, schlage ich tot! Ich rufe das Kreuz des Herrn Christus da droben zum Zeugnis an: Ich stehe hier in echter Not, ich schütze Recht vor Gewalt.« – »Und ich erschlage den zweiten«, rief Heimo vom Zaun rechts von Volkfried. »Und ich den dritten«, rief der Knabe, hinter dem Vater sich reckend.

»Ha«, lachte Fortunat, das Schwert ziehend, »mich wundert nur, daß die schöne Frau nicht auch mitschreit. Komm, Golo, holen wir die weiße Rebellin heraus. Dann mag er – allein! – drin bleiben, im sichern Schutz seines Hausfriedens. Aber ich meine, dann kommt er ihr schon nach und heraus! Mir das Weib, dem Grafen den Hof . . .«

»Und mir den Hund«, lachte der Fronbote, warf Bogen und Pfeil zur Erde und zog das Schwert.

Beide sprangen vor und kletterten nebeneinander an dem Pfahlwerk des Zaunes zur Linken von Volkfried empor. Fortunat war ihm zunächst: Er sah dessen begehrliche Augen seines Weibes Gestalt verschlingen. Nun schwang der Aquitanier behend, das Schwert in der Rechten, die Klinge gezückt, um sich gegen einen Angriff zu decken, das eine Bein über den Zaun. Da sprang Volkfried mit der Streitaxt vor. Wohl hob der Geschmeidige flink das Schwert, aber ebenso leicht hätte er einen Blitzstrahl auffangen können wie diesen furchtbaren Streich, die Schwertklinge zersprang wie Glas, das Helmdach barst, und laut aufschreiend, mit zerschmettertem Schädel, flog er nach außen; Gehirn und Blut bespritzten Golo, der ebenfalls herabstürzte, unversehrt, vor bloßem Entsetzen. Hardrad lief an des Freundes Seite, kniete nieder richtete den blutenden Rumpf empor.

»Tot?« rief er. »Erschlagen! Und um das Weib? – Wart! In Schmach soll sie vergehen!«

»Jetzt flieht, Herr! Rettet Euch«, mahnte Heimo.

Volkfried, der schon wieder in der Zaunpforte stand, schüttelte schweigend das Haupt. »So rettet doch die Frau! Vor Schande! Vor . . .« Das begriff Volkfried. Er winkte seinem Weib und spang in raschen Sätzen, die Kinder mit sich fortreißend, durch den Hofraum in die Haustür.

Muthgard und Heimo folgten, auch der Hund; die Menschen kamen glücklich hinein, aber der Hund jaulte auf, als er eben durch die halb geschlossene Tür folgen wollte: Ein schwarzgeflügelter Pfeil stak in seinen Rippen, wimmernd kroch er in den Hausgang. Heimo warf die Tür hinter ihm zu und schob den mächtigen Balkenriegel vor.

»Nehmt von den Waffen, was ihr könnt«, rief Volkfried, mehrere Speere aufraffend, den Seinen zu. »Und Mundvorrat! – In den großen Sack! – So! – Mir nach! – Heimo, ich lasse die Steinplatte offen, du folgst sogleich.« – »Jawohl, eilt nur! – Horcht! Schon donnern sie an der Tür! – Da könnt ihr lange klopfen! Die Tür ist fest: Ich hab sie selbst gezimmert.«

Volkfried mit den Seinen war verschwunden. Heimo guckte durch eine Ritze des Wandgebälks hinaus. »Ja, lauft nur herum und sucht! Der gute Hof hat keinen andern Eingang. Nur noch hinten das Stalltor. Das ist noch stärker als diese Tür. Nun mag ich folgen.« Er lief, wie vor ihm Volkfried, durch die Halle in die Schlafkammer. Aus dieser Halle führte eine Tür in den angebauten Stall: Derselbe war zur Sommerzeit leer von Vieh, nur Gras und Heu waren darin hochgehäuft vom Lehmboden bis unter das Dach. An einer Stelle war das Heu zur Seite geschoben, eine mächtige Steinplatte aufgehoben und auf das Heu zur Seite geworfen: Ein schwarz gähnendes Loch im Erdboden ward hier sichtbar, breit genug, einen Erwachsenen – zur Not – durchzulassen. Schon hatte Heimo den einen Fuß in die Öffnung gesenkt, nun wälzte er den Stein heran, um ihn dann von unten, so gut es gehen würde, ganz einzufügen, schon wollte er das zweite, das lahme Bein nachziehen und sich auf die erste Stufe hinabgleiten lassen, eine Kellertreppe schien steil abwärts zu führen: Da schlug von der Vordertür her ein hell krachendes Geräusch an sein Ohr, wie von splitternden Balken; zugleich zogen schwelender Rauch und scharfer Brandgeruch, vom Südwind durch die Fugen des Gebälks geführt, bei der offenen Stalltür herein; rasch schwang er sich wieder aus der Öffnung auf den Boden des Stalles.

»O weh«, sagte er zu sich selbst. »Das geht rasch! Allzu rasch. Woher haben sie so schnell Feuer gehabt. Was klingt da und klirrt?« Er lugte vorsichtig durch eine Ritze im Gebälk des Stalles: »Golo! Stahl und Stein! Er schlägt Feuer! Auch hier! Sie schieben Feuer, brennende Späne zwischen die Fugen! Und horch! Da vorn kracht's immer übler. – Hm, Heimo? Was tun? Fliehe auch ich durch den Erdgang? Den Quader bringe ich wohl zurecht; aber das Heu und Gras kann ich dann nicht mehr darauf häufen. Stürmen sie aus der leeren Halle in den Stall, so entdecken sie sofort den verdächtigen Stein, entblößt vom Gras. Sie dringen nach! Ach! Es ist zu früh! Sie holen uns ein, bevor wir . . .! Es ist zuwenig Zeit! Dagegen: Wenn ich . . .? Ja, das rettet sie!«

Elftes Kapitel

Und nun wälzte er den Quader über das Loch und bemühte sich emsig – immer heller krachten vorn die Balken, immer ärger schwelten die Rinden des Eichenholzes, das zwar, dank dem letzten Regen, nur schwer Feuer fing, aber dafür erstickend qualmte –, unbeirrt mühte er sich, Massen von Gras und Heu gerade über den verräterischen Stein zu häufen. Er lockerte es dann wieder, so daß die gefährliche

Stelle ganz unverdächtig, ganz unberührt von Menschenhand und Menschenfuß aussah. Nun warf er einen zufriedenen Blick auf seine listige Arbeit: Sie war ihm vortrefflich gelungen! Ein Lächeln zog um die harten Lippen: »So! Will sehen, ob sie das herausbringen! Werd's aber wohl nicht sehen!« Er seufzte kurz. »Nun, sei's. Treuer Knecht läßt den Herrn nicht ungefolgt in den Tod schreiten, daß ihm nicht Hels Eisentor auf die Ferse schlage. Ob ich Volkfried nachfolge in den Tod oder hineinspringe für ihn, damit er an dem Tod vorbeischlüpft – und die Frau an der äußersten Schmach! –, das ist wohl das gleiche.«

Während dieser Worte hatte er den Stall verlassen und war in die Halle zurückgeschritten. Er schloß nun die Tür, die in den Stall führte. »Hier, nicht nahe dem Erdloch, sollen sie mich finden. Die Tür in den Stall würde sie doch nicht aufhalten. *Hier* sollen sie suchen, staunen und nichts finden als – Heimo. Nun, nun! Hübsch *sanft* anklopfen! Heimo findet ihr zu Hause! Und ein paar Hiebe!« Er nahm von dem Waffenvorrat auf dem Boden einen starken Lindenschild, mit Büffelleder überzogen, und streifte ihn an den linken Arm, stülpte eine eiserne Sturmhaube auf den grauen Kopf und griff sich so viele Speere, als er mit beiden Händen fassen konnte – es waren drei neben dem Schildriem –, so trat er dicht unter die Tür.

Diese bestand aus zwei mächtigen, breiten und sehr dicken Platten von Eichenholz: In Eichenbalken waren sie oben und unten eingelassen. Ihren stärksten Widerhalt hatten sie in halber Höhe, wo ein Querbalken sie verband und wo überdies, oberhalb dieses Balkens, der Querriegel, das heißt ein zweiter Eichenbalken, fast so dick wie ein Mannsschenkel, an der Angelseite der Tür in das Hausgebälk selbst eingefügt, an der Schloßseite derselben, wo sie öffnete, in eine gewaltige Eisenfuge eingelassen war. Diese alten Sachsenhöfe, erbaut zu einer Zeit, da noch unbeschränkte Fehde waltete, waren kleine Festen, Holzburgen, auf Verteidigung schon des Hofraums, dann auch des Hauses eingerichtet. So hatte die feste Tür geraume Zeit widerstanden, ebenso die Stalltür, an welcher nicht so viele Angreifer arbeiteten.

»Verflucht!« rief vor der Vordertür der Graf. »Hätten wir nur mehr Streitäxte mitgebracht! Wer dachte, daß sie sich belagern lassen! Mit Messer und Speer ist nichts zu machen gegen diese Sachseneichen. Sind wie Stein! Da! Bricht mir die dritte Speerspitze. Gib mir mal die Doppelaxt, Golo. So! Hier, wo es schon hell brennt! Da bricht's! Jetzt – hinein.«

Die obere Platte, lange schon vom Brand geschwächt und durch viele Schläge gesplittert, brach jetzt krachend nach innen, wenigstens der größte Teil ihres Mittelstückes; nur noch oben und an beiden Seiten blieben einige scharfgesplitterte Zacken stehen.

Heimos grauhaariges Haupt ward draußen nun voll sichtbar. Ein wildes Jauchzen begrüßte ihn: Speer und Pfeile flogen gegen ihn, aber der gute Schild und die Sturmhaube fingen alles auf.

Auch Hülsung stand vor dem Haus, es hatte ihn nicht bei den Pferden gehalten: er lehnte an seinem Speer und schüttelte langsam das Haupt: »Es ist der Knecht!« – »Er ist des Todes!« schrie Golo, den Bogen wieder spannend. »Noch nicht!« antwortete Heimo grimmig. »Das schickt dir Hofwart.« Sein erster Wurfspeer flog: In die linke Schulter getroffen, schrie der Fronbote laut auf vor Schmerz. »Drauf! Alle zugleich!« befahl Hardrad und schlug, hoch sich reckend, mit der Streitaxt gegen Heimos Haupt. Der Schlag ward wohl mit dem Speerschaft abgewehrt, aber dieser selbst wurde glatt durchhauen – der zweite Speer war verloren. In dem Schild staken schon so viele Wurflanzen und Pfeile, daß er ihn nur noch mit Anstrengung halten konnte: Den letzten Speer durfte er nicht zum Wurf verwenden: Er konnte nicht hoffen, zu dem Waffenvorrat in der Halle zurück und wieder an die einstweilen leer gelassene Tür springen zu können.

Ein wohlgezielter Speer, Hardrad selbst hatte ihn geworfen, hatte ihm die Helmhaube vom Kopf gerissen. Doch unverzagt und erfolgreich wehrte er durch scharfe, kurze Speerstöße noch eine Weile die Feinde ab: war er doch bis an die Brust durch die untere Türplatte und die Balken geschützt, die immer noch standhielten. Nur der Brandqualm der ringsum glimmenden Balken ward sehr lästig, denn der Südwind trieb den vollen Rauch herein.

»Aber einstweilen«, dachte er, »haben sie guten Vorsprung; es wird auch schon ganz dunkel.« Diesen festen Trost im Sinn, sah er ruhig sein Blut von der Wange her in den langen Graubart rinnen. Ein Pfeil hatte leicht sein Gesicht gestreift – er hatte es gar nicht bemerkt.

Draußen trat ein Stillstand des Anpralls ein.

Hardrad hatte einen leichten Speerstoß durch den Schildrand in den linken Arm erhalten und ließ sich von Petrus die Wunde besehen. »Es ist nur eine Schramme. Aber warte, Knecht! Gleich fährst du zur Hölle!« drohte Petrus.

Heimo hatte nicht bemerkt, was ihm drohte. Der Priester hatte Golo, dessen reichter Arm unversehrt war, einen leisen Wink gegeben; nach oben, nach dem Dach, hatte er gedeutet. Von den beiden Seiten des Hauses, nicht wahrnehmbar für Heimo, waren Golo und drei Reisige auf das Dach geklettert.

»Zur Hölle?« wiederholte Heimo, denn er hatte es gut verstanden. Er überlegte. »Nein! In die Christenhölle mag ich nicht. Aber auch nicht in den Christenhimmel«, sagte er ganz bedächtig. »Nein! – Und doch! Wenn ich jetzt hier sterbe, so wie ich sterbe für meinen Herrn! Am Ende – getauft bin ich ja! –, am Ende fahre ich geradewegs zu den verhaßten Heiligen?«

»Ich mag nicht?« rief er laut und zornig. »Ich will zur Thor fahren, der treue Knechte aufnimmt, der Knecht treuer Gott in Thrudwang. Die Taufe? Die gilt nicht! Ich rief zu Thor, während sie mich unterduckten. Und ich habe insgeheim seither oft und oft geopfert. Hör's, du Priester, und hört, ihr Heiligen da oben: Ich sage ab Gott Vater, Gott Sohn und Gott dem Geiste und allen den Heiligen, die ihre Genossen sind. Ich glaube an Wotan und Sassenot und an Thor. Und zu dem will ich fahren.«

Es war sein letztes Wort.

Die auf dem Dach hatten, auf dem Bauch kriechend, die Dachluke gerade über seinem Haupt jetzt erreicht. Golo und einer der andern faßten einen mächtigen Dachbalken, den sie aus dem Gefüge gehoben, zielten scharf auf des Ahnungslosen Haupt und zählten: eins, zwei, drei! Und nun stießen sie mit aller Kraft den Balken senkrecht auf sein unbehelmtes Haupt. Lautlos fiel er vornüber auf die glimmende Tür, er war augenblicklich tot.

Wildes Geschrei begrüßte das Ende des ungleichen Kampfes. Einer der Reisigen zwängte sich über die Leiche hinweg durch die zertrümmerte Platte in die Halle, riß von innen die Riegel weg und stieß die Tür auf.

»Halt!« schrie Hardrad. »Schlagt ihn nicht tot, den Mörder Fortunats, fangt ihn lebend! Ich will ihn so lang foltern, bis ihm die Augen aus den Höhlen springen!« Er eilte über die Schwelle. Die andern folgten. Groß war ihr Staunen, als sie die Räume leer fanden. Sie durchsuchten alles in Halle, Schlafgemach und Stall, sie durchwühlten das Heu, sie durchstachen die Grashaufen nach allen Richtungen mit ihren Lanzen, sie rissen die Stalltür auf, sie suchten nach Spuren, nach Fußtritten außerhalb des Hofes, obwohl Hardrad es für unmöglich erklärte, daß eine Seele unbemerkt aus dem sofort nach Fortunats Fall umstellten Haus hätte entrinnen können. Sie fanden nichts.

»Löscht! Löscht eilig!« befahl Hardrad unmutig, das

Schwert in die Scheide stoßend. »Der Hof wird mein! Das heißt: Er wird eingezogen, aber ich kaufe ihn dem Krongut ab.« Die Reisigen verließen die Halle, von außen den Brand zu löschen. Da huschte über die Schwelle ein leichter Schritt. »Du, Wlasta!« sprach Hardrad finster. »Unglücksweib! Deine Botschaft kostete Fortunat das Leben! Sahst du ihn liegen?« Sie nickte gleichgültig. »Habt Ihr ihn? Und das Weib?« Sie sah sich um. »Er, der Tote, hatte mir versprochen, das Weib solle – zuletzt! – meine Magd werden. Das müßt Ihr halten. Wo ist sie?« Ihre schwarzen Augen funkelten feindselig. »Verschwunden! Wie der Mörder. Es ist unerklärlich!«

»Nein«, sagte der Priester, »nicht unerklärlich. Die Leute waren wohl noch halbe Heiden: Sie haben die Dämonen angerufen, sie zu entrücken.« – »Ah, bah! Alle vier? Samt dem Hund?« rief da Golo, sich die Schulter haltend; die Wunde schmerzte sehr. »Das glaube ich nicht! Viel eher meine ich, in diesen Sachsenhöfen sind gar häufig unterirdische Keller, Höhlen, lange Gänge, die irgendwo im tiefsten Wald münden. Ich werde danach suchen, bis ich so was gefunden, dann haben wir die richtige Spur. Aber jetzt schafft mir Pflege für meine Schulter! Der elende Knecht!« Er gab dem toten Heimo einen Fußtritt. Dann fiel er um. Die Krieger trugen Gogo hin zu den Rossen.

Hülsung trat zu dem Grafen. »Ist es dir Ernst mit deinem Auftrag?« Hardrad nickte finster. »Gut! Dann gehe ich gleich von hier aus; hier ist die Furt, die über die Eider in den Dänenwald führt.« – »Geh mit Gott, mein Sohn«, sprach der Priester, und zu Hardrad flüsterte er: »Nie kommt er zurück.«

Nun brach der ganze Zug auf und kehrte, den toten Fortunat und den wunden Gogo mit sich führend, nach Esesfeld zurück. Als aber die Sterne aufstiegen, da flammte neben dem Volkingerhof eine rote Lohe zu ihnen empor.

Hülsung hatte den toten Heimo auf seinem Schild, den

Speer hielt die starre Hand noch umschlossen, auf einen von den Kriegern aufgehäuftem Stoß von halbverbrannten Balken gelegt und diese noch leise glimmenden Reste aufs neue entfacht. Neben diesem Scheiterhaufen saß der Sachse, den Speer über der Schulter, und hielt dem Stammesgenossen die Leichenwacht. »Denn«, sagte er zu sich selber, »ob bei Herrn Christus oder bei Herrn Thor: Der Mann ist jetzt im Reiche der Getreuen.«

ZWEITES BUCH

Erstes Kapitel

Viele Tagereisen weit dehnte sich nördlich von der Eider der Eiderwald oder wie die Sachsen und Franken sagten: »der Dänenwald.« Es war ein echter Urwald; der Bär fand da reiche Honigbeute bei den von Menschen nie gestörten Wildbienen in uralten Hohlstämmen; die Wölfe trabten in Rudeln hinter dem breitschaufeligen Elch; Wisent und Ur staken im Sumpf bis an den mächtigen Nacken; auf dem waagrechten Baumast, waagrecht hingestreckt, lag der Luchs und lauerte auf den Hirsch, der zur Quelle wechselte; der Wald war hier so ausgedehnt, so dicht bestanden, das Eichhorn konnte von Wipfel zu Wipfel springen sieben Tage hintereinander, ohne auf den Boden gehen zu müssen.

Zwischen Schleswig und Husum lag mitten im dichtesten Wald eine kreisförmige Lichtung: Gerade unter den hochgewölbten Wurzeln einer uralten Eiche hervor quoll eine mächtige Quelle, sie war ein gemeinsames Weihtum von vier dänischen Gauen, deren Landmarker hier zusammenstießen; die Burg des Königs dieser Gaue hieß Sliesthorp (Schleswig).

Es war gegen Ende des Erntemonds, des August; reichlich war das Getreide gediehen und von allen Dörfern und Gehöften glücklich eingebracht; voll Dankes gegen die guten, gnädig spendenden Götter hatten die Leute der vier Gaue das Ernteopfer, das Dankopfer dargebracht; drei Nächte hatte es gewährt – die dritte, die letzte Nacht ging nun zu Ende.

In weitem Kreis um die heilige Stätte lagerten Männer, Weiber und Kinder; auf Wagen waren sie herangefahren, auf Rossen geritten; Wagen und Rosse waren zusammengestellt, letztere angepflockt; auf den Wagen oder unter ihnen hatten die Opfergäste geschlafen, auch wohl in Hütten aus Zweigen, welche die Frauen rasch und geschickt herzustellen verstanden.

Vor der Eiche aber, so weit davon entfernt, daß Stamm und Zweige nicht geschädigt wurden, brannte ein mächtiges Feuer; um dieses, das den Mittelpunkt bildete, lagen, saßen und standen die vornehmsten Opfergäste; ihre breiten Armringe, die Wehrgehänge, die nackten Schwerter, die Speerspitzen glänzten bald hier, bald dort aus dem Rauch, wie der Schein der flackernden Flamme, hüpfend im regen Winde, in phantastischem Wechsel sie streifte.

In grauer Vorzeit, bald nachdem zuerst Germanen aus der Quelle geschöpft, war dieselbe in mächtige graue, unbehauene Steine gefaßt worden, wo sie bei der damals noch jungen Eiche emporsprudelte.

Hoch von dem Geäst des Baumes schauten gebleichte Pferdeschädel nieder, von alten Opferfesten herrührend; seltsam nahm sich daneben ein Kreuz aus: Es bildete die Spitze eines blauen, reich mit Gold bestickten viereckigen Banners, das, den Schaft nach oben, die Spitze nach unten, an den Stamm genagelt war. Und neben dieser Kreuzfahne hing ein altes Kriegszeichen: offenbar ebenfalls dereinst ein Fahnenschaft, mit goldenen Nägeln beschlagen, mitten durchgehackt, oben auslaufend in eine breite Querstange, auf der saß der Rest eines goldenen Vogels, der Kopf und Hals und die eine Schwinge waren hinweggerostet – nur ein halb gehobener goldener Flügel und die Füße waren noch erhalten.

Gerade oberhalb der Steinfassung der Quelle war an dem gewaltigen Stamm der Eiche – er war breiter als drei nebeneinandergestellte Männer – aus Holz ein Schnitzwerk angebracht, eines Mannes oder eines Gottes Gestalt, aber in übermenschlich hohen und breiten Maßen; das Bild war jetzt nicht zu erkennen, ganz zugedeckt von dem Gedränge der Männer vor dem Stamm.

Unter der Eiche stand, vom roten Feuerschein beleuchtet, ein Mann in reichstem Waffenschmuck: Auf dem Helm sträubte der graue Geier die ungeheuren schwarzen, lichtgrau geränderten Schwungfedern; ein schmaler Zackenreif von Gold lief um seine Stirn; in langen Locken flutete das rote Haar auf die breiten Schultern, auf das schwarzbraune Bärenfell, dessen Pranken mit vergoldeten Krallen und kaum sichtbaren Ösen unter der Kehle des Mannes ineinandergriffen; auf der schön gewölbten Erzbrünne spielte des Feuers Glast; die Linke war in die Hüfte gestemmt, die Rechte hob ein mächtiges Wisenthorn. Die hellblauen Augen der kraftstrotzenden, aber schlanken Gestalt musterten die Krieger, die sich um den Hünen drängten, diese Augen suchten und fingen und hielten gebannt jedes einzelnen Blick, und mit dröhnender Stimme begann er: »Hört mich, auf Erden ihr, Dänenhelden, Schildgenossen, Schiffsgenossen, Segelbrüder! Und ihr, hoch da droben in Walhall, meine Thor entsprossenen Ahnen, die ihr auch da oben unter Krone geht! Und endlich ihr, hilfreiche Asen selbst, Odin von Asgard und Thor mit dem Hammer! Achtet, ihr alle, des Eides, den ich schwöre, ich, Göttrik, Gottwins Sohn, ein König der Dänen. Ich schwöre auf den Eber vor meinen Füßen und auf das hallende Horn voll alten Ales in meiner haltenden Hand: Ich gelobe das gute Gelübde.

Alt ward zu Aachen König Karl, den zum Kaiser krönten Pfaffen und Priester, schwach ward sein Schwert, verschollen scheint er in fremden Fernen. Schon drangen mein Drachen dräuend bis ins Frankenland, schon zahlte mir Friesland Zins. Schon holte ich dies Heiligtum des gekreuzigten Christus, dies bunte Banner am Baum dort, aus dem verwüsteten Weihtum zu Wanga und hängt es den guten Göttern zur Gabe, als beste Beute, doch das Oberste unten, neben das alte, das uralte, das vor ungezählten Zeiten unsere Ahnen einst furchtbaren Feinden entrissen, den Recken von Rumaburg.

So hole ich hierher mit – hört's, ihr Helden! – auch ihn, der – so singt man und sagt man – auf dem Palast König

Karls zu Aachen prangt: den ehernen Adler. In freiem Felde suche ich die Schlacht mit dem Heere des Helden, des Königs Karl; noch heuer im Herbst, bevor noch der Winter die Wälder weißet, oder doch noch im Winter, sobald sicher die See, bevor noch im Frühling der Falke über die Felder fliegt. Ich schlage die Schlacht, ich erringe den Sieg oder lasse mein Leben. Hört es, ihr Helden, und hört es, ihr Hohen, ihr Herrscher in Walhall.«

Und er berührte mit der linken Hand den Eber, der vor ihm über dem Opferfeuer auf Eisenstangen hing, und die Rechte mit dem Horn hob er über sein Haupt, zu dem Wipfel der Eiche emporblickend, der sich hoch im Rauch und Nachtgewölk verlor. Darauf setzte er das Horn an den Mund, von welchem der rote Bart bis auf die Brust herabfloß, und trank es leer.

Lauter, brausender, dröhnender Jubel antwortete dem stolzen Kampfgelübde. Die Männer riefen: »Heil König Göttrik!«, dem schlugen die Waffen an die Schilde und drängten sich heran, des Fürsten Rechte zu schütteln. Lange, lange währte es, bis der wilde Lärm sich einigermaßen legte; gar mancher schwor dem König zu, seines Gelübdes Genosse zu sein, die große Frankenschlacht Schild an Schild mit ihm zu schlagen.

Da drängte sich durch die Jarle und reichbewaffneten Königsgefolgen ein Bauer, in ein Wolfsfell gehüllt, ohne andere Waffen als den langen Eibenbogen über die Schulter, aus dem alten Lederköcher ragten die Pfeile, beschwingt mit der grauweißen Feder des Wildschwans; das weiße Haar hing in langen schlichten Strähnen herab. Er suchte geraume Zeit vergeblich, sich bemerkbar zu machen, des Königs Auge zu gewinnen; der schien ihn nicht zu sehen; der Bauer wandte sich an einen der Jarle: der zuckte die Achseln; an einen der Königsgefolgen, der wollte ihn unwirsch zur Seite stoßen, aber der alte Bauer war viel stärker, als er aussah – mit einem einzigen Ruck hatte er den Vollgewaffneten weit hinweggeschleudert. Er stand jetzt neben dem König, faßte ihn an dem lang herabwallenden Bärenfell und zog daran, nicht heftig, aber deutlich spürbar.

Göttrik wandte sich rasch: »Du dreister Bauer! Schon wieder da?« Zornesröte flammte über sein schönes Antlitz, die Nüstern der scharfgeschnittenen, kühngebogenen Nase flogen. »Was suchst du?« – »Mein Recht!« – »Das hast du schon oft gesucht«, lachte der König. »Ich werde es suchen, bis ich es finde – und ich werde es finden, durch dich oder gegen dich.« Der König schwieg; verärgert sah er weg; einer aus dem Gefolge bemerkte es, er wollte den Bauern fortführen, er faßte dessen Hand, doch ein Stoß vor die Brust, und der Jüngling taumelte zurück.

»Gib mir das rote Roß heraus, das du mir genommen. Das Thing hat gesprochen: Es ist mein. Meine Hausmarke trägt es am Vorderbein. Deine Königsmannen, die bösen Buben, haben es mir von der Weide gestohlen.« Auf fuhr da Göttrik, die blauen Augen blitzten, doch er faßte sich. »Mir gefällt der Gaul. Ich reite ihn alle Tage. Ich behalte ihn.« – »König, bitte mich, so werde ich ihn dir schenken!« Göttriks Faust fuhr an das schwergoldene Heft des Messers im edelsteinblitzenden Wehrgurt. »Fort mit dir, Bauer!« grollte er. »Hast du's noch nicht verstanden? Der König will's. Und des Königs Wille soll fortan Recht sein im Dänenland. Da sprach der Bauer drohend: »Hüte dich, Göttrik, Gottwins Sohn, vor Königswahn. Volkswille ist Recht im Dänenland. Und bleibt es. Ich denke noch an die alten Tage. Schon drei stolze Könige vor dir wollten wie du. Weißt du, wer sie geholt hat? Der graue Schwan mit dem eisernen Schnabel! Noch einmal ruf ich um Recht. Aber dann – dann ruf ich um Rache.« Jähzornig riß der König das Messer heraus, doch der Bauer war schon hinter dem breiten Stamm der Thoreiche verschwunden.

Zweites Kapitel

Es blieb nicht viel Zeit, über den Vorfall nachzudenken; sofort trat vor den Fürsten ein Krieger und meldete: »An dem Verhau, welcher den Steig zu der Opferstatt sperrt, halten wir Wacht, wie du geboten. Wir griffen dort zwei Franken.« – »Späher?« forschte der König rasch. »Nein, sie stellten sich selbst.« – »Überläufer? Gar viele Sachsen...!« – »Nein. Der eine, ein Mönch, hat eine Botschaft, der andere ist sein Geleitsmann.« – »Eine Botschaft? Von wem? An mich?« – »Er sagt es nicht, aber er will hierher – an das Opferfeuer. Sollen wir...?« – »Bringe sie!«

Einstweilen standen fern von der Eiche bei den ineinandergefahrenen Wagen, in dem äußersten Ring der wogenden Volksmenge, Fidus und Hülsung, von einem Hüter des Verhaues mit gezogenem Schwert bewacht. Neugierig gaffend drängten sich Weiber und Kinder, zumal der Mönch ward bestaunt und das wenig freundlich.

Ein altes Weib leuchtete mit einem brennenden Span dicht an des Priesters Gewand: »Ja, ja«, grinste sie, »der ist von denen! Die in solchen grauen Weibergewändern haben meinen armen Enkel – mit Gewalt – unter die Aller getaucht. Ja, ja, Mönch, ich bin aus dem Sachsenland hierher geflohen! Und weil er sich bei der Taufe wehrte, das Wasser von sich spie und ganz matt sprach: ›Und ich glaube doch an Wotan!‹ da haben sie ihn wieder untergetaucht – für immer, und ich stand dabei und mußte es mit ansehen. Ah«, knirschte sie, »wie meinen Enkel sollte man ihn ersäufen.«

»Nicht ersäufen«, fiel ein Mann ein. »Wir haben das Feuer näher. Verbrennen! Alle beide! Bei lebendigem Leib! Den Göttern zum Opfer! Wie sie mir Weib und Kind lebend verbrannten in meinem Gehöft an der Weser. Die Hunde!« Und er gab dem Mönch einen Faustschlag in den Nacken, daß er vornüber stürzte. Hülsung richtete den Alten auf; der zitterte sehr. »Du blutest an der Schläfe. Tut es weh?« – »Ja, ein wenig – sehr! Ich fiel auf das Radeisen des Wagens. Aber«, er wankte, die Knie schlotterten ihm, »es ist nicht das . . .« – »Was hast du?« – »Furcht, Sachse! Elende Menschenfurcht, Furcht vor dem Tod! Vor den Peinigungen. Horch, wie sie da so gräßlich jauchzen, dort bei jenem großen Feuer. Schon jetzt sind diese geflüchteten Sachsen, diese wilden Dänen so grimmig gegen mich, gegen mein bloßes Mönchsgewand. Wie werden sie toben, wenn ich meinen Auftrag erfüllt habe! Sie werden mich zerreißen, Glied um Glied. Ach, ich bin alt, schwach ist das Fleisch! Und auch dich werden sie morden. Wehe, was bist du mir nachgekommen durch alle Schrecken dieser Wälder! Du mußtest mich ja nicht gefunden haben! Warum gingst du mit mir bis hierher?« – »Warum? Die Treue gebot es. Der Frankengraf soll nicht sagen, Hülsung, der für das Recht sprach gegen ihn, verweigert dem Grafen den Gehorsam; er soll nicht sagen, der Sachse sei geflohen vor der Gefahr. Ich schwor Treue Kaiser Karl. Die muß ich halten.«

Da stürzte der Mönch auf die Knie: »O Gott«, rief er unter strömenden Tränen, »wie beschämt mich, deinen Diener, o Herr, dieser Diener der Welt! Ich habe dir Treue geschworen und deinen Vertretern auf Erden, den geistlichen Obern, er nur dem irdischen König. Er hält sie unverzagt, und ich wankte in der Treue gegen den Himmelsherrn! Aber ich wanke nicht mehr.«

Und hoch aufgerichtet schritt er, eilig und eifrig, der Mahnung des vom König zurückkehrenden Dänen folgend, auf das Opferfeuer zu. Kaum konnte Hülsung Schritt mit ihm halten. Als sie, von den Flammen hell beleuchtet, heranschritten, da sprang rasch an des Königs Seite ein junger schmucker Krieger, in reichem Waffenschmuck, an seiner ehernen Sturmhaube staken ein paar Geierfedern. »Herr«, flüsterte er in des Königs Ohr, hastig sich vorbeugend und auf die Fremden deutend: »Die Götter selbst senden dir diese beiden. Das fördert deinen Anschlag. Der eine ist ein Mönch aus jener Burg . . . ich kenne ihn! . . . der andere gehört zur Besatzung. Wollen sie, können sie alles dir mitteilen, was wir so gerne wüßten.« – »Sie sollen wollen«, sprach drohend, aber ebenso leise der König. »Du hast eine Botschaft, höre ich, Priester?« fragte er laut. »An wen?«

»An den Gott, dem ihr hier dient. Ich suche schon lang sein Bild! Ist das nicht, da hinter dir, ich kann es nicht deutlich sehen, ein solches Bild?« Der König trat zur Seite. Voll sichtbar ward nun das über Menschenmaß hohe Holzbild, das in Halbrelief an den Stamm genagelt war: Haar und Bart waren grellrot bemalt, hellblau die Augen, mit der linken erzbehandschuhten Faust drückte er einen riesenhaften Wurm nieder, der sich gegen ihn emporbäumte, die Rechte schwang den Steinhammer; der Körper war unbekleidet, nur die Hüften bedeckte der breite Stärkegürtel von erzbeschlagenem Leder. »Das ist Asathor!« rief Göttrik. »Er lebt in dem Bild, er schwebt um dieser Eiche Wipfel.«

»So höre denn!« rief der Mönch. »Es ist nur *ein* Gott, der Vater des Herrn Christus. Dieser Götze aber ist kein Gott, sondern ein Teufel. Nieder mit ihm!«

Und bevor die Dänen ihn hindern konnten, hatte der Alte einen der zahlreichen, an die Bäume gelehnten Speere ergriffen und mit aller Kraft gegen das Bild geschleudert. Ein hundertstimmiger Schrei des Entsetzens, des Schreckens über den Frevel erscholl, aller Augen richteten sich auf das geliebte Götterbild, aber sieh, es war unversehrt. Obwohl der Mönch nur drei Schritte entfernt stand, hatte er weder Bild noch Baum getroffen, zu Füßen des Gottes lag der Speer im Feuer, gierig ergriff ihn die Flamme; der Mönch aber lag auf dem Boden, er war bei dem Ausholen zum Wurf ausgeglitten auf den glatten Tannennadeln, mit welchen der gestampfte Lehmboden hier überschüttet war;

mit Mühe hob ihn Hülsung empor. Nun folgte bei den Heiden auf den Schrecken Wut gegen den frevelnden Mönch, aber auch ahnungsvolles Staunen über den Gott, der sein Bild geschützt hatte: Dieses fromme Grauen erfüllte und lähmte viele der Dänen. Andere aber drangen tobend mit geschwungenen Messern auf den Priester ein, wohl warf sich der Sachse über ihn, mit dem eigenen Leib ihn zu decken, doch schienen beide unrettbar verloren. Da sprang Göttrik mit einem Satz zu den Bedrohten und breitete mit der Linken seinen mächtigen Bärenmantel über sie wie einen Schild. »Haltet ein«, rief er mit donnernder, des Befehls in der tosenden Heerschlacht gewohnter Stimme. »Haltet, ihr Dänenhelden! Seht ihr denn nicht? Asathor will der Frevler Tod nicht. Noch nicht! Hätte er sie nicht ebensogut mit Miölnir zermalmen können, als – wahrlich ein viel wunderbareres Werk! – den so nahe heranfliegenden Speer zurückzublasen mit dem Hauch seines Mundes – mir war, ich vernahm seinen Schlachtruf! –, daß der frevelnde Schaft nun verzehrt wird von derselben Flamme, die da lodert zu Ehren des Gottes? Wie prahlen doch die Christen mit Wundern ihrer Heiligen, die sie nur darin finden, daß nichts geschieht! Fällt einer ihrer Bekehrer einen unserer heiligen Bäume und bleibt er dabei am Leben, weil unsere hohen Götter dieses Pfaffengewürms nicht achten, so ist's nicht ein gewaltiges Mirakel, wie sie's nennen. Hier aber! Ich bin kein Priester, doch wir Nordleute bedürfen keines gelernten Zauberers, der allein zwischen den Himmlischen und uns vermittelte, wie die Christen, bei uns mag jeder den Willen der Götter deuten, der ihn ahnt! Hier aber – wir sahen's mit eigenen Augen –, hier traf der Speer nicht, der treffen mußte! Und niederstürzte der Gott den Werfer aufs Antlitz, und ins Feuer blies er den fliegenden Speer. Hier hat der Gott durch handelnde Tat sein Bildnis geschirmt. Er will nicht des Christen Tod. Er will, daß die beiden hier ihm zu seiner Rächung, uns zum Siege verhelfen. Sie hat der

Gott aus Esesfeld uns zugesandt, auf daß diese Zwingburg falle.« Hier, Volkhelm, mein jüngst eingeschworener Gefolge, nun verdiene dir die Geierfeder an deinem Helm. Dir übergeb ich die beiden; als Führer sollen sie uns dienen, als Späher, als Geiseln und, will es ihr Trotz so, den Sieggöttern als Opfer.«

Drittes Kapitel

Wir nördlich der Eider, so bedeckte südlich dieses Flusses alles Land bis an und über die Elbe hin dichter Urwald, nur selten von einzelnen Rodungen gelichtet.

Solche fehlten ganz in der Richtung nach Osten. Hier grenzten die nordelbischen Sachsen an die slawischen Abodriten im heutigen Mecklenburg. Feindlich war die Nachbarschaft gewesen seit grauer Vorzeit, erst in den letzten Jahren hatte der Kaiser Ruhe hergestellt zwischen beiden: den Sachsen, seinen nun unterworfenen Untertanen, und den Abodriten, seinen abhängigen Verbündeten. Aber Siedlungen waren hier gar nicht vorhanden. Beide Völker hatten ihre Sicherheit darin gefunden, möglichst viel undurchdringbaren Wald zwischen ihren Grenzen zu belassen. Nur eine einzige, nicht leicht zu verfolgende Straße führte von der Eider her durch den »Wendenwald«. Hierher in diesen »Wendenwald« hatte sich Volkfried mit den Seinigen geflüchtet.

Der Erdgang – es waren solche, wie Golo richtig gesagt, seit uralter Zeit sehr häufig unter den Gehöften aller Germanen, nicht nur der Sachsen – mündete in beträchtlicher Entfernung östlich vom Hofe der Volkingen, mitten in dichtestem Buschwerk, in einem alten verlassenen Dachsbau; von Geschlecht zu Geschlecht war das Geheimnis dieses letzten Rettungsweges immer nur vom Vater auf den Sohn vererbt worden, der verpflichtet war, es nach der Hochzeit der Ehefrau und noch zwei Getreuen mitzuteilen, damit es nicht durch plötzlichen Tod des einzigen Wissenden der Sippe verlorengehe.

Betreten hatte die Frau den Gang noch nie: Er war höchst beschwerlich, an manchen Stellen so eng, daß nur mit äußerster Anstrengung eine schlanke Gestalt sich durchzwängen konnte, fast überall stockfinster, wo nicht, in sehr weiten Zwischenräumen, kleine Öffnungen, die, von oben her gesehen, Mauselöcher glichen, die höchst spärliche Luft einließen. Ohne den Hund, den sie voranlaufen ließen, hätten die Frau und die Kinder, bepackt mit Waffen und Vorratssäcken, den Ausgang schwerlich erreicht; aber des Tieres Trieb warnte vor tiefen Löchern, die manchmal plötzlich aufgähnten, und führte nach todesbanger, endlos scheinender Zeit des Kriechens und geduckten Schleichens endlich ins Freie. Mensch und Tier atmeten tief auf, als sie statt des dumpfen Erdmoders wieder die frische Himmelsluft verspürten.

»Ich dachte, das geht nach Hel«, flüsterte erschauernd der Knabe, die Erdbrocken aus den Haaren schüttelnd. »Und du, Lindmuth – du?« fragte der Vater zärtlich. »Ich dachte, ob mich die lichten Engelein wohl auch so tief unten finden und in den Himmel tragen könnten? Denn ich glaubte zu sterben.« – »Und hast nicht geklagt?« lobte die Frau, die zitternden kalten Hände fassend. »Sollte ich dir das Herz noch schwerer machen?«

Lange hatten sie in dem dichten Gebüsch auf Heimo, den Getreuen, gewartet; Volkfried war sogar, trotz den Bitten der Seinigen, wieder in den Gang hinabgestiegen und eine Strecke weit darin zurückgekrochen. Als er wieder emporstieg und gen Westen schaute, wies er schweigend auf eine ferne Lohe.

»Was brennt da?« fragte Volkbert. »Dein Erbe! Und darin wohl Heimos Leiche! Fort! Die Flamme nimmt schon ab.

Sie haben uns nicht darin gefunden, nun werden sie weitersuchen! Fort! Wir müssen tiefer in den Wald . . .«

Die ganze Nacht liefen sie, fast ohne Rast, stets nach Osten, von den Gestirnen geleitet, die durch die Wolken drangen, voran der Mann mit dem Hund, das Kurzschwert in der Rechten, manchmal die Dornbüsche zerhauend, Lindmuth mit der Linken nach sich ziehend; war der Weg oben von Strauchwerk freier, so setzte er das Kind auf den linken Arm und trug es weite Strecken; die Frau und der Knabe folgten.

Bei Sonnenaufgang machten sie Rast an einem Bach, wuschen sich und tranken gierig; die Frau schnitt dem Hund, der oft leise gewinselt, den Pfeil aus dem Fleisch. Dankbar leckte er der Herrin die weißen Hände.

Sie hatten alle heftigen Hunger, aber Volkfried verbot, etwas vom Brotvorrat im Sack zu nehmen. »Der ist für die Not, für die letzte«, mahnte er. »Solange es so köstliche Moosbeeren gibt«, rief Lindmuth fröhlich lächelnd und brachte ihren ganzen Kittel gehäuft voll, »hat's aber keine Not! Wovon leben die Vöglein im Wald?« – »Aber Hofwart?« fragte die Frau. »Der braucht Fleisch.« – »Hier ist der Braten für Hofwart«, rief Volkbert, heranlaufend. »Sieh, gut traf mein Pfeil das Eichhorn. Nur muß er den Braten fressen – ungebraten!« – »Es ist gut für diesmal«, warnte der Vater. »Aber fortan darfst du keinen Pfeil mehr wagen an so geringes Ziel. Bedenk, wir werden leben müssen von Bogen und Pfeil.« – »Wie lange?« fragte der Knabe.

Volkfried schwieg.

»Auf«, trieb er, »wir dürfen hier nicht länger säumen. Wir sind dem Hofe noch zu nah. Vorwärts, immer mir nach!«

Den ganzen Tag gingen sie, so rasch der verwachsene Wald es gestattete, weiter, der Sonne entgegen, nach Osten, dann nach Süden.

Früh ward es dunkel unter dem breitschattenden Dach der Riesenbäume; aber noch vor der völligen Finsternis machte Volkfried halt vor einem sanft ansteigenden Hügel, der, an seinem Fuß ganz von dichtestem, mannshohem Gedörn umhegt, an den Seiten aber von mächtigen Ulmen bestanden war. Wie prüfend, abmessend, ging er von einem Waldquell, der hier aus dem Moose sickerte, drei große Schritte nach rechts; dann blieb er stehen und bog das Gestrüpp mit beiden Händen auseinander. »Es ist richtig«, sagte er nun, »da gähnt der Eingang in die Höhle. Hier entdeckte ich einmal vor Jahren auf der Bärenjagd dieses Bärenlager. Es ist nun unser Haus und Heim!«

Unmutig, scheu blickte der Knabe auf die schwarz klaffende Höhlung. Muthgard schwieg; sie drückte die Lippen rasch zusammen. Aber das Mädchen hatte der Mutter verhaltenen Seufzer doch vernommen. »Mutter, sei getrost«, flüsterte sie leise. »Ich schäme mich schon lange wegen meines Zweifels an den Engelein – da unten im Erdgang. Der liebe Gott ist überall – Fidus hat's gesagt! –, auch in diesem finstern Geklüft. Er wird uns immer beistehen.«

Viertes Kapitel

In den nächsten Tagen und Wochen hatten die Flüchtlinge, Kinder wie Eltern, viel Arbeit, um die Zufluchtstätte, so gut es gehen mochte, wohnlich zu gestalten.

Die Knochen der Tiere, die der Bär in das Lager geschleppt und hier verzehrt hatte, wurden herausgeschafft, trockenes Waldmoos hineingetragen und der harte Felsboden dicht damit bestreut; ein paar Hiebe mit der Streitaxt in der Höhlung zeigten Volkfried, daß eine der Innenwände nur sehr dünn war. Sie ward schnell durchgeschlagen und so ein zweiter, zwar etwas niedriger Raum, tiefer im Hügel, gewonnen. Dieser ward dazu bestimmt, die geringe Habe aufzunehmen, nicht nur das Mitgebrachte an Waffen, Gerät und Lebensmitteln, sondern auch die neuen Vorräte, die von alt und jung gar emsig, gleich vom nächsten Tag an, im Wald gesammelt wurden.

Denn vorsorglich machte sich Volkfried auf langen, unbestimmbar langen Aufenthalt gefaßt. Noch immer schwebte ihm der Gedanke vor, den Kaiser selbst anzurufen. Allein die Reise von der Eider nach Aachen war stets eine Art Wagestück, reich an Mühen und Beschwernissen, so schien sie jetzt so gut wie unmöglich.

Der Weg gen Süden führte über Brücken, durch Furten, durch Tag und Nacht bewachte Durchlässe der Grenzwehren, die von des Grafen Kriegern besetzt waren; auf diesen Straßen wartete der beiden Gatten das sichere Verderben. Zu den heidnischen Dänen, den Feinden der Franken, nach Norden zu fliehen – diesen Gedanken zu bekämpfen hatten beide gar nicht nötig, er stieg den Vielgetreuen gar nicht auf.

Aber auch nach Osten, zu den Abodriten, konnten sie sich nicht wenden, waren doch die Slawen alte Feinde der Sachsen an der Wendenmark; manchen Schwertschlag hatte Volkfried mit ihren Raubreitern auf den kleinen zottigen Gäulen in früheren Jahren getauscht. Mancher Abodrite hatte seiner Wunden Blut oder gar erschlagene Verwandte an ihm zu rächen. Nun waren sie zwar des Kaisers halb unterworfene Verbündete, aber das hielt sie einerseits nicht vom alten Haß gegen die Sachsen ab, und andererseits mochten sie gerade deshalb von Graf Hardrad gemahnt sein, ihm den Geächteten auszuliefern, falls sie ihn griffen. Denn daß man wegen der Tötung Fortunats und bewaffneten Widerstands gegen den Grafen diesen Spruch über ihn gefällt haben würde, war Volkfried gewiß. Er mußte das den Kindern klarmachen, die es nur schwer begriffen.

»Aber du tatest doch gewiß nichts Unrechtes, Vater?« staunte der Knabe. »Gewiß nicht. Ich brach nicht das Recht des Kaisers, ich übte mein Recht, ja ich schützte auch des

Herrn Kaisers Recht und wahren Willen, denn der Kaiser will unser Sachsenrecht gewahrt wissen. Ich schützte in Notwehr den Hoffrieden und – und eure Mutter.«

»Also können sie dich doch nicht strafen«, meinte Lindmuth.

»Mit Recht nicht, aber mit Unrecht.« – »So brechen ja sie Kaiser Karls Recht!« – »Gewiß. Und Kaiser Karl würde mir zu meinem Recht verhelfen und jene strafen, wüßte er darum. Aber er weiß es nicht. Und wir können nicht zu ihm gelangen, weil die Rechtsbrecher die Wege zu ihm sperren.«

Die Kinder schwiegen, offenbar wenig befriedigt.

»Ist es gewiß«, fragte am Abend vor dem Einschlafen das Mädchen die Frau, »daß Kaiser Karl uns helfen würde, wenn er die Wahrheit wüßte?« – »Ja, Kind, das ist gewiß. Er ist gerecht, er selber ist das Recht.«

»So will ich den Himmel bitten, daß er ihm die Wahrheit zeige – vielleicht in einem Traumbild! –, ihm zeige, wie wir hier im Wildwald hausen müssen, in steter Furcht und Sorge. Denn ich merke es wohl, wie – ganz anders als zu Hause! – der Vater hier das Schwert stets bei der Hand liegen hat und auffährt bei jedem Geräusch im Wald. Gott sollte das doch dem Kaiser sagen.« – »Ein gerechter Kaiser«, schalt der Knabe unwillig, sich streckend auf dem Mooslager an der anderen Seite der Höhle, »sollte auch nur gerechte Grafen haben! Oder er sollte alles wissen, was da geschieht in seinen Landen. Ich habe Hunger! Nein! Beeren kann ich nicht mehr essen! Mir brennt der Gaumen schon, er ist ganz wund von dem sauren Geschmack.« – »Nun, vielleicht«, beschwichtigte die Frau und schob dem Scheltenden die Brotrinde in die Lippen, welche Volkfried ihr als Abendschmaus zugeteilt hatte, »vielleicht erfährt Kaiser Karl von unserer Not, auch in der Ferne. Wenn ihr still zuhören und allmählich einschlafen wollt . . .« – »Wo ist der Vater?« fragte das Mädchen. »Es ist schon bald dunkel im

Wald.« – »Der Vater will ein Wild beschleichen, Hirsch oder Reh, wenn sie zur Abendtränke gehen. Wenn du, Volkbert, still zuhören willst, erzähl ich euch vom Herrn Kaiser.« – »Gern, Mutter, gern. Bitte, nimm das halbe Brot zurück, ich sehe, du hast ja gar nichts.« – »Iß nur!« Und er aß.

»Also: Der Herr Kaiser hat zu Aachen in der Königsburg an seinem Bette – das Bettgestell ist ganz von Silber, und auf den vier Eckpfosten ragten vier heilige Männer, aus edlem Holz kunstvoll geschnitzt – auf einem weißen Marmortisch eine goldene Kugel stehen, die frei auf einer silbernen Stange schwebt. Auf dieser Kugel sind alle Landschaften und Gaue seines weiten Reiches abgebildet: vom Mittagland, wo's niemals Winter wird, bis hier an die Dänenmark, vom Aufgang der Sonne im Awarenwald bis wo sie niedersinkt in einem fernen, fernen Inselmeer. Und wo irgend in seinem weiten Reiche Kaiser Karls Recht gebrochen wird, oder wo der Feind von außen einbricht . . . horch, da klingt die Kugel, gerade an der Stelle, wo Unrecht geschieht oder Feindesgewalt, erst ganz leise, dann immer lauter, bis der Herr Kaiser es hört . . .« – »Wenn er aber schläft?« fragte Volkberg. »Es klingt zuletzt so laut, daß er vom Schlaf erwacht. Und dann springt er auf, vom Lager zur Nacht oder vom Mahle bei Tag, der Herr Kaiser, der das Recht mehr liebt als Schlaf und Wein und köstliche Speise, eilt auf die Kugel zu, merkt, wo man seiner bedarf, und reitet zu Hilfe mit Richterstab und Königsschwert.« – »Wenn er aber gar nicht in Aachen ist, sondern woanders?« meinte der Knabe.

»Dann wachen Tag und Nacht zwölf Wächter neben der Zauberkugel, und zwölf windschnelle Rosse stehen unten im Hof der Pfalz und stampfen den Marmorstrich. Und sowie die Kugel ertönt, springt ein Wächter aufs Roß und jagt zum Kaiser, um es zu melden.« – »Das ist schön«, sprach Lindmuth. »Wie stark muß doch die liebe, weise Kugel ertönt haben, als die Bösen über unsern Zaun drangen! Nun muß der Herr Kaiser schon bald bei uns sein.« – »Meinst du, Mutter«, fragte Volkbert, »daß er morgen früh schon da ist?« – »Ich weiß es nicht.« – »Es wäre doch noch besser – dann brauchte er keine Kugel und keine zwölf Rosse! –, wenn der Herr Kaiser überall zugleich wäre.« – »Dann wäre er aber der liebe Himmelsherr selber, Volkbert«, erwiderte die Schwester. »Ja, frommes Kind. Aber um sich allgegenwärtig zu machen – soweit ein Mensch das kann –, hat der Herr Kaiser sich etwas Wunderweises ausgedacht.« – »Hat er sich Flügel zaubern lassen?« forschte der Knabe eifrig. »Heimo erzählte, ein kluger Schmied Weland . . .« – »Nein! Aber er sendet alle Jahre von seinem Palast in jeden Gau zwei seiner klügsten und gerechtesten Getreuen, fromme Bischöfe und tapfere Herzöge . . .« – »Warum immer zwei?« fragte Volkbert. »Damit immer einer den andern überwacht . . .« – »O weh! Das ist schlimm! Er traut also doch auch diesen Treuesten nicht ganz!« – »Und diese beiden, Sendboten, Kaiserboten, Königsboten heißen sie, versammeln in jedem Gau, wohin sie kommen, alle freien Männer auf der alten Thingstätte und verkünden die neuen Beschlüsse, die Kaiser Karl und seine weisen Räte für Heil und Wohlergehen der Freien gefaßt haben. Und sie fordern alle Leute auf, unverzagt Beschwerde zu führen, laut zu sprechen oder leise zu den Königsboten, über alles Unrecht, das im Gau seit dem letzten Besuch der Sendboten verübt worden . . .« – »Auch über böse Grafen?« zweifelte der Knabe, dessen Stimme schon ziemlich schläfrig klang. »Darüber zu allermeist! Falls die selbst Gewalt brauchen oder auch nur das Recht nicht schützen gegen andere Gewalt.« – »Da ist uns ja geholfen, sobald sich ein Königsbote in den Gau kommt«, meinte Volkbert und lehnte den krausen Kopf gegen die Wand. »Du mußt mir noch viel mehr erzählen von Kaiser Karl und seinem Recht, liebe Mutter«, flüsterte das Mädchen. »Aber leise, denn der Bruder schläft schon – das gibt so starken

Trost im Herzen. Und mir war doch heute manchmal bang in der garstigen Höhle. Aber nun bin ich ganz beschwichtigt. Ich vertraue fest auf Kaiser Karl! Weißt du noch mehr von ihm?« – »Noch viel! Ich erzähle euch noch vom Horn Herrn Rolands, das der Kaiser über aller Berge Gipfel hinweg vernahm, wenn es um Hilfe rief in höchster Not. Und von der armen Blindschleiche, die . . . aber siehe, die Äuglein fallen auch dir zu. Ein andermal davon! Schlafe nur getrost. Sieh, ich halte hier deine Hand. Und draußen vor der Höhle steht – ich sehe seinen Schatten, ich höre seinen Schritt – der Vater, den Speer auf der Schulter. Er bewacht uns, treu und kühn.« – »Ja«, flüsterte das schöne Mädchen im Einschlummern. »Und ihn, den guten Vater, schützt und bewacht da oben der treue Himmelsherr!«

Fünftes Kapitel

Und viele Wochen vergingen so.

Der stummen Frage seines Weibes – nur ihre Augen hatten geforscht! – gab Volkfried zur Antwort, er hoffe, nach Westen, zu den Friesen, zu entkommen.

Er wußte, daß diese im Spätherbst mit vielen Segelbooten nach dem Küstenort Milindorf zu fahren pflegten, friesische Mäntel und geräucherte Fische beilbietend gegen sächsische Rinder, Waldhonig, Bären- und Wolfsfelle. Der Ort lag nördlich von Esesfeld und war auf einem Volkfried wohlbekannten Weg zu erreichen, der sich durch menschenleeren Wald zwischen Sachsen- und Dänenland hinzog. Unter diesen friesischen Schiffern hatte er manchen Gastfreund; er durfte hoffen, ein solcher werde sein Verlangen, ihn auf seinem Schiff nach Friesland mitzunehmen, nicht abschlagen. Von dort war Aachen sicher und gefahrlos zu erreichen.

Aber freilich, jener Tauschhandel ward erst eröffnet, kurz bevor die Schiffahrt zu Ende, der Fischfang, die »Meeresernte«, abgeschlossen war. Es galt noch gar lange auszuharren bis dahin; und Volkfried vertraute der Frau auch nicht an, daß er noch nicht habe entscheiden können, was gefährlicher und sorgenschwerer sei: auf jenem Wege durch den wildesten Urwald Weib und Kinder mitzuführen oder sie hier – ohne Schutz! – zurückzulassen im Versteck, bis er von Aachen wiederkehre.

Die erste Zeit, den Rest des Sommers und den Frühherbst, ging es den Waldgästen nicht gar so übel; gegen Wind und Regen bot die Höhle Schutz; an sonnigen, warmen Tagen aber verbrachten Mutter und Tochter viele Stunden an einem gar luftigen, freundlichen und doch schattigen Ort: in dem Geäst der höchsten Ulme, die den Hügel krönte.

Der Vater hatte den Stamm unten derart behauen, daß man auf den wenigen übriggelassenen waagrechten Zweigen bequem hinansteigen konnte. In dem Wipfelgezweig aber hatte er ein paar sichere Sitze angebracht, auf allen Seiten mit Latten umhegt, um sie vor einem Sturz zu schützen. Da saßen dann die Frau und das Mädchen, mit allerlei wirtschaftlicher Arbeit die niemals müßigen Händen mühend, während Vater, Sohn und Hund den wildreichen Wald durchstreiften und fast nie ohne gute Weidbeute heimkehrten. Es galt ja nicht nur für den nächsten Tag Speise zu schaffen, sondern Vorräte für solche Zeiten, da frisches Fleisch nicht zu erjagen war. Fern von der Höhle hatte Volkfried eine Räucherstätte angelegt, wo nach Möglichkeit stets Kohlen glimmend erhalten wurden, denn das Feuerreiben aus harten Hölzern war mühsam und langwierig, und nicht stets glückte es, den Funken zu fangen, den Eisen aus Stein hervorschlug. Volkfried vermied starken Rauch und bei der Dunkelheit auch Feuer, um nicht die Feinde auf seine Spur zu führen. Sorgfältig ward hier alles Fleisch geräuchert, getrocknet und in der Vorratskammer der Höhle aufbewahrt.

Auch Fische fingen sie in dem nahen Bach in länglichen Körben, die Mutter und Schwester kunstfertig aus den Binsen der vielen Sümpfe zu flechten verstanden. Sie wurden, mit Steinen beschwert, auf den Grund versenkt, die Öffnung entgegen der Strömung. Der Knabe und Hofwart sprangen dann ein paar hundert Schritte weiter unten in den Bach, liefen und wateten darin, laut schreiend, patschend und bellend, flußaufwärts. Die Fischlein schwammen in Schrecken und Eile vor ihnen her und direkt in die grünen Körbe, in denen der Vater sie griff.

Aber auch Beeren jeder Art und Pilze – die giftigen kannten auch die Kinder gar gut! –, Holzäpfel und Waldbeeren, Hagebutten der Wildrosen und Haselnüsse mußten die Kinder suchen, einsammeln und zu dichten Haufen aufschichten; ja auch Bucheckern und Eicheln gebot der Vater aufzulesen. Wohl zog Volkbert die Lippe kraus und sah fragend zu ihm auf. »Ja, ja, mein Sohn. Geben die Heiligen, daß wir sie nicht brauchen! Aber wir könnten sie brauchen.« – »Sie schmecken nicht gut«, meinte Volkbert, als der Vater weggegangen war. »Hunger schmeckt noch schlechter! Gehorche!« schloß die Frau.

Während der warmen, trockenen Jahreszeit also ging alles leidlich. Diese Menschen waren an ein höchst schlichtes, ja rauhes, hartes Leben gewöhnt.

Aber nun kam der Herbst mit unendlichem Regen und kaltem Wind. Der liebgewordene Aufenthalt in der luftigen Wipfellaube war längst unmöglich. Die grünen Blätter, die so lustig im Sommerwinde gespielt, sie lagen traurig am Fuße des Stammes, in Regenlachen verfaulend. Fast den ganzen Tag wie die langen, langen Stunden der Dunkelheit mußten die vier Menschen in der niedrigen, engen Höhle zubringen. Feuer wagten sie hier nur selten zu machen. In der Höhle konnten sie dann nicht weilen, denn der Rauch war erstickend. Und draußen wollte es nicht brennen unter den triefenden Zweigen, auf dem pfützenreichen Boden; sie mußten jetzt auf gekochte, gebratene Speisen verzichten.

Einmal fand Volkbert im Moose – Hofwart hatte ihn geführt – ein verlassenes Nest ganz voll von Eiern der Wildente. Jubelnd lief er damit zu der Mutter, doch man mußte sie wegwerfen, denn sie waren alt und faul. Der Bach war ausgefischt, soweit gen Südwesten hinauf man ihm zu folgen wagen durfte.

Aber das schlimmste war, daß die beiden Jäger und der Hund jetzt oft und oft ohne Jagdbeute heimkehrten. Die Wildvögel waren weggeflogen, Hasen, Rehe, Hirsche und Wildschweine hatten sich verzogen, jene ins freie Feld in die Nähe menschlicher Wohnstätten, diese aber in den tiefsten, undurchdringlichsten Wald und Sumpf. Erschreckend rasch schmolzen die Vorräte dahin: Rauchfleisch, getrocknete Fische, Beeren, Pilze und Nüsse. Auch Bucheckern und Eicheln verschmähte der junge Volkbert schon lange nicht mehr. Er verzog den Mund, er schalt auch wohl, aber er schluckte sie hinunter. Lindmuth klagte nie, aber sie hatte stark abgenommen.

Der Vater sah es wohl; er fragte die Mutter, deren Stimme leise zitterte, sie antwortete: »Es ist doch wohl der Hunger – oder die immer kalte Nahrung! Wenn wir nur einmal wieder ein Stück Fleisch braten könnten!« Am anderen Morgen war Volkfried mit dem Hund allein auf die Jagd gegangen, bevor Volkbert erwachte. Erst spät in der Nacht kam er zurück – mit leerer Hand.

»Kein Wild weit und breit«, sprach er tonlos.

Einmal in diesen schlimmen Tagen – es ging ihnen schon recht schlecht – war Volkfried am Abend mit hastigeren Schritten als sonst nach Hause gekommen – wieder ohne Beute. »Was ist dir?« hatte die Frau gefragt, wie er sich, kurz aufseufzend, auf die Moosstreu warf. »Nichts! Mich verdrießt, daß ich euch nichts bringen kann.« Aber in der

Nacht hatte Muthgard, die schlaflos seinem raschen, ungleichen Atem lauschte, die Worte gehört, die er im Traume sprach. »Nein, Bruder! Weiche! Niemals! Ich geh nicht zu dem Feind Kaiser Karls! Auch nicht um Lindmuth! Nicht um Muthgard.« Die Frau nickte schweigend. »O wüßtest du, Kaiser Karl, wie er die Treue hält!«

Am andern Morgen, noch vor Tagesanbruch, sprach der Mann zu der Frau: »Es muß ein Ende nehmen. Früher als je zuvor setzte dieser Herbstregen ein. Noch lange nicht – erst bei Vollmond – kommen die Friesen nach Milindorf. Gleichviel! Die Kinder schlafen doch? Hier müssen wir elend verderben. Ich breche auf! Und ihr alle drei – ja, du auch, Hofwart, Vielgetreuer«, und er streichelte des klugen Tieres Kopf, »sollt mit mir gehn. Hier könnt ihr ohne mich nicht bleiben. Schlechter kann es uns nicht gehen auf dem Weg. Es wird auch schon bitter kalt. Und meinen guten Speer, den letzten guten, hab ich gestern verworfen! Bogen und Köcher hatte ich Volkbert gegeben. Ich sah am Saum des schwarzen Moors eine hungrige Krähe hüpfen, ich wagte – Lindmuths wegen – die gute Waffe; ich warf, aber der Vogel flog im selben Augenblick auf, und meine beste Waffe – die Streitaxt ist zu schwach! – fuhr in den Sumpf, spurlos verschwindend! Umsonst watete ich eine Stunde lang in dem kalten Moorwasser: Der unergründliche Wasserboden hatte den Speer verschluckt. Jetzt hab ich nur mehr den alten Schaft mit der angeschnürten Steinspitze! Morgen schon brechen wir auf.«

Sechstes Kapitel

Aber am folgenden Tag, als Lindmuth von der Mutter geweckt, aufstehen wollte, fiel das Kind wieder auf das Lager. »Ich bin so schwach«, sagte es ganz leise. »Es ist jetzt doch wohl der Hunger«, meinte die Frau, mit Mühe die Tränen zurückhaltend.

Volkfried faßte den Speer und sprang zur Höhle hinaus. Da staunte er: Alles war weiß ringsum! In der Nacht war Schnee gefallen in ungeheuren Massen, Wald und Moor und alles bergend in gleichem unterscheidungslosem Weiß. Volkfried zog die Brauen zusammen: »Das ist schlimm. Nun sind die mir bekannten Waldwege verschneit. Aber komm, Hofwart! Unser liebes Kind soll Bratfleisch haben, oder wir sterben darüber – beide. Komm, Hofwart. Nein, zurück, Volkbert! Du bleibst bei der Schwester.«

Der arme, magere Hund sprang freudig bellend an dem Herrn hinan, als dieser kräftig ausschritt und den Speer schwang. Der Herr sah ihm in das schöne, kluge, goldbraune Auge. »Nein, Hofwart! Du sollst nicht sterben, wie ich heute nacht bedachte, damit wir einmal satt werden. Verzeih mir den Einfall, alter Freund. Ich schäme mich! Ich komme mir seither wie ein Mörder vor. Nein! Komm, tapfrer Gesell! Wir holen zusammen den Braten für Lindmuth. Wo war's doch? . . . Der Schnee macht alles gleich! Dort ragt die alte Weide. Dort ist Osten. Im Osten war's. Und dieser neue Schnee kann helfen, ja, wahrlich! Da zieht schon eine frische Spur. Lauf, Hofwart! Vor Abend sind wir zu Hause. Ei, werden wir gut empfangen werden!«

Aber weder am Abend noch in der Nacht noch am folgenden Vormittag kamen Herr oder Hund nach Hause.

Noch eine lange, bange Weile harrte die Frau, die ängstlichen Fragen der Kinder nach dem Vater beschwichtigend, immer neue Gründe für sein langes Ausbleiben vorbringend, an die sie selbst immer weniger glaubte. Endlich, als Volkbert wieder von dem hohen, jetzt ganz kahlen Baumwipfel mit der Meldung niederstieg, weit und breit sei vom Vater, auch vom Hunde nichts zu sehen, da sprang die mutige Frau vom Lager des Mädchens auf.

»Volkbert, wir müssen den Vater suchen. Wenn er irgendwo läge! Ins Eis gebrochen! Vom Schnee verschüttet! Wenn er einsam sterben müßte, weil wir ... Lindmuth, mein tapferes Kind, fürchtest du dich, wenn wir dich allein lassen?«

»Ich fürchte mich nicht. Ihr laßt mich nicht allein. Fidus sagt, der Schutzengel ist stets bei mir. Ich meine oft, ich sehe ihn im Traum.«

»O treuer Himmelsherr«, rief die Frau, die weißen Hände gegen beide Schläfen drückend, »hörst du dies Kind? So tu nach seinem Glauben! Komm, Volkbert! Wir müssen ihn finden!«

Und sie fanden ihn ...

Es war kein Schnee mehr gefallen, seit er die Höhle verlassen hatte, so daß die Spuren des Mannes und des voranlaufenden Hundes gar nicht zu verfehlen waren. Sie führten gerade gegen Osten, in den tiefsten, dichtesten Urwald. Ganz deutlich sahen die Suchenden, wie der Mann manchmal mit Mühe – mit dem Langmesser hatte er hier und da die schneebeladenen Zweige weggehauen – sich durch das unwegsamste Gestrüpp gezwängt hatte. Nun führten die Fußstapfen auf einen Hügel zu, ähnlich dem, in welchem die Flüchtlinge hausten. Volkbert erinnerte sich, daß der Vater ihn oft vor dieser Richtung gewarnt hatte. Er sann nach, welchen Grund er genannt. Aber da wies die Frau mit gellendem Aufschrei vorwärts laufend, auf einen klaffenden Felsspalt des Hügels. Der Schnee war weithin von Blut gerötet, und mitten in dem roten Schnee lagen, nebeneinander hingestreckt, ein riesiger, ein furchtbarer Bär, Hofwart und Volkfried, alle drei regungslos.

Der Knabe kreischte nun auf vor Entsetzen, die Knie versagten ihm, er konnte nicht von der Stelle. Als er aber die Mutter bereits dicht neben dem Untier im Schnee knien und des Vaters bleiches Haupt sanft aufrichten sah, da war auch er mit einem Sprung an des Vaters Seite.

Der Bär lag tot auf dem Rücken; die rechte Vordertatze

ruhte auf des Hundes zerschmettertem Haupt, die linke hielt den oberen Teil des zerbrochenen Speeres; ein mächtiger Blutstrom war ihm aus der Brust geflossen; zur Linken des Ungetüms lag auf der Seite Volkfried mit geschlossenen Augen, das Heft des blutigroten Langmessers in der Faust.

»Tot! Der Vater tot!« schrie Volkbert. »Nein! Das Herz schlägt noch«, sprach die Frau und schob in die halb geöffneten Lippen ein wenig Schnee. »Komm, reib ihm die Schläfe wie ich! Wir müssen ihn retten.« Beide rieben ihm nun eifrig Stirn und Schläfe mit Schnee. Bald schlug er die Augen auf und atmete tief: »Du, Muthgard, liebes Weib – und Volkbert! Wo ist Lindmuth? Ich wollte . . . ihr . . . Speise . . . schaffen. Wo ist sie?« – »In Sicherheit. Ich sehe keine Wunde – außer hier – oh, der Schenkel ist's. Tut's hier weh?« – »Kaum! Nur ein wenig«, sagte er, und vor Schmerzen sank er in Ohnmacht zurück . . .

Wohl war die Stelle wenig weiter als eine Stunde von der Höhle entfernt, aber viele, viele Stunden schwerster Arbeit vergingen, bis die Frau und der Knabe den großen Mann, sie das Haupt, er die Füße tragend, mit unzähligen Unterbrechungen in die Zufluchtstätte geschafft hatten. War er bei Bewußtsein, so unterstützte er wohl nach Kräften ihr Bemühen, bat aber auch wohl, vom Schmerz überwältigt, sie möchten ihn liegend und ruhig sterben lassen.

Da schluchzte der Knabe wild auf, aber der Blick seiner Mutter gebot ihm zu schweigen. Sie legte dann das Haupt des Verwundeten in ihren Schoß, wartete, bis er wieder ohnmächtig war, und gebot dann dem Sohn, ihn aufs neue aufzuheben und weiterzutragen.

Endlich, endlich – es dunkelte schon stark – war die Höhle erreicht und der Verwundete auf dem weichsten Moose gebettet. Volkbert schlug Feuer. Lindmuth schlief, die Frau sah auf ihr Antlitz, ein friedliches Lächeln spielte um ihre Lippen.

Volkfried aber sprach mit schwacher Stimme: »Lauf, Volkbert! Lauf zurück, zu dem Bären. Nimm mein Messer, schneide von dem Fleisch ab, soviel du tragen kannst, und schaff es her. Du, Frau, machst dann Feuer an. Ja! Trotz aller Gefahr! Ich will Lindmuth noch einmal essen sehen – essen nach Herzenslust! Bärenfleisch ist gut, sehr gut. Hofwart ist dafür in den Tod gesprungen, das Kind soll doch ... davon ... etwas haben ...«

Da schwanden ihm wieder die Sinne.

Siebentes Kapitel

Und so geschah's.

Und trefflich mundete der so teuer erkaufte Braten den lange Darbenden. Die wundenkundige Frau fand alsbald, daß die Pranke des Untiers zwar tiefe, bis auf den Knochen gehende Fleischwunden gerissen, aber den Knochen selbst nicht zerschlagen hatte. Kaum hatte sich der Mann so weit erholt, daß er sprechen konnte, als des Knaben wiederholte ungeduldige Fragen nach dem Verlauf des Kampfes nicht mehr zu hemmen waren.

Volkfried stützte das bleiche Antlitz auf die Hand, den Ellbogen auf das säuberlich abgeschürfte Fell des Bären, auf dem er neben Lindmuth ruhte, und erzählte; aber freilich, in seiner wortkargen Art, lange nicht ausführlich genug für die mit leisem, süßem Grauen gemischte Neugier des Knaben.

»Ich konnt's nicht mehr mit ansehen, das!« Er drückte Lindmuth leicht an seine Brust. »Und nachdem sich tagelang kein Wild mehr im Freien zeigte, ich auch einen Dachsbau – einen Fuchsbau sogar! – vergeblich aufgegraben, erinnerte ich mich, daß vor Jahren, als wir, Jäger in großer Zahl, den Bären auftrieben, welcher diese – jetzt unsere – Höhle bewohnte, wir einen anderen aufscheuchten, der gen Osten hin in undurchdringbarem Gestrüpp verschwand. Damals, im Sommer, konnte nicht einmal Hofwart ihm durch die dichtbelaubten Büsche folgen. Als wir nun wochenlang hier hausten, wurde auf einem meiner Jagdgänge jener andere Hügel durch das kahle Buschwerk hindurch sichtbar. Ich dachte wohl, daß dies jenes zweiten Bären Lager sei und warnte dich daher, allein dorthin zu streifen. Dieser Bär fiel mir nun neulich ein, da ich die Kleine so bitterlich leiden sah. Ich wollte sehen, ob er noch lebe.« – »Und du gingst«, sprach die Frau, »um den Bären im Lager zu suchen!« – »Allein! Mit dem Hund! Ohne mich!« klagte der Knabe. »Und mit dem schlechten Speer!« schloß die Frau. Lindmuth sprach nicht, sie hielt mühsam die Tränen zurück. »Ja, der Speer! Der war schuld. Sonst wär's ganz gut gelungen. Als ich an den Höhlenspalt gelangt war, sah ich an der breiten Spur im Neuschnee, daß der Bär erst kürzlich in die Höhle gegangen war, um seinen Winterschlaf zu halten. Als Hofwart in das Loch schnupperte und bellte, erdröhnte bald das Brummen des Hausherren. Ich stellte mich bereit, um ihn zu sperren, wenn er herauskomme. Aber er schoß so blitzschnell dem weichenden Hund nach, daß ich nicht zielen konnte. Sowie er aber mich sah, ließ er vom Hund ab. Der Bär erhob sich.« – »O Vater!« rief Lindmuth. »Aufrecht kam er auf mich zu, tapfer wie ein Held . . .« – »Ja, tapfer wie Donar ist sein brauner Hund, der Herr Bär«, fiel Volkbert ein, »so lehrte mich Heimo.« – »Brummend, die Vordertatzen zornig aneinanderschlagend, kam er heran. Ich muß sagen, er war furchtbar bös. Er hatte wohl gerade den Winterschlaf beginnen wollen. Grimmig sahen die kleinen, feindseligen Augen auf mich. Lieber drei Wenden als – den! Also rannte ich ihm entgegen, faßte den Speer mit beiden Händen und zielte scharf aufs Herz. Aber ein Schlag der linken Tatze – der Stoß war abgewehrt, die Spitze des Speers, der angeschnürte Stein, flog zur Seite, ein nutzloser Holzstumpf blieb mir in der Faust. Ich warf ihn weg, und der Bär griff an.« – »Vater, mach ein Ende!« rief Lindmuth. – »Ich sprang zurück, Aug im Aug mit dem Feind, nach dem Messer im Gürtel tastend. Ich fand's nicht gleich. Ich war verloren . . .! Aber da sprang Hofwart, der treue, mit wildem Gebell das Untier an, entging geschickt dem ersten Schlag der Tatzen, saß ihm an der Gurgel und hemmte ihn wakker.« – »Da hättest du doch fliehen können!« rief die Frau. – »Ja, vielleicht, vielleicht auch nicht, sie laufen unglaublich rasch. Aber ich dachte gar nicht daran. Sollte ich Hofwart, den treuen, im Stich lassen? Feiger sein als der edle Hund? Ich fand mein Messer, sprang vor, und wie der Bär den sich festbeißenden Hund mit der Tatze sich von der Gurgel schlug, traf ich ihn in das Herz. Aber im Fallen schlug er noch einmal nach mir. Ich flog in den Schnee. Und ich konnte nicht aufstehen. Ich rief, ich schrie lang nach euch. Ich dachte, was wird aus ihnen, wenn ich von hier nicht mehr fortkomme? Das war das ärgste, ärger als der Schmerz. Und wie ich nicht mehr schreien konnte – ich wußte, ihr würdet mich suchen! –, kam's über mich wie süßer Schlaf. Und wie ich erwachte und die Mutter sah, dachte ich, wir wären beide im Himmel. Arme Muthgard, arme Kinder!« Tief aufseufzend wandte er das Antlitz ab. Er dachte daran, daß jetzt, durch seine Wunde, durch sein Siechtum, jede Hoffnung, durch Schnee und Eis die Friesen rechtzeitig zu erreichen, vernichtet war.

In den nächsten Tagen ging noch alles leidlich.

Lange Zeit hielt das Fleisch des Bären vor, das von dem Knaben bald allein, bald mit der Frau herbeigeholt ward. Es verdarb nicht, denn es fror in der nun streng einfallenden Kälte; die Schinken und die Tatzen waren Leckerbissen.

Die Wunden Volkfrieds schienen gut, aber langsam zu heilen. Lindmuth erholte sich rasch. Aber auch eines recht großen Bären Fleisch geht allmählich zu Ende, soll es –

allein – vier Menschen ernähren. Die letzte Rinde Brot war längst aufgezehrt. Ein paar trockene Krumen verwandte Lindmuth dazu, sie einem armen Vöglein dicht vor der Höhle auf schneebefreitem Platz zu streuen. Es war ein Rotkehlchen, das die eine Schwinge gebrochen hatte und vielleicht deshalb im Spätherbst verblieben, nicht mit den anderen fortgeflogen war. Es war ganz zahm und zutraulich geworden, hielt sich stets in der Nähe der Höhle auf, flog dem Mädchen auf dessen Zuruf auf die Schulter, auf die Hand, mahnte auch wohl, ihm Futter zu reichen, mit seinem erregten Ruf: »Pitz-Witz! Pitz-Witz!«

Aber es kam der Tag, da Lindmuth ihm traurig sagte: »Ja, Pitz-Witz! Wir haben selbst gar, gar nichts mehr! Auch nicht ein Krümchen Brot! Und keine trockene Beere mehr. Es ist jetzt wohl bald alles aus mit uns und – mit dir.« Aber das Vöglein wollte es nicht glauben. »Pitz-Witz!« rief es und flog ihr nach bis an die Höhle.

Achtes Kapitel

Noch einmal half den Darbenden der Zufall.

Volkbert, der Tag für Tag mit Pfeil und Bogen den Wald durchstreifte, ohne auch nur die Spur eines Wildes zu entdecken, fand in dem Hohlstamm einer Buche versteckt einen reichen Vorrat von Bucheckern, auch von Eicheln und Haselnüssen, die sich wohl ein Eichhörnchen hier zusammengetragen hatte; jubelnd brachte er seinen Schatz der Mutter, die ihn sorgfältig und sparsam in vier Teile gliederte; Lindmuth gab von jedem Nußkern, den sie aß, ein Stückchen dem Rotkehlchen, das es gar dankbar aufpickte.

Aber auch diese vier Häuflein neigten sich dem Ende zu.

Und eines Abends, als die Kinder schliefen, brachte die

Frau das lang zurückgehaltene Wort über die Lippen. Sie sah, wie der Mann, dessen Wunden wacker heilten – aber gehen konnte er noch nicht! –, sich in dumpfer Verzweiflung verzehrte. Das gab ihr die Kraft zu dem harten Entschluß. Sie ließ sich neben ihm nieder. »Volkfried, Lieber«, sagte sie sanft und schob ihm unbemerkt – es war ja ganz dunkel – von ihrem Viertel ein paar der größten Haselnüsse unter seinen Anteil. »Du kannst nun nicht zu den Friesen gehen. Laß mich an deiner Statt gehen. Ich fürchte mich nicht. Ich nehme die Streitaxt mit; die Kinder laß ich dir hier, dich zu pflegen.«

Da schlang der starke Mann, sprachlos vor bitterstem Weh, den Arm um die schöne Frau, lehnte den Kopf an die Schulter und stöhnte tief auf; weinen konnte er nicht.

»Sieh«, fuhr sie fort, leise über seine Stirn streichend, »es tut zwar recht weh, dich zu verlassen. Ich weiß ja auch nicht, ob ich . . . ob ich zurückkomme. Aber das weiß ich: Es ist die einzige Hilfe, die uns von Menschen zuteil werden mag. Wohl sind die Dänen nah und nicht schwer zu erreichen, aber – nein! Niemals! Volkfrieds Weib darf nicht zu Kaiser Karls Feinden fliehen. Ich weiß, es ist bei Todesstrafe verboten. Schwer lastet mir schon auf der Seele, daß ich gegen des Kaisers Gebot dem Verbannten zu essen gab, ich belade nicht noch mehr mein Gewissen. Ach, wenn ich nächtelang den Himmelsherrn gebeten hatte, sich unser zu erbarmen, dir wenigstens ein Stück Wild vor den Bogen zu schicken, und wenn er immer und immer nichts für uns tat, dann sagte ich mir wohl, daß dies die Strafe meiner Schuld sei. Oh, wie oft bat ich ihn, mich sterben zu lassen, mich allein, aber nicht auch euch Unschuldigen mit mir zu verderben. Und deshalb, weil ich schuldig bin, ich allein, muß ich allein auch mein Leben wagen, um uns alle zu erretten. Ich weiß es wohl, der Weg ist . . .«

»Nie legst du ihn zurück! Selbst ich käme jetzt nicht durch den von Eis und Schnee bedeckten Wald! Es sind viele, viele Tagereisen bis nach Milindorf. Ja, auch zu den Abodriten, die so viel näher, kommst du nicht durch die tiefverschneiten Waldsteige! O mein Weib, mein liebes, treues Weib! Mir bricht das Herz! Um meinetwillen, nur um meinetwillen mußt du all das leiden, mußt du hier elend verderben!«

»Um deinetwillen?«

»Ja, weil du mich geliebt hast, weil du mein Weib geworden bist. Nein, laß mich ausreden. Ich hab so lange darüber nachgedacht, die ganzen langen Tage, die ich nun schon hier liege. Es ist eine Wohltat, es einmal auszusprechen. Hättest du, nach deines Vaters Wunsch, dem reichen Grafensohn, eurem Nachbar, der so lang, so dringend um dich warb . . . er hat dich wirklich geliebt . . .!«

»Ich glaube, ja!«

»Hättest du ihm die Hand gereicht! Herrlich und in Freuden, reich und vornehm, lebtest du nun irgendwo, vielleicht in Aachen in des Kaisers Pfalz, und keine von den stolzen Frauen dort, nicht Kaiser Karls wunderschöne Töchter selbst, wären schöner, herrlicher als du. Statt dessen sagtest du dem Vater, er könne dich wohl zwingen nach dem Recht, aber nicht in der Tat, und an dem Tage, da er dich Richwalt gäbe, sprängst du in die Elbe. Und doch war Richwalt schön, sehr schön, jung, und dennoch schon ein sieggekrönter Held, edelgeartet und viel, ach, viel klüger und redegewandter als der arme Volkfried, der Herr von ein paar mageren Pferden, der Ungeschickte, der nie sagen kann, wie er's meint. Den güterarmen, gedankenarmen, redearmen Volkfried wolltest du haben oder keinen, sagst du. Aber was zitterst du so? Friert dich?« – »Ja, mich fröstelt. Es war bitter kalt heut nacht! Aber es geht bald vorüber!« – »Und dein Vater – er hatte deiner Mutter in ihrer letzten Lebensstunde versprochen, er wolle dich nie wider Willen vermählen. Sie kannte ihrer Tochter Herz – er zwang dich nicht. Er wies den Grafensohn ab. Verzweifelt, ingrimmig schied der – dein Todfeind und der meine. Du weißt gar nicht, wie tödlich er mich haßt. Er verließ seines Vaters reichen Besitz, er ging weit, weit nach Süden, er ist verschollen. Dein Vater aber wollte wenigstens dem armen Freibauern sein Kind unerreichbar machen. Er verlangte für die Verlobung einen Haufen Gold, der . . .« – »Der ganz unerschwinglich war für den armen Volkfried, so wähnte er. Und wirklich, Jahre vergingen, viele Jahre; ich hoffte nicht mehr. Da kam er eines Tages, der arme Volkfried, mit strahlenden Augen und trug in seinen Händen seine Sturmhaube und schüttete mir aus derselben einen ganzen Regen von Goldstücken in den Schoß und lachte laut – der stille, der ernsthafte, der gemessene Volkfried lachte ganz unbändig und rief: ›Das hat der Sorbenkönig nicht gedacht, den ich für Kaiser Karl vor seinem Lederzelt erschlug, daß er all diesen Schatz für meine schöne Muthgard zusammengeraubt hat.‹ Und der Vater«, sie lächelte bei der Erinnerung in all dem Weh der Gegenwart, »machte Augen – so groß! Aber sein Wort mußte er halten, und so gab er mich dir. Doch es verdroß ihn so bitter, daß er sein Gut verkaufte und mit all dem Gold davonzog – auf Nimmerwiedersehen! Er soll's zu Metz einer Kirche vermacht haben.«

»Auch den Vater hast du mir geopfert! Wie den glänzenden Grafensohn . . .«

»Und tät's noch mal!«

»Oh, wie dich's schauert!«

»Mich fröstelt noch ein wenig. Ja, wenn ich alles vorauswüßte, unsere ganze Not, bis auf diese Stunde, ich tät's noch einmal und würde doch dein Weib, um mit dir zu leben, mit dir zu sterben, du Heißgeliebter!«

Und die verhaltne Frau warf beide Arme um seinen Hals und küßte ihn heiß auf den Mund.

Da, zum erstenmal, traten die Tränen in des starken Mannes Augen. Es waren Tränen eines Schmerzes, der selig macht. Und in der dunklen, kalten Höhle schien es warm und licht zu werden, so glücklich waren die beiden Gatten, glücklich im Angesicht des drohenden Todes.

Am andern Morgen war der Streit darüber erspart, ob die Frau die Wanderung antreten solle; sie konnte nicht aufstehen, so groß war ihre Schwäche.

Wochenlang hatte sie, wenn nur irgend sie es unbemerkt vermochte, an ihrem Teil der Nahrung gespart und das Ersparte den anderen, ohne daß sie es ahnten, zugesteckt; das Fieber rüttelte sie jetzt mit kaltem Schauer, während ihre Schläfen glühten; sie redete irr.

Volkfried hüllte sie in das Bärenfell; er schüttelte den Kopf: »Gott im Himmel, hilf! Oder mach ein Ende. Aber rasch! Auch mit den Kindern.«

Da legte sich ein leichte Hand auf seine Schulter. »Vater«, sagte Lindmuth, »nicht verzagen. Ich habe gestern nacht – ich konnte nicht gleich schlafen – gehört, was ihr spracht, nämlich das von der Wanderung zu den Friesen oder zu den Abodriten. Nun kann die arme Mutter nicht gehen. Ich will gehen. Und Volkbert. Jedes für sich allein. Ich habe ihm alles gesagt. Wie wir verloren sind, alle vier, wenn keine Hilfe geholt wird. Er sieht es ein. Er will ganz wie ich. Kommt eines von uns . . . vielleicht . . . nicht zurück, dringt doch . . . vielleicht . . . das andere zu Menschen durch. Zu den Dänen gehen wir nicht. So bitten wir um Erlaubnis, gehen zu dürfen.«

»Ich gehe zu den Friesen«, rief Volkbert, »weil das der schwierigere Weg ist; Lindmuth geht zu den Abodriten. Ich nehme die Streitaxt, die Schwester nimmt das Messer . . . aber sieh nur, Lindmuth, sieh, den Vater, er sinkt um.« – »Er ist eingeschlafen – oder wieder ohnmächtig. Nun sind sie beide stumm. Vater! Liebe Mutter! Wacht auf! Sagt doch, daß wir gehen dürfen!« Sie rüttelten beide an den Schultern, sie riefen laut in ihre Ohren, aber die beiden Gatten blieben stumm, ihre Augen geschlossen. »Komm, Lindmuth«, rief der Knabe. »Wir können nicht warten, bis sie erwachen. Komm! Es eilt.« – »Warte nur noch, bis ich sie ganz zugedeckt habe, beide, die Mutter auch noch mit des Vaters Mantel. Und hierher, dicht neben beider Hände, die letzten Nüsse, daß sie leicht danach greifen können. So! Nun, lieber Himmelsherr, behüte du unsere armen Eltern!«

Sie folgte dem Bruder aus der Höhle.

Sowie sie heraustrat, flog ihr das Rotkehlchen auf die Schulter.

»Leb wohl, Schwester«, sagte Volkbert und gab ihr die Hand. »Ob wir uns wohl wiedersehn? Dort steht die Morgensonne, dort ist Osten, das ist dein Weg. Ich geh geradeaus nach Westen, zu den Friesen. Knicke die Zweige an den Büschen, wie du schreitest, damit du mit helfenden Menschen zur Höhle zurückfindest, die Fußspuren könnte frisch fallender Schnee bedecken.«

»Leb wohl, Bruder! Der wache Schutzengel schwebe über deinem Haupt!«

Der Knabe schwang die Streitaxt auf die Schulter und lief davon, ohne sich umzusehen.

Lange blickte ihm die Kleine nach; dann bekreuzigte sie sich und schritt mutig der aufsteigenden Sonne entgegen.

Es war nicht kalt. Aber der Schnee begann in dichten Flocken zu fallen; sie achtete nicht darauf. Sie stapfte fort, ohne Weg, ohne Steg. Und immer dichter fiel der Schnee.

டRITTES BUCH

Erstes Kapitel

Im Grenzwald, fern von der Höhle der Gatten, bewegte sich ein langer Zug von Männern, Rossen, Wagen auf der alten, der einzigen fahrbaren Straße, die von den Abodriten quer durchs Sachsenland nach Friesland führte.

Ein ganzer Troß von abodritischen Knechten zog voraus, um mit primitiven Schneepflügen und breiten Holzschaufeln den Schnee, wo er zu weich war, den Tritt von Roß und Mann zu tragen, zur Seite zu schieben und zu schaufeln. Manche ihrer kleinen, zottigen Gäule hatten hellklirrende Blechklappen in Mähne und Schweif gebunden: Die Gefahr für den einzelnen, abzukommen von dem Weg und den Genossen, war groß.

In weitem Abstand folgte eine Schar wohlbewaffneter Reiter, es waren Sachsen aus dem Ostfalenland; nur der graubärtige Befehlshaber der Krieger war ein Franke. Hinter ihnen wurden von gleichmäßig schreitenden Maultieren zwei reichgeschmückte Sänften getragen: leichte hölzerne Tragsessel mit hoher hölzerner Rückwand, auf den drei andern Seiten verschließbar durch Ledervorhänge; der Sitz war mit Polstern, der Boden mit Pelzen belegt.

Aber die beiden Sänften waren leer. Die beiden Führer des Zuges, denen offenbar die Sänften dienen sollten, hatten es vorgezogen, beim Aufbruch nach dem letzten Nachtlager – in den Zelten des abodritischen Häuptlings an der Grenze – zu Pferd zu steigen, der helle Sonnenschein lud dazu ein, der Schneefall hatte am frühen Morgen noch nicht begonnen.

Der jüngere der beiden Anführer war ohne Zweifel der viel vornehmere. Er ritt daher zur Rechten; er trug bischöfliches Gewand und zog manchmal aus der reichgestickten Ledertasche, die er auf der Brust trug, ein Pergamentblatt, las darin andächtig und sagte das Gelesene halblaut betend daher.

Sein viel älterer Begleiter, der ihm zur Linken ritt, war ein schlichter Kriegsmann; seine Waffen waren gut, aber ohne Schmuck; ein langer, schöner weißer Bart wallte bis auf den breiten Schwertgurt; sein mächtiger Hengst schien doch schwer zu tragen an dem wuchtigen Reiter, der den Bischof um mehr als Haupteslänge überragte und sich, trotz seiner Jahre, stolz und aufrecht im Sattel hielt, das mächtige Haupt schmückte noch reichlich das schöne weiße Haar, stark und gerade war die Nase, die sehr großen Augen blitzten in ungeschwächter Klarheit und Schärfe. Das Roß war silberweiß wie des greisen Reiters Bart; es schien auch schon sehr alt.

Den Schluß des Zuges bildeten mehrere Wagen, jeder von vier, auch von sechs Rossen gezogen, mit Lebensmitteln und Reisevorrat jeder Art reichlich beladen, begleitet von einer zweiten Schar wohlbewaffneter Sachsen zu Pferd und zu Fuß.

Nach langem Schweigen steckte der Bischof mit einer ungeduldigen Bewegung das Pergament wieder in die Brusttasche und warf einen raschen Blick auf seinen Begleiter. »Ich kann nicht mehr beten – nicht immer beten«, rief er, und seine dunkelgrauen Augen loderten. »Ich muß soviel an Euch denken, Graf. An unser langes, langes Gespräch von gestern nacht. Und . . . ja, eben an Euch. Es ist wunderbar. Ich, der Priester, habe Euch, dem Laien, gebeichtet. Ich staune über mich selbst; das heißt: in Wahrheit über euch. Ich bin verschlossen, hart wie der Felsen Petri, hat der Heilige Vater, Leo selbst, einmal von mir gesagt. Keinem Menschen als etwa meinem Beichtiger, falls die Qual, die brennende Qual zu heiß ward, das rasende Verlangen als arge Sünde mein Gewissen allzu schwer belastete, habe ich's gesagt! – Ja, auch in der Beichte habe ich – Gott vergebe mir! – niemals so offen, so hingegeben mein Herz aufgedeckt wie Euch, Graf Francio, dem Laien, dem Fremden. Erst vierzehn Tage kenne ich Euch – seit der

Herr Kaiser uns zusammen auf diese Fahrt geschickt hat –, und gestern hab ich Euch so tief in meine Seele, in meine Schmerzen, in meine Sündenschuld blicken lassen, wie nur Gott bisher geschaut hat. Ihr habt eine Macht über mich, wie ich sie bisher keinem Sterblichen gegönnt hatte. Gleich zuerst, als sich in Eure Augen sah – Euch mußte ich vertrauen, wie . . . wie . . .«

»Wie der Sohn dem Vater«, sprach der Alte und schlug die lebhaft himmelblauen Augen auf. »Oder der Enkel dem Ahn. Könnte ich doch fast Euer Großvater sein, Herr Bischof. Denn Ihr seid sehr jung, fast allzu jung – will es scheinen! – für Eure hohe, schwere Würde. Groß müssen Eure Verdienste sein, daß der Herr König von Italien und der Heilige Vater Euch in so frühen Jahren schon zum Bischof gemacht haben.«

»Ja, es ging nicht ohne Widerstand ab. Der Herr Kaiser wollte lange nicht.« – »Der Alte mischt sich in alles«, brummte der Graf leise in den Bart. Aber der andere hatte es doch verstanden; er zog die Zügel an, das Roß hielt: »Hört, Graf, das ist das einzige, was mir an Euch mißfällt. Wiederholt habt Ihr in diesen Wochen von dem Herrn Kaiser gesprochen, wie man von ihm nicht sprechen soll.« Der Graf trieb seinen Hengst, den er ebenfalls angehalten hatte, wieder an. »Hei, ich kenne ihn eben besser als Ihr.« – »Ein wunderbarer Mann ist dieser Kaiser. Kaum faßlich ist, wie solche Fülle von Gedanken, von Plänen, von Sorgen zugleich Raum finden mag in diesem einen Haupt.« – »Von Sorgen? – Ja, da sprecht Ihr wahr. Glaubt mir nur: Er wäre oft viel lieber der ärmste Freimann in seinem weiten Reich als dieses Reiches Kaiser. Und gerade jetzt . . .!« – »Hat er es jetzt schwerer als sonst?« – »Freilich. Das wächst, das wächst von Jahr zu Jahr. Denn immer weitere und weitere Kreise zieht die Macht des Reiches um ihn her. In jungem Jahren, da hat es ihn gefreut; denn in das Maßlose, in das Ungemessene strebt sein Geist nur allzusehr! Wenn immer wieder von neuen Völkern und Fürsten Gesandte eintrafen in seiner Pfalz – Bitten, Wünsche, Hilferufe, auch wohl Forderungen und Drohungen überbringend –, das schmeichelte seinem Stolz, beglückte seine Tatengier! Hei, nun hat er's! Hat nun die Folgen, der Alte. Nun kann er sich der Fülle kaum mehr erwehren. Geschieht ihm recht!« brummte der Graf und strich den langen Bart. »Er konnte ja nie genug Arbeit, Kampf und Ruhm haben. Aber jüngst – in der letzten Ratsversammlung – ward's ihm doch allzuviel.« – »Was beschäftigte ihn denn?«

»Nun: nur Europa, Asien und Afrika! In Italien schlägt sich sein Sohn Pippin mit Benevent und mit dem falschen Dogen von Venedig. In Spanien ringen seine Markgrafen mit den Arabern zu Land. Araber zur See – Raubschiffe – plagen die Christen auf den fernen Inseln, der Alte rüstet Schiffe zu deren Schutz; die Franken fechten jetzt zur See bei Eilanden, deren Lage der Kaiser erst bei Freund Alkuin erlernen mußte! Er weiß kaum die Namen alle auswendig! Im Osten wehrt sein Sohn Karl die Awaren ab. Hier, im Norden, drohen Dänen und Wilzen sich zu verbinden; der König Göttrik schickt ihm freche Worte, wirklich allzu freche! In Asien aber ruft der Patriarch von Jerusalem seine Hilfe an zum Schutz des Heiligen Grabes und der Pilger; der Statthalter des befreundeten Kalifen Harun in Afrika erbittet Hilfe gegen den Omaijaden von Córdoba, der ihn von Spanien her bedroht. Und der neidische, eifersüchtige, von uralt eingerostetem Hochmut aufgeblähte Imperator zu Byzanz verweigert ihm immer noch die Anerkennung als Kaiser. Das wurmt den Alten schwer!« – »Ich weiß es.« – »So? Woher?« – »Vom Papst und von König Pippin. Und ich habe, mit meiner schwachen Kraft, versucht, ihm dies Ziel erreichen zu helfen.« – »Ihr?« Der Graf hielt das Pferd an und sah erstaunt auf den Bischof nieder. »Was habt Ihr getan?« – »Eine Denkschrift ausgearbeitet, die Kaiser Nikephoros zeigen muß, wie sein eigener Vorteil wie auch das Recht und das Heil der ganzen Christenheit erheischen, daß er Kaiser Karl als seinen kaiserlichen Bruder anerkenne.« – »Und diese Schrift?« – »Haben der Papst und König Pippin nach Byzanz geschickt.« – »Hinter des Alten Rücken!« grollte der Graf, und seine blauen Augen blitzten. – »Jawohl! Das Nein trifft dann nur mich, nicht ihn. Das Ja . . .« – »Hei«, lachte Graf Francio bitter, »Ihr seid ein feiner Kopf, Herr Bischof, aber das setzt Ihr niemals durch! Niemals! Der Alte hat die Hoffnung aufgegeben. Alle diese Wolken ziehen sich zur Zeit drohend über seinem Haupt zusammen. Ich meine, er hat Ursache zu seufzen: ›Oh, Herr Christus, du gabst mir ein recht mühereiches Amt!‹« – »Alles, was Ihr da von Kaiser Karl erzählt, erhöht nur meine Bewunderung für ihn.« – »So? Dann hab ich's schlecht gemacht! Nicht meine Absicht!« – »Nein! Wahrlich nicht. Ihr seid nicht sein Schmeichler, sein herber Tadler sein Ihr. Aber gegen Euren Willen müßt Ihr für ihn zeugen. Und mein heißester Wunsch – seit Jahren – ist es, einmal dem Herrlichen in die Augen zu schauen. Recht hatte er, als er nicht ohne weiteres meinen Lobspender glaubte. Ihr wißt es jetzt, wie sehr recht! Wüßte der Heilige Vater mein Geheimnis, wie Ihr es kennt, er hätte mich noch nicht zum Bischof vorgeschlagen. Ich sträubte mich auch dagegen.« – »Hei, das ist also üblich bei euch demutreichen Herren«, schmunzelte der Alte mit einem gutmütigen, überlegenen Lächeln. »Mir war es Ernst! Aber der Papst befahl, der König Pippin wünschte und . . .« – »Der Alte zu Aachen gab zuletzt nach! Wie gewöhnlich!« – »Ich glaube jedoch, ganz hat der Kaiser sein Mißtrauen gegen mich noch nicht überwunden.« – »So? Woraus schließt Ihr das? Wie das schneit!« Er schüttelte die dichten Flocken von dem blauen Mantel ab, der ihm das Brustwams aus Otter und Zobel bedeckte. »Aus dieser Fahrt als Königsbote, die er mir aufgelegt hat. Ungewöhnlich ist es, einen Bischof aus dem italienischen Reich als Sendboten im Frankenreich zu verwenden, vollends hier im fernsten Sachsenland.« – »Vielleicht weiß er, daß Ihr aus diesen Gauen stammt.« – »Unmöglich! Er hat mich nie gesprochen. Wie sollte er ...?« – »Hei, es ist sonst nicht viel zu loben an dem Alten ....« – »Herr Graf!« – »Aber eins ist wahr: Ein Gedächtnis hat er für Namen und Menschen und Menschengeschicke, daß er oft selbst darüber staunt. König Pippin wird seinem Vater über Euch geschrieben haben.« – »Ich glaube vielmehr, der kluge Herrscher hat in diesem Auftrag ein ganz unauffälliges Mittel gefunden, mich vor sein Angesicht zu ziehen.« – »So? Meint Ihr? Ei, ei, wie das schneit!« Und er schüttelte den breiten, etwas kurzen Nacken und das silberweiße Haar, das aus der schlichten fränkischen Sturmhaube auf den Mantel niederquoll.

»Er selbst verläßt ja den Palast zu Aachen nur noch selten.« – »Gar nie mehr. Bequem ist er geworden! Allzu bequem!« – »Er also kommt nicht mehr über die Alpen zu mir nach Arezzo ...« – »Schwerlich!« lachte der Graf. »Mich ausdrücklich an seinen Hof zu laden, um mich zu prügen, das vermeidet er wohl.« – »Warum?« – »Er will den Heiligen Vater und seinen Sohn Pippin nicht durch solches Mißtrauen kränken.« – »Ihr traut ihm zuviel Rücksicht zu. Er ist gar grob.« – »Aber jeder Königsbote muß nach Vollführung seines Auftrags Kaiser Karl Bericht erstatten; also muß ich bald vor ihn treten.«

»Ihr seid klug – wie ein rechter Bischof sein soll. Nun ja! Es mag was daran sein. In der Pfalz zu Aachen ward soviel erzählt von Eurer scharfen Strenge! Nicht umsonst heißt Ihr Acerbus.« – »Ihr wißt jetzt, weshalb ich diesen Namen angenommen!« – »Zumal von Eurer unerbittlichen Schärfe – wie gegen Euch selbst, so gegen alle Geistlichen, bei jeder kleinsten Verfehlung des Fleisches. Das hat den Alten – vielleicht – mißtrauisch gemacht. Es ist unwahrscheinlich, daß ein Mann in voller Jugendkraft – Ihr seid noch nicht vierzig! – gar nichts verspürt für alle Weiber.« – »Ihr wißt ja nun...« – »Ja, ich weiß! Aber nicht der Alte! Und der – der glaubt nicht an so was. Wißt Ihr, warum? Nein? So will ich's Euch sagen: Weil er selber in diesen Dingen ein recht arger Sünder gewesen ist, seit ihm der erste Flaumbart sproßte, und geblieben, bis er im Silberbarte ging. Gott sei ihm gnädig«, brummte der Graf und schlug ein Kreuz über seine breite Brust. – »Ihr sollt nicht so von ihm sprechen. Ihr dürft nicht.« – »Ich darf.« – »Weshalb?« – »Hei«, schmunzelte der Graf, und ein lustiges Leuchten flog über das heitere Antlitz. »Weshalb? Schnurrige Frage! Weil ich in keiner Schlacht gefehlt habe, in die er ritt. Oft hab ich ihn mit meinem Schild gedeckt wie mich selbst, manchen Sachsenspeer hab ich ihm abgewehrt. Aber auch seine Liebschaften kenne ich wie – kaum ein anderer. Ich hab ihn nur allzu lieb, bin oft allzu schwach gegen den Alten gewesen. Ich darf auch ihn schelten, es meint's doch kaum einer besser mit ihm. Zumal seit Markgraf Roland fiel bei Ronceval! Und Gerold, der greise Held von Bayerland! – Und sie – Frau Hildigard! – ihm starb.« Ganz langsam, schwer und traurig sprach das der Graf zu Ende, der in scherzendem Tone begonnen hatte.

Erstaunt sah der Bischof zu ihm empor. »Verzeiht mir eine Frage!« – Die Frage ist frei. Aber die Antwort auch!«

»Wie kommt es, wenn Ihr dem Kaiser so nahesteht...«

»Daß ich es nicht weiter gebracht habe?« lachte der Alte aus vollem Halse. »Ja, ich gab mir alle Mühe. Aber es ging nicht höher hinauf! Kaiser von Byzanz wollte ich einmal werden...! Die Wahrheit ist: Der Alte kennt mich so genau wie ich ihn! Er kennt auch meine Fehler. Nun also: Er hat vielleicht Eure vielgepriesene Blindheit für alle Weibesschönheiten und die furchtbare Strenge, mit der Ihr jede Schwäche gegen die holden weißen Leiber an andern bestraft, für Heuchelei gehalten.« – »Ihr wißt nun...« – »Ja, ich! Aber der Alte! Und so was kommt vor bei Euch frommen Herren. Gerade um die eigenen schweren Laster zu decken, wüten sie gegen die leichten Verfehlungen anderer. Kommt vor, kommt vor!« – »Ich aber! Hab ich doch an mir erfahren, wie Jahre und Jahrzehnte hindurch die Liebe – nicht nur das heiße Verlangen der Sinne! – auch den Priester des Herrn beim heiligsten Willen beherrschen kann, seine Tage, seine Nächte mit wachen Qualen füllen. – Wie? Wenn ich unerbittlich – oh, ach vergeblich! – die edle Liebe mir aus dem Herzen reißen wollte und darüber schier dies Herz selbst mir ausriß, ich sollte dulden, daß ich meiner Obhut Befohlenen nicht einmal die elenden Wallungen des Blutes meistern könnten? Ich sollte der so heilig und auch so heiß Geliebten entsagen müssen, und die andern sollten dem tierischen Triebe frönen? Wehe den Elenden!« rief er nun laut und grimmig. »Diener des Heiligen Geistes wollen sie sein, und sind Knechte des Fleisches.«

Der Graf sah ihn sinnend an aus seinen großen, durchdringenden Augen: »Ihr seid ein armer Mann! Und ein edler Geist. Aber Euer grausames Geschick hat Euch bitter gemacht im Gemüt! Ja, ja! Die Liebe ist stark wie ein Zauber«, schloß er ernst. »Hat doch sogar der große Kaiser«, bestätigte der Bischof, »solchen Zauber gespürt. Oder ist es nicht wahr, was die Sänger schon singen von ihm und von seiner schönen Königin Hildigard? Die soll er am meisten geliebt haben von seinen vielen Frauen und...« – »Freundinnen. – Es ist nicht wahr.« – »Wie? Er hat nicht Hildigard am meisten geliebt?« Der Graf beugte die Sturmhaube bis tief auf die Mähne des Rosses, schüttelte den unablässig rieselnden Schnee ab und besserte am Zaumzeug. »Geliebt hat er nur Hildigardis«, sprach er, ohne aufzusehen. »Die andern? Er ist schwach, und sein Blut war sehr heiß.« – »Nun also! Man sagt, er habe sich wochen- und monatelang nicht trennen können von der schönen Toten. Heer und Reich habe er darüber versäumt. Er saß Tag und Nacht bei der holden, durch fremde Künste schön erhaltenen Leiche. Sie habe einen Zauberring an der rechten Hand getragen, der ihn an sie bannte.« – »Sie brauchte dazu keines Zaubers.« – »Bis ein frommer Bischof, Tilpin von Reims, ihn von dem Bann erlöste, indem er der Leiche den Ring vom Finger streifte und in den See bei Aachen warf. Ist das wahr?« – »Nein. Hier ist der Ring. Ich zog ihn ihr vom weißen kalten Finger und sprach zu dem Herrn Kaiser: ›Du gehörst deinem Volk, sie selber will es so.‹ Da hat er mir den Ring angesteckt. Ich trag ihn zum Gedächtnis jener Stunde. Ich zeige ihn dem Kaiser, wenn er sie vergessen will; sie oder seine Pflichten.« – »So würde er auch mich verstehen! Den Zauber, den meine Liebe, meine Trauer um die Verlorne mir aufzwingt! Ja, er würde mich verstehen!« – »Ich glaube ja. Aber er würde doch streng sagen: ›Mach's wie ich! Brich den Zauber. Du gehörst deiner Kirche wie ich meinem Volke. Entsage!‹« – »Ich tu's ja! Ich muß wohl! Aber ich gestehe es: Mir graut vor der alten Heimat. Ich werde hoffentlich – die Heiligen wollen's gnädig abwenden! – weder sie noch ihn wiedersehen.« – »Wer weiß!« – »O nein! Wer weiß vielmehr, was aus ihnen geworden ist, wohin sie geraten sind! Viele Zehntausende von Sachsen sind seither gefallen. Viele andere Zehntausende hat mit Weib und Kind Kaiser Karl ausgehoben aus der Heimat, sie verstreut über alle seine weiten Lande. Aber schon wenn ich die braune Heide wiedersehe, den Hof ihres Vaters und den Wald, in den ich den Verhaßten zum Zweikampf geladen auf Leben und Tod . . .«, jetzt schoß Röte in die bleichen Wangen des edlen, feingeschnittenen Angesichts, und aus den sonst so ruhigen Augen sprühten heiße Blitze tödlichen Grimms. Er strich sich wild das dunkelbraune Haar aus der Schläfe. Es zuckte um seine ausdrucksvollen Lippen.

»So?« fragte der Graf gedehnt, scharf hinüberblickend. »Das habt Ihr mir gestern nacht nicht erzählt.« – »Wozu? Ja, nachdem mich der Vater endgültig abgewiesen, mir gesagt, daß sie des Bauernsohnes werden wolle oder keines Mannes, da lud ich, der Edling, ihn zum Todesgang nach altem Sachsenrecht! Und er – der Elende! – schlug es aus!« – »Aus Feigheit!« – »Nein! Das darf sogar mein Haß nicht sagen. Er kannte keine Furcht, er zählte zu Herzog Widukinds Gefolgschaft.« – »Das genügt«, sagte der Graf sehr ernst, mit dem gewaltigen Haupt nickend.

»Er kämpfte wie ein Held bei Detmold und am Haseflu ß.« – »So? Dort? Da hätten sie den Alten fast geschlagen. Und erschlagen dazu. Aber Gott half!« – »Dort ward er gefangen.« – »So? Den Namen könnt Ihr mir jetzt auch wohl sagen.« – »Volkfried.« – »Der? Ich kenne ihn gut!« – »Woher?« – »Je nun . . .«, der Alte stockte und schmunzelte, »ich stand eben auch dabei, als Herzog Widukind die Taufe nahm zu Attigny. Da nahm sie auch Volkfried, den ich in der letzten Schlacht – recht nah! – gesehen bei dem Alten. Ein treuer Mann: Gott und Kaiser Karl getreu.« – »Ja nur zu sehr!« knirschte der Bischof. »Er antwortete mir auf meine Kampfforderung: ›Kaiser Karls Recht hat das verboten.‹« – »Ihr wußtet das nicht?« – »Wohl wußte ich's. Aber«, der Bischof ballte die Faust wie um einen Schwertgriff und hob sie in die Luft, »alle Rechte Karls hätte ich gebrochen, dem Mann das Haupt zu spalten, den sie liebte. Und heute noch! Oh, daß ich sie Euch schildern könnte! Hinter einer ruhigen Stirn eine Welt von Liebe! Wie soll ich sie Euch malen? Sie ist . . . wie in der Peterskapelle in Rom der römische Gesang! Ward Ihr jemals in Rom, Graf Francio, und hörtet den Gesang?« – »Ich war in Rom und hörte den Gesang.« – »Wohlan! An sie, an sie allein muß ich immer dabei denken.« – »Sünder! Weshalb?« – »Der wunderbare, der berauschende Zauberreiz ihrer . . . Versteht Ihr Griechisch?« – »Schlecht! Aber ein wenig hatte ich bei Paul, dem Sohn des Warnefried, mitgelernt, als der des Kaisers Tochter unterwies.«

»Ihrer Harmonie! – Das ist's! Die Harmonie! Wie bei jener

vielhundertstimmigen Musik und dem Dazwischenklingen der Orgel aus Byzanz der Zauber seligen Wohlgefühls darauf beruht, daß jedes Kleinste, jeder leise Hauch der Stimme geradeso und nicht ein geringstes anders ist und sich alles völlig ineinanderfügt – das Kleinste anders, und der Zauber wäre dahin! –, so ist die Schönheit dieser Frau. Alles an ihr, bis aufs allermindeste – wie ihr das Haar am Nacken angewachsen ist! – muß so sein, wie es ist. Sonst wäre die ›Harmonie‹ nicht mehr. Und fehlte nur der kleine leise Zug am Ende ihrer Mundwinkel, wenn sie zu lächeln beginnt. Selten genug hab ich sie lächeln gesehen – aber sah ich das, ging strahlend mir der Himmel auf.« Er hielt erschöpft inne, so leidenschaftlich hatte er gesprochen.

»Ihr seid ein arger Sünder! Seid krank! Seid wahnsinnig! Aber: Ihr wißt, was Liebe ist.«

»Und könnt Ihr es fassen, daß solche Liebe Gegenliebe nicht erzwang?« – »Solche Fragen sollte ein Bischof nicht stellen.«

»Ihr Mann! Nun ja! Er ist ein Mann, ein Held sogar. Ein Jahr älter als ich, nicht schöner als ich – war. Ich bin gegen ihn . . .« – »Vor allem seid Ihr sehr eitel.« – »Ein Adler gegen den Falken! Ein Blitzstrahl gegen das Herdfeuer.« – »Sie zog das Herdfeuer vor. Mit Recht!« – »Mich verschmähte sie, ihn erzwang sie sich! Warum? Warum?« – »Für einen Adler und so gescheiten Bischof fragt Ihr herzlich dumm. Weil sie ihn liebte und Euch nicht. Schweigt! Sonst leidet meine wirklich gute Meinung von Eurem Verstand«, rief er laut, fast unwillig. »Armer Mann!« flüsterte er leise in den weißen Bart. Aber der Bischof fuhr fort: »Wie meine Liebe lodert noch mein Haß! Ich bringe ihn um, wenn ich ihn treffe, ihn, der all mein Leben zu einer grausamen Qual gemacht hat. Ah, an ihrer Seite! Vater ihrer Söhne! Ein Graf, ein Herzog wäre ich geworden, keinem der Paladine weichend an des Kaisers Hof. Ein Mann vor allem! Jetzt bin ich ein – Priester! Ein Knecht der Bücher!«

»Ein Diener des Herrn, des Heiligen, Allmächtigen, gegen den Karl und seine stolzen Paladine elendes Gewürm im Staube sind«, rief der Graf mit dröhnender Stimme. »Schweigt, sage ich Euch! Mir widerspricht man nicht! – Nämlich«, fuhr er nach einer Weile fort, »wenn man so jung ist im Vergleich mit mir. Ich will Euch noch mehr sagen. Der Alte hat mir's selbst vertraut: Ja, er will Euch kennenlernen zu Aachen. Ihr ahntet richtig. Einmal, weil er Eurer maßlosen Strenge mißtraut. Dann aber« – und hier ward die Stimme väterlich mild –, »weil er erforschen will, wie es kam, daß ein Mann Priester ward, der einer seiner allerbesten Helden zu werden verhieß ...« – »Herr Graf!« – »Schweigt, wenn ich rede! Ich weiß es. Von wem? Vom Kaiser weiß ich es. Ihr habt in jungen Jahren gegen Dänen und Wilzen, gegen Sorben und Linonen so heldenhaft gefochten, ja als Feldherr kleine Scharen so meisterlich geführt, daß Euch der Alte ein Herzogtum schon zugedacht hatte – da kam die Nachricht, Ihr seid ein Mönch geworden! Es verdroß ihn damals in seiner sündhaft weltlichen Sinnesart. Aber das kann ich Euch sagen: Wenn er ernst nachdenkt, stellt er einen Bischof wie Ihr seid – trotz Eures Geheimnisses! – als einen Diener Sankt Peters hoch über jeden Herzog seines Reichs, der nur dem Kaiser dient. Das merkt Euch! Klagt nicht mehr, daß Ihr dem Himmel statt dem Hofe dient! Des gedenkt alle Zeit, Herr Richwalt von Arezzo! Seht, hier gabelt sich unser Weg: Ich laß Euch die Hälfte der Krieger, der abodritischen Knechte, der Rosse und der Wagen. Ihr zieht geradeaus nach Nordwesten in den Nord-Eidergau; im Heidhof sollt Ihr dort Lager halten«, gebot der Alte. »Ich biege ab gen Süden, in den Süd-Eidergau. In Welandsfleth, südlich von Esesfeld, treffen wir wieder zusammen; wer früher eintrifft, wartet auf den andern. Ei, ei, der Schneefall! Unablässig flutet das herab! Hügelhoch! Die Knechte können kaum die Straßen freischaufeln. Wir haben's gar nicht recht bemerkt im Eifer des Gesprächs. Ihr solltet aus dem Sattel steigen und in der

Sänfte Schutz suchen.« – »Tut Ihr's doch auch nicht, Graf!« – »Hei, ich! Mich hat der Himmelsherr auf Erden nicht in einen Kasten sperren wollen, aufs Roß hat er mich gesetzt. Da reite ich denn für ihn, solange ich mich im Sattel halten kann. Auf Wiedersehen, Herr Bischof! Die Liebe, die reine Liebe laßt in Gottes Namen in Eurem Herzen, bringt Ihr sie nicht heraus. Aber den Haß, den erstickt! Das bitte ich mir streng aus, im Namen Gottes und des Kaisers. Nun trabe, treuer Tenzendur, weiß wie dein Herr vor Alter«, flüsterte er dem Roß ins Ohr. »Trabe durch den Sachsenschnee. Wir kennen ihn: weiß und – rot!«

Zweites Kapitel

Der Führer der abodritischen Knechte konnte sich in der nordelbischen Mundart verständlich machen: Er wiederholte die Mahnung an den Bischof, in der Sänfte Schutz zu suchen vor dem gewaltigen Schneegestöber: »Wir können nicht rasch genug für die Wagen die Bahn freischaufeln. Seht nur, alles wird zugedeckt, die Tiefen wie die Höhen. Wenn Ihr, hochheiliger Herr Bischof, in der Sänfte eine Weile warten wolltet . . .« Aber Acerbus gab dem Roß die Sporen: »Ich kann nicht ruhn! Ich reite voraus. Kommt nach!« Und scharf sprengte er voran. »Mein Blut tobt! Das Herz will mir springen! Diese Unterredung hat alles in mir aufgerührt, hat geweckt, was ja doch nicht tot, nur mit Mühe eingeschläfert war: Liebe und Trauer. Und Groll? Nein, Haß, tödlicher Haß! Auch gegen sie. – Beten? Ich kann nicht! Es hilft nicht. Reiten und rennen! Der sausende Wind wilden Rittes, der wird mir guttun! Oh, ging es in die Schlacht! Stünde er dort in Waffen vor dem Wald!« Und schneller, immer schneller ritt er, so rasch das schäumende Tier in dem fußhohen Schnee vorwärts kommen konnte.

»Muthgard, Muthgard!« rief der starke, gequälte Mann in die schweigende Schneelandschaft hinaus. »Oh, du blondes Weib, warum kann ich nicht los von dir?«

Da strauchelte das keuchende Roß und fiel vornüber, tief einbrechend durch die Schneekruste; flink war der Reiter aus dem Sattel und half dem Tier empor; aber es blutete am linken Vorderfuß, die scharfe Eiskante unter der Schneehülle hatte es verletzt. Mit dem wilden Jagen war es vorbei. Er nahm das Pferd am Zügel und schritt langsam, langsam vorwärts.

Da brach die Sonne wieder durch das weißgraue Gewölk, das Schneetreiben ließ allmählich nach; freier ward der Ausblick. Acerbus machte halt, er sah um sich. »Alles weiß, alles ebenmäßig zugedeckt wie mit einem großen weißen Bahrtuch: still, schweigend, kein Leben ringsum, kein Tierlaut seit vielen Stunden. Horch! Was ist das? Da, links neben der Straße tauchte etwas auf. Ein Vögelchen? Ja, ein ganz kleines. Dort – auf jenem kleinen, sanftgewölbten Schneehügel! – Es fliegt auf! Aber sieh, es fliegt immer wieder darauf zurück. Wieder! Pitz-Witz! Pitz-Witz! Armes Tierlein, du mußt ja hier verhungern. Wieder auf dem Schneehügel? Was ragt da bräunlich aus all dem Weiß? Was liegt unter dem Schnee?«

Er ließ das Pferd stehen und sprang ein paar Schritte zur Seite, nicht ohne bis über das Knie einzusinken in den frisch gefallenen, ganz weichen Schnee, den der leise, aber unablässig wehende Wind hier zusammengetrieben und hochgehäuft hatte.

Nun flog das Vöglein weiter davon, aber gar nicht weit: Auf einem Busch am Weg ließ es sich nieder. Der Schnee schüttete dicht zu Boden bei seinem leisen Aufsitzen, neugierig drehte es das Köpfchen zur Seite und sah zu, was der Mann da machen werde. Acerbus aber kniete schon neben dem leicht gerundeten, länglichen Hügel: »Ein Stück Bärenfell! Ein Mantel! Ein Mensch hier verschüttet. Ein

Weib. Hier das Herz . . . es klopft noch. Hier der Kopf . . . sie regt sich! Gleich, gleich! Du bist gerettet!« Er hob die schlanke Gestalt empor, den Schnee mit beiden Händen von Mund und Hals hinwegschiebend. Er richtete die Wankende auf, er lehnte sie an seine Schulter, er strich die letzten Schneemassen von ihrem blonden Haar –, er sah ihr nun ins Antlitz, sie schlug die Augen auf.

»Muthgard!« schrie er. »Du . . .!« Er zitterte am ganzen Leib.

Das Kind sah verwundert zu ihm empor: »Wo bin ich? Noch nicht im Himmel? Ich träumte so schön.« – »Ist es deine Seele? Bist du gestorben und erscheinst mir hier, Muthgard?« – »So heißt meine Mutter.« – »Deine Mutter? Wo . . .?« – »Oh, helft ihr, lieber Herr. Ihr und dem Vater.« – »Er! Wo steckt er?« Drohend sah er umher. – »In einer Höhle. Rettet! Helft! Sonst sind wir alle verloren. Ich kann nicht mehr. Laßt mich wieder einschlafen, es war so . . . süß.« Und sie knickte zusammen.

Aber er faßte sie mit starken Armen, trug sie an das Pferd, hob die leichte Last in den Sattel und schrie und winkte den Führern des Reiterzuges und der Wagen, die nun schon sichtbar waren, rasch heranzueilen. Von weitem flog das Rotkehlchen nach. Bald saß die Kleine in der Sänfte. Der Bischof schritt neben ihr, reichte ihr wiederholt edlen Wein und weißes Brot – sie gab manche Krume dem Vöglein, das auf ihrer Schulter saß –, ließ sich erzählen, immerfort erzählen. Aber er maß sie dabei mit finstern Blicken, immer drohender ward seine Miene. »Tot, sagst du?« schrie er plötzlich wild. Das Kind erschrak. »Der Vizegraf blieb wirklich tot?« – »Der Vater hat es selbst gesagt.« Da trat er rasch von der Sänfte hinweg und befahl dem Führer der Reiter: »Nimm zwei deiner bestberittenen Leute und jaget voraus! Immer nach Westen! Auf der Straße nach Friesland! Bald werdet ihr einen Knaben einholen, etwas jünger als dies Mädchen, Volkbert heißt er. Greift ihn! Er darf nicht entweichen. Er ist eines Hochverräters Sohn. Der Vater hat den Vizegrafen des Kaisers erschlagen. Er haust hier in der Nähe im Wald. Ich gehe, ihn zu fangen. Ihr kommt zu mir zurück. Ihr könnt uns nicht verfehlen. Ich werde Feuer anzünden lassen und lagern vor seinem Versteck. Und weithin sichtbar wird euch winken – sein Galgen.«

Wenige Stunden darauf stand der Bischof mit seinem Gefolge vor der Höhle im Ulmenhügel. Er winkte den Reitern, sie sollten den Knaben, den sie soeben gebunden eingebracht – gar bald hatten die raschen Rosse den zu Fuß tapfer, aber mühsam durch den Schnee Stapfenden eingeholt –, in ihrer Mitte behalten, entfernt von der Höhle. Er befahl der ungeduldigen Kleinen in der Sänfte zu bleiben und schritt allein in den halbdunklen Raum.

Da lagen die beiden Gatten, dicht aneinandergeschmiegt, mit geschlossenen Augen. »Sie ist es! Schöner – nur bleicher! – als je.« Er bückte sich. »Wenn ich zu spät gekommen wäre! Wenn sie tot wäre! Nein, sie atmet: Oh, welche Lust! Nun gib, o Gott, daß er nicht mehr atmet! Hörst du, ich bete darum! Du ersparst mir damit eine große Sünde! Mache du sie zur Witwe, Gott, sonst ... Oh, wehe mir – er atmet auch.«

Hastig, leidenschaftlich, wie zornig faßte er nun die Schulter der Frau und rüttelte sie. »Wach auf, Muthgard! Kennst du mich nicht mehr?«

Sie schlug die sanften Augen auf und starrte eine Weile auf seine Züge, die Erinnerung suchend. »Richwalt!« sprach sie dann. »Ihr? – Gerettet! – Wach auf, Volkfried, Lieber! Wach auf!« Auch dieser erwachte nun und sah wirr um sich. »Nun ist alles gut«, rief sie ihm zu. »Hilfe, Menchen sind da. Aber unsere Kinder! Wo sind sie?« – »Draußen. Beide in meiner Obhut.« – »Freue dich doch, Mann! Es ist ja Richwalt.« – »Acerbus ist mein Name.«

»Nun sind wir gerettet! Meine Kinder!« Sie richtete sich

auf und wankte aus der Höhle. Volkfried warf einen Blick auf den Bischof, der ihr eilends folgte: »Richwalt? Verloren sind wir! Oh, wären wir doch nicht mehr aufgewacht!«

Drittes Kapitel

In dem Turmgemach zu Esesfeld saßen in später Nachtstunde der Graf und der Abtvikar beisammen in flüsterndem Gespräch. Der Wein auf dem Tisch blieb unberührt; Hardrad hatte einmal aus dem Krug den Zinnbecher randvoll gefüllt, aber vergessen, ihn zum Mund zu führen; schon oft hatten sie den Kienspan in der eisernen Zwinge erneut, der sein rotes unstetes Licht spärlich über die nackten Mauern warf. Der Graf sprang zuweilen auf und machte hastig ein paar Schritte, soweit sie der enge Raum gestattete; ruhiger blieb Petrus, obwohl auch seine Züge sich finster umwölkten.

»Verdammt!« knirschte Hardrad und zerrte mit der Hand an dem dichten roten Bart. »Verdammt, Kaiser Karl und seine Spürhunde! Wer hätt's gedacht, daß sie die Nase bis in diese fernste Mark stecken würden! Nie – seit er das Amt dieser Aushorcher eingerichtet hat –, noch nie ist ein solcher Königsspäher bis hierher gedrungen! Darauf hab ich gebaut! Und jetzt! Gerade jetzt! Mitten im Winter! Sonst reisen sie im Sommer, im Frühherbst! Nur um ein paar Monate handelte sich's. Im Frühjahr hoffte ich das ganze Land, das ich mir allmählich erworben, zu verkaufen. Und dann fort mit dem Geld zu dem Dänenkönig! Dann, hinterdrein, mochte der Kaiser erfahren, wie ich zu all dem weiten Grundbesitz gelangte. Göttrik liefert keinen aus, der zu ihm mit reichem Golde flüchtet. Und nun führt ein übler Höllenwicht diesen Kaiserboten her!« – »Ja, es wird ein hübscher Chorus werden«, meinte Petrus ruhig, »wenn alle die armen Sachsen, denen Ihr Hufen und Habe abgepreßt, die Stimmen wider Euch erheben.« – »Und nicht leiser wird es tönen, wenn all die Bauern gegen Euch klagen, denen Ihr statt eines Zehnten zwei Zehnten abgepreßt, wie Karl angeblich befohlen habe! Und wie Euch alle die Geistlichen, die sündigten gegen alle zehn Gebote, mit Geld zum Schwigen bewegen konntet!«

Der Priester zuckte nur die Achseln: »Kennt Ihr diesen Grafen Francio?« – »Nein. Ich wollte, er läge tot im Walde.« – »Würde nicht viel helfen. Oder doch nicht auf lange. Dann schickt der Tyrann einen andern. Nicht die Sendlinge, der Sender ist allen Übels Wurzel. Die müßte ausgerissen werden, die!«

So giftig kam das heisere Wort heraus, daß Hardrad erstaunt seinen Schritt hemmte und dicht vor dem Priester stehenblieb. »Hört«, sagte er, »Ihr tragt dem Kaiser, schon lange merke ich's, furchtbar tödlichen Haß nach. Warum? Was hat er Euch getan?« – »Ich bin Langobarde«, antwortete Petrus zögernd. »Er hat meines Volkes Krone gestohlen.«

»Ei«, lachte der andere und ging wieder auf und ab. »Man sagt aber, gerade Ihr habt dem königlichen Dieb die Leiter gehalten, die ihn über die Mauer von Pavia trug.« – »Ich rate Euch sehr«, erwiderte Petrus, die schwarzen Brauen zusammenziehend, »nur zu sagen, was Ihr beweisen könnt. Weder erstürmt noch verraten, ausgehundert ward Pavia.« – »Mir kann's gleich sein. Aber ich bewundere Eure Ruhe. Auch über Euch zieht sich ein Gewitter zusammen! Sobald der andere Kaiserbote eintrifft, der Bischof, der auch schon angekündigt ist. Ihr habt – weiß Gott! – auch nicht alle Pflichten erfüllt, die Kanones und Kapitularien Euch auflegen! Was werdet Ihr tun?« – »Ich werde ihn bestechen.« – »Und wenn er unbestechlich ist?« – »Dann werde ich ihn vergiften«, sagte Petrus ruhig und schenkte sich den andern Becher voll. »Unbestechlich ist er schwerlich, unsterblich ist er noch schwerlicher. Und Euch«, fuhr er fort, »wird gegen diesen Grafen Francio auch keine andere Wahl bleiben, wollt Ihr nicht jetzt schon zu den Dänen fliehen.«

»Mit leeren Händen? Nein.« – »Seid nur ruhig! Gift und Flucht werden nicht nötig werden. Schon viele Königsboten sind mir vorgekommen, Bischöfe und Äbte, Herzöge und Grafen: Ganz unbestechlich fand ich selten einen. Die meisten reizt etwas. Gold! Oder Weiber! Oder Rosse! Jagdfalken oder Jagdhunde oder Schmeichelrede! Oder Jagdgründe! Seltene Codices! Ja, zuweilen auch Knochen von Heiligen . . .« – »Wenn man aber keine Heiligen hat?« – »Nimmt man andere Knochen! – Schade, daß der Graf, wie man hört, schon alt ist. Für einen jüngeren wäre Eure heiße Wendin ein guter Köder.« – »Ach, die tolle Dirne! Die küßt keinen mehr! Ich glaube, die hat einen Dämon!« – »Was tut sie?«

»Alles! Nur nicht küssen! Redet mit sich selbst. Rauft ihr schwarzes Haar. Wandelt nachts mit halbgeschlossenen Augen über den Burghof. Kratzt und faucht, will man sie anrühren. Seufzt Nacht und Tag.« – »Nach Fortunat?« – »Nein! Der ward ihrer nicht froh! Nach dem Geächteten, dem Sachsen. Wenn ich nur Zeit gewinnen könnte bis zum Frühjahr! Freilich, wollte ich mich entschließen, auf des Dänen Vorschlag einzugehen, dann . . .! Aber ich bringe es noch nicht recht übers Herz.« – »Das heißt: Ihr findet den Kaufpreis, den er Euch bot, noch zu gering?« – »Nein, Priester! Ich bin ein Mann, kein Pfaff. Meine Ahnen waren den Königen trotzende Helden, aber Helden, nicht Verräter. Meiner Ehrentreue hat Kaiser Karl diese Feste anvertraut, diese Markwehr gegen den Dänen: Soll ich sie selbst dem Dänen öffnen?«

Petrus zuckte die Achseln: »Logisch sündigen habt Ihr nicht gelernt. In tausend Fällen Eurer Lieblingsbegierden bracht Ihr dem Tyrannen die Treue, jahrelang. Ihr habt seine Bauern geplagt – wider sein Recht! – bis aufs Blut! Nun hier, wo . . .« – »Wo es des Kriegers Ehre gilt, da wird mir's schwer. Ihr solltet beten, Abt, daß mir die Wahl erspart wird. Still! Jemand kommt! Du, Wlasta? Was bringst du?« Die Wendin stand im Eingang des Gemachs, zwischen den Falten des dunklen Vorhangs. Geisterhaft bleich schien ihr sonst bräunliches Antlitz, die großen schwarzen Augen sahen verstört: Hinter ihr waren Schritte vernehmbar. »Wen bringst du?« wiederholte der Graf. »Seinen Bruder!« Ganz tonlos sagte sie's, glitt zur Seite und verschlang den Eintretenden mit den Blicken. »Wie ähnlich! Aber er war tausendmal, tausendmal schöner.« – Sie seufzte und verschwand.

Volkhelm, in vollem Waffenschmuck, blieb im Eingang stehen; nur karg war sein Gruß für Abt und Grafen, von seinen schönen, obwohl von Leidenschaften verstörten Zügen war jenes freudige, hitzige Leben gewichen, das sie in jener Opfernacht beseelt hatte; traurig, aber hart und entschlossen sah er auf die beiden Männer.

»Des Dänenkönigs Bote!« rief der Graf. »Was bringst du?« – »Nichts Gutes: für dich und für – andere. Nochmals reicht dir mein Herr die Hand. Schlag ein diesmal, oder . . .« Unwillig schüttelte der Graf den Kopf. »Oder du bist verloren. Wisse, Fidus . . .« Da stand der Abtvikar langsam auf. »Fidus und Hülsung sind uns entrissen.« – »Durch wen?« riefen Petrus und Hardrad zugleich. »Durch einen der beiden Kaiserboten. Wir wissen nichts Näheres, aber sie sind ihren Wächtern unterwegs mit Gewalt abgenommen worden und weilen nun bei den Franken; das ist gewiß.« – »Hülsung? So bin ich verloren!« rief Hardrad. »Wenn Fidus alles angibt, dann . . .«, murmelte der Abtvikar. »Weshalb sollten sie euch schonen?« fragte Volkhelm. »Drum also spricht zu euch beiden mein Herr: Übergebt ihm diese Burg, und er zahlt nicht nur das angebotene Gold, er sorgt auch dafür, daß beide Königsboten euch nicht schaden.« – »Aber wie?« – »Sie werden ermordet. Der König ließ sein Gefolge losen. Mich traf das Los.« Er stockte. Er griff an den Dolch. »Es ward mir schwer. Aber ich kann nicht meinem zweiten König den Eid brechen wie... dem ersten. Ich tu's.«

Hardrad schritt nochmals hastig durch das Gemach. »Mir wäre freilich lieber das Blut – eines andern«, überlegte Petrus zögernd.

Da tönten laute Schritte auf dem Steingang unten, alsbald schlug die Wendin den Vorhang auseinander: Ein über und über mit Schnee und Reif bedeckter Bote trat ein, man merkte, er war nach scharfem Ritt soeben vom Pferd gesprungen. »Stehe ich hier vor dem Abtvikar Petrus und dem Grafen Hardrad? – Wohlan: So lade ich euch beide vor der Kaiserboten Gericht nach sieben Nächten zu Welandsfleth. Euch klagen Fidus der Mönch und Hülsung der Westfale. Ihr habt gehört! Ihr seid nach Recht geladen.« Und wandte sich und schritt hinaus.

Hastig sprang der Graf auf Volkhelm zu und faßte ihn bei der Schulter. »Jetzt muß es sein! Es gilt! – Aber eile!«

Viertes Kapitel

Welandsfleth war ein altes Sachsengehöft, ganz ähnlich in der Anlage dem Hof der Volkinger, nur erheblich größer, stattlicher, umfangreicher, mit zahlreichen Nebengebäuden.

In dem Haupthaus, dem Welandshof, war Graf Francio mit den Seinen eingekehrt. Nach Reichsrecht mußten alle Beamten des Kaisers gehaust, gehoft, gespeist und getränkt werden, der Sachse hatte die Fremden gastlich aufgenommen. Aber schon wie er vom Pferd stieg, hatte ihm der Sendbote zugerufen: »Erschrick nicht über die vielen Gäste! Die meisten Esser schicke ich gleich fort; und in den Wagen dort bringe ich Speise und Trank die Fülle, auch für dich und die Deinen. Es soll nicht dein Schaden werden, daß des Kaisers Boten bei dir gasten.«

Der eisgraue Sachse sprach: »Ich und mein Hof, wir sind dem Kaiser zu eigen. Fünfmal hab ich ihm den Eid gebrochen, Wotan wieder geopfert und gegen Kaiser Karl gekämpft: Und fünfmal hat er mir verziehen.« – »Ja, er ist gut«, sprach der fränkische Führer der sächsischen Krieger. »Schwach ist er«, schalt Graf Francio, über die Schwelle des Hauses schreitend. »Früher«, sprach, ihm folgend, der Welandbauer – Welanding hieß er – »hatte ich den einzigen Wunsch, Herrn Wotan einmal im Leben zu schauen . . .« – »Du!« drohte Francio, sich wendend. »Wie heißt es? Ich sage ab . . .« – »Schon recht, Herr! Aber nun! Seit Jahren hab ich nur den Wunsch, Kaiser Karl einmal zu schauen. Ist es wahr, daß kein Mensch seinen Blick ertragen kann?« – »Mit schlechtem Gewissen: – keiner!« sagte der fränkische Scharführer und folgte dem Grafen.

Der hatte den Jägern befohlen, das an offenem Feuer gebratene Fleisch an den Jägerspießen hineinzutragen; er aß sehr stark, aber er trank nur dreimal von dem mitgeführten Wein. Der Bauer, den der Graf mit zu speisen geladen, und die Diener verließen nun die Halle.

»Trinkt nicht zuviel, Her Seneschall«, warnte Francio lachend. »Ihr seid schon beim vierten Becher! Daß Ihr uns nicht verratet.«

»Euch muß man warnen, Herr«, erwiderte der andere, den kurzen grauen Bart streichend, »nicht mich. Das ist nicht mehr Mut: Tollkühnheit ist, was Ihr treibt.« – »Hei«, lachte der Sendbote. »Ohne ein Stücklein Tollkühnheit hätten wir's nicht soweit gebracht, die Ahnherren nicht und ich. Zudem«, schloß er ernst, »ich stehe in Gottes Schutz. Er hat mich oft schon wunderbar behütet.«

»Ihr sollt aber Gott nicht versuchen! Seit drei Wochen treibt Ihr nun dies Spiel! Nur ich, von allen Euren Begleitern, weiß darum. Diese Sachsen: Keiner kannte Euch.« – »Drum tat mir keiner was zuleide!« – »Aber wenn Euch einer erkennt! Bedenkt! Dreißig Jahre lang habt Ihr blutigen Krieg gegen sie geführt.« – »Der Herr Christus hat's befohlen!« sagte der andere sehr ernst. »Sonst hätte ich's wahrlich nicht getan.« – »Viele Zehntausende haben, nach ihrem heidnischen Wahn, für erschlagene Gesippen die Pflicht der Blutrache gegen Euch.« – »Der Herr Christus – nicht ich! – hat dieses Blut zu verantworten vor seinem Herrn Vater. Er ist mir siebenmal im Traum erschienen und hat befohlen: ›Karl, gewinne mir und dir die stolzen Sachsen‹.« – »Dazu die Dänen! Ganz nahe – wir haben's ja selbst gesehen – streifen sie durch die Wälder hier. Wenn sie erführen! Wenn ein Angriff gegen Euch . . .! Ein schwaches Häuflein unzuverlässiger Sachsen!« – »Nenne sie nicht so, Freund Audulf. Sie waren Wotan treu – nun sind sie's mir.«

»Gut! Aber die Hälfte von ihnen laßt Ihr mit dem Bischof ziehen, und die andere Hälfte verschickt Ihr von hier aus nach allen Seiten!« – »Alle Freien aller fünf Nachbargaue will ich versammelt sehen beim Sendbotenthing. Und nicht durch die Fronboten dieses Grafen kann ich sie laden lassen – die übergingen wohl die gefährlichsten Ankläger! –, nur durch meine Leute. Wir haben ja schon unterwegs erfahren, wie diese Gewaltherren zu Esesfeld umspringen mit dem Recht. Nun wartet! Drohend hob er die starke Faust. Feuer blitzte jetzt aus den sonst so freundlich heiteren hellblauen Augen.

»Überall in meinem weiten Reich zertreten die Großen die Kleinen, ja meine Amtleute selbst die armen Bauern, deren Recht sie schützen sollen. O großer Himmelherr, allzu schwer ist die Bürde, die du deinem Diener aufgelegt hast zu tragen. Zugleich in Benevent, in Schleswig, in Barcelona, in den Awarenringen, in Rom und in Jerusalem sollte ich sein. Wenn du mir nur ein klein wenig, nicht von deiner Allmacht und Allwissenheit, aber nur von deiner Allgegenwärtigkeit verleihen wolltest.« – »Ihr seid nicht zaghaft im Wünschen«, lachte der Seneschall.

»Noch immer keine Boten von all den vielen Bränden, die

ich löschen muß zugleich in allen Ecken des Reichs, ja der ganzen Christenschaft? Noch keine Nachricht? Kein Brief aus Byzanz?« – »Nein, Herr! Es ist auch noch nicht möglich.« – »Hei, hätten nur die Jungen den Eifer von uns Alten, Audulf! Es wäre schon möglich! Aber sie sind mir alle zu langsam, alle.« – »Und weil Ihr nicht allgegenwärtig sein könnt, reist Ihr nun in Verkleidung durch Eure Lande?« – »Jawohl! Aber das ist nicht meine Klugheit! Entlehnte, gelernte.« – »Von wem gelernt?« – »Hei, von meinem Freund drüben überm Meer, in Bagdad, der auch mehr ungetreue als getreue Diener hat!« – »Von dem Kalifen?«

»Jawohl, von meinem edlen Freund Harun al-Raschid. Was gäbe ich drum, ihn nur einmal von Angesicht zu schauen! Ein herrlicher Held. Heiliger Christ, den muß ich dir noch zur Taufe bringen, ehe ich sterbe! Nun, seine letzten Gesandten . . .« – »Die Euch Elefanten gebracht?« – »Jawohl! Die haben mir von ihm erzählt, wie er wunderbarerweise darauf gebracht wurde, in Verkleidung durch seine Städte und Lande zu ziehen und so die Wahrheit zu erkunden. Wieder einmal hatte er erfahren müssen, wie seine Herzöge und Grafen – Wesire und Walis heißen die heidnischen und taugen, scheint es, ebensowenig wie die getauften! – ihn belügen und betrügen, die Not des Volkes vor ihm verbergen, sich bestechen lassen, die Schwachen bedrükken. Da warf er sich vor dem Einschlafen nieder in seinem Kämmerlein und betete um Rat und Abhilfe zu Gott.« – »Zu welchem?« – »Natürlich zu dem seinen.« Der Erzähler stockte und besann sich. »Aber der unsrige hat ihn gehört.« – »Wie wißt Ihr das?« – »Weil was Gutes dabei herauskam. Denn im Traum vernahm er eine Stimme, die sprach zu ihm: ›Wenn du mit vier Elefanten, o törichter Harun, in goldner Sänfte und mit tausend Sklaven durch die Lande ziehst, siehst du nur, was man dem Kalifen zeigen will. Der Bettler, der Fischer, der Kaufherr, der Pilger sieht die Wahrheit.‹ Und am folgenden Tag zog Harun als Bettler, am zweiten als Fischer, am dritten als Kaufherr, am vierten als Pilger durch die Gassen von Bagdad oder auf die Landstraßen oder auf den Schiffen der Ströme. Und nun sah er die Wahrheit: Und fast jeden Abend hing ein andrer Kadi an einem sehr hohen Galgen.« – »Das ist gut.« – »Ja, sehr! Aber noch besser ist: Ein großer Schreck fuhr unter die ungetreuen Amtleute alle. Denn keiner wußte ja, ob nicht der Kalif in dem Bettler oder Fischer oder Kaufherrn oder Pilger stecke, der sich an ihn wandte. Und während sie früher solche Leute hatten prügeln lassen gleich beim Empfang, sind sie nun gar höflich und dienstfertig geworden gegen alle Leute und fragen jeden zerlumpten Bettler: ›Was wünschest du, mein Täubchen? Was kann ich dir Gutes antun, mein Lamm? Worüber klagt mein Liebling?‹ Und das ist sehr drollig! Nicht? Ha, ha!« Der Erzähler lachte recht von Herzen. »Und siehst du, nun mache ich's Freund Harun nach.« – »Aber die Grafen hier im Land haben's noch nicht gemerkt«, meinte der Seneschall. »Sie sind noch recht grob mit den Leuten.« – »Ich fange auch eben erst an! Warte nur! Wenn erst Graf Hardrad hängt auf der höchsten Turmzinne zu Esesfeld; dann gib acht, wie seine Amtsgenossen in der Nachbarschaft leutselig werden.« – »Und ganz allein geht Euer kühner Freund auf solche Wanderschaft?« – »Nein, meist reist er mit seinem getreuen Wesir, wir ich mit dir reise, Audulf. In deinem Schoß liegt mein Haupt so sicher wie einst«, er seufzte tief, »auf Rolands Knien. – Drum hab ich seine Bretonenmark dir anvertraut: Dem Treuesten sollte der Treueste folgen.« Der Alte schwieg; sein Blick umflorte sich. »Dank, Herr, heißen Dank«, sprach der graubärtige Seneschall, seine Rechte fassend und zum Munde führend. »Aber denkt nicht – es macht Euch stets noch traurig –, nicht so oft an . . .« – »An Roland? Und an Ronceval? Ach, bis ans Grab werde ich daran denken. Manchmal, zur Nacht, ist mir, ich höre sein Horn – wie ich es damals gehört, weit über Berg und Tal, wie es so sehr, so sehr nach Hilfe rief! Ich hatte es gehört. Der Engel Gottes wohl trug den Schall mir zu. Auf sprang ich vom Wachtfeuer, zu Hilfe wollte ich eilen – zurück nach Ronceval. Nie verzeihe ich's den Höflingen, die da sagten, die da bewiesen, es sei unmöglich, das Horn so weit zu hören.« – »Es war unmöglich«, sagte Audulf fest. »Aber ich hab's doch gehört! Was ist Gott dem Herrn unmöglich? Ich aber zweifelte an Gottes Allmacht und glaubte den klugen Menschen und legte mich wieder auf meinen Mantel, und unterdes verblutete Held Roland an seinen Wunden! Und als wir am andern Morgen – von dem einzigen Geretteten eingeholt – doch umkehrten nach Ronceval, da lag er tot, der treue Held, und neben ihm – zersprungen – sein Horn! Und nun höre ich's oft . . . des Nachts!«

Er versank in traurigem Brüten. Da schlug ihm der Seneschall, hoch sich reckend, auf die Schulter: »Auf, auf! Nicht diesem einen Toten, dem Reich der Franken gehört Ihr, Herr.« Der Alte gab ihm die Hand: »Dank, du hast recht.« – »Ihr könnt aber nicht«, fuhr Audulf fort, »in Verkleidung Euer ganzes Reich durchwandern von Huesca bis Heinburg, von Esesfeld bis Capua. Eure Königsboten – die machen Euch in Wahrheit allgegenwärtig. Das ist die herrlichste Einrichtung, die Eure Weisheit ersonnen.« – »Nicht meine Weisheit! Oder doch nicht ersonnen! Nur übernommen, nur geschöpft aus dem göttlichen Born, drin alle Weisheit beschlossen ist: aus der Kirche. Wie Papst oder Erzbischof fremde Priester in die Sprengel schicken, die ständigen Priester zu prüfen und Klagen wider sie aus der Gemeinde anzuhören, so hab ich das auf die weltlichen Dinge übertragen. Gott dem Herrn allein, dem Heiligen Geist, der seine Kirche lehrt, gebührt die Ehre auch für das Gute, was in meinem Kaiserbotenamt steckt. Aber . . .«, und hier furchte sich die gewaltige Stirn, »eben weil es Gottes Weizen ist, gerade darum läßt auch Satan sein Unkraut dazwischen. Wenn die Königsboten selbst nicht betrügen, bestechlich sind! Höher als den Grafen Hardrad hänge ich den Bischof Acerbus . . .«

Er sprang auf; furchtbar loderten die blauen Augen des alten Mannes in jugendlichem Feuer. Wie ein heiliger Zorn kam es über das majestätische Antlitz. Er ging, mächtig ausschreitend, einmal durch die Halle. Dann blieb er plötzlich stehen und pochte mit der geballten Faust dreimal langsam auf die breite Brust. »Gemach! – Hinunter mit dir, Heißzorn! – Denke an Verden! Denke an die Aller! Denke an die fünfeinhalbtausend Sachsen! Sobald sie tot lagen – wie hat es dich gebrannt! Hinunter, Heißzorn! Lies mir seinen Bericht noch mal. Vielleicht schreibt er in gutem Glauben. Man glaubt so leicht, was man zu glauben wünscht!«

»Gewiß, Herr. Der Mann hat mir gut gefallen: grundgescheit, gelehrt sogar, stets wach, gedankenreich, stets arbeitsdurstig, ein wahrer Feuereifer der Pflicht . . .« – »Ja, ja. Ich hab ihn liebgewonnen, ins Herz hab ich ihn geschlossen. Große Dinge hatte ich mit ihm vor! Er hat mir sein Innerstes gezeigt, und es hat ihm nicht geschadet; gehoben hat es ihn bei mir. Aber gerade weil ich sein Geheimstes kenne . . . Doch lies. Nur das von dem Waldgänger!«

Der Seneschall nahm von einem mit Urkunden bedeckten Tisch ein bereits entsiegeltes Pergament auf und las: »Endlich melde ich noch, daß ich durch eine wunderbare Fügung Gottes jenen Sachsen Volkfried gefangen habe, von dem und dessen Weib Muthgard ich Euch, Graf Francio, erzählt. Der Mann ist geständig, den Vizegrafen Fortunatus getötet und von der Tat hinweg die Flucht in den Wald ergriffen zu haben. Dies widerlegt vollständig seine Behauptung der Notwehr. Nach zweifellosem Sachsenrecht muß, wer in Notwehr totschlug, bei der Leiche bleiben oder sich sofort dem nächsten Richter stellen; wer von der Leiche flüchtet, flüchtet von der Einrede der Notwehr. Ich erblicke die Hand Gottes darin, daß gerade mir die Hinrichtung des Mannes zufiel, um den ich, wie ich Euch erzählt, so viel gelitten. Seiner Witwe und seiner beiden Waisen, die auch in meine Hand fielen, werde ich mich annehmen nach besten Kräften.«

»Ja«, schloß der Seneschall, »mit der Notwehr steht das ganz genauso, wie der Bischof schreibt. Der Sachse mußte bleiben, mußte sich dem Richter stellen.« – »Aber du hast doch so gut gehört wie ich, daß dieser Richter, Graf Hardrad, mit Gewalt, nicht mit Recht, in des Sachsen Hof dringen wollte. Der Mann war ja verloren, wenn er blieb. Und um jenes bloßen Buchstabens des Rechtes willen spricht der Kaiserbote ihm die Notwehr ab? Das ist elende Heuchelei!« – »Ihr vergeßt: Der Bischof ist ja nicht unterrichtet von dem Vorgang wie wir. Nur der Flüchtling, dessen Weib und Kinder, kein glaubhafter Zeuge sprach bei dem Bischof gegen den Grafen.« – »Du aber weißt nicht . . . was ich weiß von dieses allzu jungen Bischofs geheimen Wünschen. Wenn er den Sachsen schon getötet hat!« – »Fast scheint es so«, sprach Audulf, in den Brief blickend.

»Dann wehe ihm! – Zeugen, sagst du? – Gut! Wo sind sie?«

»Hülsung ist noch nicht zurück. Ihr habt ihn ja selbst ausgesandt als einen der Aufbieter.« – »Und Fidus?« – »Der Mönch erbat sich, gleich nachdem er befreit war, Urlaub auf kurze Frist. Er versprach, bald wieder zu uns zu stoßen. Seht, da wankt er in den Hof. Wie verstört! Hierher, Fidus! Hier ist der Herr Graf.«

Fünftes Kapitel

Bleich und traurig trat der Alte in die Halle, Tränen standen in den Augen, er eilte auf den Sendboten zu und warf sich ihm zu Füßen.

»O Herr, bestraft mich, wie Ihr wollt! Ich konnte nicht

anders. Ich mußte es tun. Gott vergebe mir!« – »Steh auf, Mönch«, erwiderte der Graf und half gütig dem Zitternden, sich aufzurichten. »Ich kenne dich lange. Du kannst gar so Schlimmes nicht verbrochen haben.« – »O doch, Herr, doch! Ich habe die Treue gebrochen.« – »Mir? Das glaube ich nicht.« – »Nicht Euch, aber Gott, dem Herrn. Oder dem Herrn Papst, was dasselbe ist. Und, ach, zum zweitenmal schon.« – »Rede!« – »Ihr wißt – oder Herr Audulf wenigstens! – Dem hab ich's gesagt, wie es mir ergangen, wie der Abtvikar mich unter die Heiden geschickt.«

»Jawohl«, sprach der Graf grimmig, »in den sicheren Tod. Er wird vor dem andern Königsboten, dem Bischof, dafür Rede stehen. Nur durch ein Wunder wurdest du gerettet. Aber du hast nur Audulf, nicht mir berichtet, wie es kam, daß wir euch in jenem Wald trafen. Erzähle.« – »Zwei Wunder hat der Herr an mir getan! Und zweimal hab ich ihm das Gelübde gebrochen! Denn, nachdem der grimmige König mich das erstemal geschont . . .« – »Das war in der Tat ein Wunder, nachdem du, treu bis zum Tod, deinem Auftrag gemäß, auf seinen Götzen mit dem Speer gezielt.« – »Und doch drohte mir und Hülsung zum zweitenmal der Tod unter grausamen Qualen. Der Däne zog gegen Süden in aller Eile und aller Stille: Nur in der Nacht ritten sie, tagsüber hielten sie sich in den Wäldern versteckt; uns führten sie, auf ein Roß gebunden, mit, wir wußten nicht, wohin. Endlich merkten wir, daß wir uns – aber nicht auf den offenen Straßen – Esesfeld näherten. Eines Morgens sahen wir vom Waldrand aus die Feste vor uns liegen; sie war fast ganz in Nebel gehüllt, nur der Turm ragte empor aus dem wogenden Dunst, der die Dänen gewiß den Wächtern völlig verbarg. Da ließ der König uns beide losbinden und vor sich bringen und sprach von seinem schnaubenden Hengst zu uns herab: ›Ich weiß, ihr habt monatelang gelebt in jener Burg dort, die ich haben muß, und hielte euer Herr Christ Mariensohn selbst die Totenwache drin.‹« – »Der freche Lästerer!« unterbrach der Graf. »›Belagere ich sie, rufen mir ihre Feuerzeichen von allen Seiten die Frankengrafen auf den Hals. Durch raschen Überfall muß ich sie gewinnen. Nun sagt mir alles genau: wie tief und wie breit der Graben, wie hoch der Wall, wie dick das Haupttor, ob nicht ein heimliches Pförtlein irgendwo? Erweisen sich in der genommenen Burg eure Worte als wahr, so sollt ihr reich beschenkt entlassen sein. Sagt ihr aber die Unwahrheit, so sollt ihr sterben, fürchterlich gepeinigt.‹ Da trat Hülsung vor, sah dem König fest in das drohende Gesicht und sprach: ›Weder Wahres noch Falsches über die Feste – gar nichts wirst du von mir erfahren. Denn ich habe Kaiser Karl Treue geschworen. Und das wird nie geschehen, daß ich die breche.‹ Und obwohl ich mich ein wenig fürchtete vor den zornigen Augen des Heiden, trat ich doch nun auch vor und sprach: ›Ich bin – leider! – kein Kriegsmann wie der Westfale da. Aber auch ich halte dem Kaiser die Treue!«

Da schlug mich der König mit dem Speerschaft, den er in der Hand trug. Aber das war nur der Anfang des Schlagens. Denn er winkte seinem Gefolge, und die schlugen auf uns los, ganz unbarmherzig, und dazwischen fragte der Grimmige immer wieder, ob wir nun reden wollten. Aber wir schwiegen. Und die Knechte wurden allmählich müde. Da gebot der König, uns liegen zu lassen, wo wir lagen. Tags darauf aber sollten sie uns seitwärts in den Dänenwald führen, dorthin, wo aus Felsen ein Altar des Odin geschichtet ist: Das ist aber derselbe Unhold, den die Sachsen Wotan nennen . . .« – »Ich kenne ihn schon!« sprach der Graf und nickte drohend mit dem gewaltigen Haupt. »Dort sollten wir beide dem Götzen als Opfer geschlachtet werden. Denn uns zum Verrat zu bringen, das hatte der Däne aufgegeben. Er schickte vielmehr geheime Boten an den Grafen.«

»So, so!« Und der Graf nickte Audulf zu.

»Die sahen wir noch abreiten. Dann wurden wir wieder

auf ein Pferd gebunden und von vier Knechten des Königs fortgeführt, Tag und Nacht und noch einen Tag. Da sahen wir in der Ferne, mitten im Wald, rote Seile von Baum zu Baum gespannt. Mir graute davor – ich wußte nicht, warum. Aber mir graute. Das merkte wohl einer der Knechte, der ein weicheres Herz hatte. Oder auch, er hoffte vielleicht, nun sei ich mürbe und leichter zum Reden zu bringen. Er trat dicht an mich heran, wies mit dem Speer auf jene Seile und sprach: ›Siehst du dort die heiligen Hag-Bande? Vom Blut der Opfer werden sie gerötet. Noch kannst du mit dem Leben davonkommen. Bist du, zum Opfer geweiht, einmal hinter jene Blutbande getreten, darf auch König Göttrik selbst nicht mehr dich retten durch sein Gnadenwort, auch wenn du uns alles sagst über die Feste.‹

»Wartet nur, ihr Menschenschlächter«, unterbrach mit lautem Zorn der Graf. »Ich werde euch lehren! Euch und euren blutigen Höllengott Wotan! Bald kommt mein Heer, mein Sohn Karl! Dann wehe diesem Dänen!« – »Graf Francio«, mahnte Audulf, »Ihr tut ja, als wäret Ihr der Herr Kaiser selbst.« Der Alte lachte. »Der treue Mönch verrät mich nicht.« – »Aber Ihr schreit, daß Euch die Leute im Hof draußen hören.« – »Nun graute mir noch ärger«, fuhr Fidus fort, »ich leugne es nicht. Aber ich schüttelte nur den Kopf. Da wurden unsre Begleiter plötzlich unruhig, sie spähten scharf nach Osten, auch ich vernahm nun in der Ferne das Klirren von Waffen, hörte ein Roß wiehern, und Hülsung hob sich in den Bügeln: ›Das sind fränkische Helme‹, rief er. ›Zu Hilfe, zu Hilfe!‹ Und obwohl von den Dänen mit dem Tode bedroht, falls wir nicht schwiegen, schrien wir laut um Hilfe. Und bald sprengtest du heran, auf deinem mir wohlbekannten alten Schimmel, großmächtiger . . .«

»Graf!« fiel der Alte ein. »Und die Dänen flohen. Und wir banden euch los. Aber nun? Du hast dich ja – ganz wie der Westfale – dem Kaiser in Treue bewährt? Wie hast du sie denn Gott gebrochen?« – »Ach, gleich darauf. Ich fragte

Eure Krieger, ob sie nicht vielleicht durch die Eiderfurt am Volkingerhof vorbeigekommen seien und von den guten Leuten dort wüßten? Sie sagten nein; sie seien weiter südwärts durch eine Furt über den Fluß gekommen und hätten seit vielen Tagen keinen Menschen getroffen als gestern...« – »Nun?« – »Ein Häuflein Nonnen trafen sie aus Utrecht, die mitten im Winter zur Ablösung nach Dünevik reisten: Diese tapferen Mägde Christi, sie hielten Rast dort an der Furt. Das sagten mir Eure Leute. Und als einer von ihnen mich von Euch beim Namen genannt hörte, sagte er: ›Fidus heißt Ihr?‹ – ›Ja‹, sagte ich. ›Und in der Welt hieß ich Waltger.‹ Da staunte der Mann noch mehr und rief: ›Dann seid Ihr's, den sie immer rief.‹ – ›Wer?‹, fragte ich. Mir schlug das Herz schon so heftig, seit ich von den Nonnen von Utrecht gehört! Denn Ihr wißt ja, Herr Audulf, weshalb mir der Abtvikar jene Buße auferlegte?« – »Ich weiß es«, grollte der Seneschall, »du solltest keine Nacht mehr unter einem Dach schlafen, bis du – allein – ein Heidengötzenbild bei einem Heidenfest zertrümmert hättest! Das ist Mord!« – »Und wird auch so geahndet werden!« drohte der Graf. »Weiter!« – »›Wer?‹ fragte ich also mit leisem Schauer von Furcht und Freude. ›Eine der Nonnen‹, fuhr der Mann fort. ›Sie lag im Fieber, wohl im Sterben. Und unaufhörlich rief sie, auf der Tragbahre ausgestreckt: ›Waltger!‹ Und dann wieder: ›Fidus! Fidus!‹ Und dann wieder ›Waltger! Komm! Komm zu mir! Wo immer du auch weilest: Wenn du noch lebst, komm zu mir! Nur einmal noch muß ich dich sehen! Ich kann nicht sterben, bis ich dich gesehen. Und...‹« Da stockte der Mönch und brach in Tränen aus. »Armer Mensch«, sagte der Graf und strich ihm, tief sich beugend, mit der Hand über den grauen Kopf. »Und da riß es mich fort, mit zwingender Gewalt, zu ihr, zu meinem Weib! Ich erhielt Urlaub vom Herrn Seneschall und ein gutes Pferd, und fort ritt ich, so rasch das Roß laufen konnte, durch die Wälder, ohne Weg, über den tiefen Schnee, über das spiegelglatte Eis, Tag und Nacht, ohne Unterlaß. Und ich fand das Rastlager der Nonnen. Und sprang vom Gaul und lief mitten unter die Frauen – die Knechte konnten mich nicht aufhalten! – und sah eine Tragbahre auf der Erde und darauf die ausgestrecke Gestalt, die wimmerte nur noch leise. Und ich schlug die Kapuze zurück von ihrer Stirn. Und es war das Antlitz, das liebe, liebe, das immer noch so schöne Gesicht meiner armen Hercha! Nur gar so bleich, so durchsichtig bleich war es geworden! Und ich kniete neben ihr in den Schnee, rief sie beim Namen und umschlang ihre beiden Schultern mit meinen Armen. Sie schlug die schönen, großen goldenen Augen auf: ›Siehst du, mein Waltger‹, sagte sie, und ein wunderselig Lächeln flog um ihren Mund, ›ich wußte es wohl, daß du noch kommen mußtest. Nun ist alles gut. Lebe wohl. Aber nur auf kurze Zeit. Nun sind wir bald im Himmel – dann ewig beisammen. Gott wird uns nicht scheiden, wie uns der Bischof schied. Oh, wie selig wird mir!‹ Und sie lächelte heiter, ihre Augen leuchteten noch einmal auf: Dann schloß sie sie – und war tot. Ich aber küßte ihr die kalte Stirn und die lieben Augen und die magern, magern Hände, ja und auch den roten Mund. Und die guten Nonnen ließen mich gewähren, denn sie sahen wohl, wie alles war. Und weinten. Und ich schaufelte ihr ein Grab dort, unter einer Eiche, und legte sie hinein mit diesen zitternden, müden Händen und schnitzte ein Kreuz und steckte es darauf. Dann stieg ich wieder in den Sattel und eilte spornstreichs her, alles zu gestehen und meine Strafe abzubüßen. Denn, ach, es ist ja wahr! Gebrochen – zum zweitenmal gebrochen hab ich mein Gelübde. Ja, und ich muß alles sagen: Nicht nur Mitleid trieb mich, ach nein, Liebe, die alte, tiefe, heiße Liebe. Nun tut mit mir, wie ihr wollt. Nur das eine verlangt nicht, daß ich's bereuen soll. Ich kann es nicht bereuen. Ich tät's noch mal.«

Und er sank nieder zu den Füßen des hohen Mannes

und umschlang seine Knie, und heißer und reichlicher flossen ihm die Tränen. Auch des Seneschalls Augen wurden feucht; der andere aber sprach, die Hand auf des Knienden Schulter legend: »Stehe auf; ich vergebe dir: Du warst ungetreu – aus Treue.« – »Dank, Dank, o Herr!« rief der Mönch, sich aufrichtend. »Nun will ich gern auf mich nehmen, was der Abtvikar mir an Buße aufbürden wird.« – »Nichts da von diesem falschen Petrus! Der wird bald selbst gerichtet von Bischof Acerbus. Du aber reitest mit Hülsung – eben steigt er dort vom Pferd – sofort nach Heidhof im Nordergau zu diesem Kaiserboten. Der Sachse Volkfried darf nicht sterben.« – »Volkfried? Um Gott – was ist mit ihm?« – »Geduld. Bald mehr von ihm. Jetzt sage ich dir nur – damit du weißt, wie sehr du eilen mußt! –, der Sachse ist in seines bittersten Hassers, seines Todfeinds Händen.« – »Nicht doch, Herr! Sein Todfeind heißt ganz anders.« – »Richwalt heißt er, des Grafen Richulf Sohn.« – »Herr«, rief der Mönch in höchstem Staunen, »so ist es wahr? Daß dich der Heilige Geist manchmal allwissend macht?« – »O nein. Aber vieles weiß ich, was keiner weiß in diesem Reich der Franken. Acerbus ist Richwalt.« – »Und sein Gefangener ist Volkfried? Er ist des Todes!« – »Er darf nicht sterben! Darum eile. Hülsung und du, ihr beeidet als Zeugen alles, was ihr von des Grafen Hardrad, von des Vizegrafen Fortunatus Freveln wißt und von des Sachsen Unschuld.« – »Und . . . und meine Buße?«

»Legt dir der Bischof Acerbus auf. Dem aber sagst du: ›Mich schickt Graf Francio zu dir und fragt dich: Welche Buße verdient ein Priester, der sein Eheweib – nicht eines anderen Eheweib! – nicht vergessen kann, sondern geliebt hat treu bis in den Tod?‹«

VIERTES BUCH

Erstes Kapitel

In allen diesen Tagen meldeten sich bei dem Königsboten, dessen Aufforderungen folgend, gar viele Sachsen der Gegend, die schwerwiegende Klagen gegen den Grafen zu Esesfeld, den Abtvikar und den Fronboten anmeldeten.

Mit steigendem Grimm nahm der Alte die schlichten, treuherzig vorgebrachten Reden entgegen und ließ sich von dem Seneschall die Namen und die Hauptstücke der Beschwerden aufzeichnen; er selbst schrieb auch manchmal, aber meist warf er dann bald den Schreibgriffel ungeduldig zur Seite. »Es will nicht mehr! Wohl hab ich nachts Täfelchen und Stift unter dem Kopfkissen, und in wachen Stunden übe ich die schwere Hand. Allein die Buchstaben sehen aus wie derbe Schwerthiebe! Hab allzuviel den Schwertgriff, allzuwenig die Rohrfeder geführt. Mein Herr Vater – Gott mache ihn recht selig in seinem Himmel! – hätte doch eifriger dafür sorgen sollen. Aber der nahm mich gleich in den Vaskonenkrieg mit, statt mich schreiben lehren zu lassen.« – »Ihr mögt wohl besser ins Lager gepaßt haben mit Eurem Jähzorn und Ungestüm als in die Klosterschule zu Saint-Denis«, lachte der Seneschall. »Und es ist doch wohl besser so fürs Reich der Franken. Übrigens, Ihr sorgt ja jetzt so eifrig an den andern für Lesen und Schreiben, daß alle Buben zwischen acht und achtzehn Jahren vom Ebro bis zur Drave auf Euch schelten. Das ist aber auch das einzige, was sie an Euch auszusetzen haben.«

Oft kam es vor, daß die durch den Druck des Grafen Eingeschüchterten den Kaiserboten baten, ihre Namen dem Grafen gar nicht zu nennen, so sehr fürchteten sie ihn: »Denn, o Herr, Ihr kommt und geht wieder; aber der böse Graf, der bleibt. Und furchtbar wird er sich an denen rächen, die über ihn geklagt.« Aber der Alte schüttelte das silberweiße Haupt. »Der wird euch nicht mehr lange schaden, meine ich. Wenn der Kaiser erfährt, wie der Bösewicht gehaust, wird er ihn absetzen. Und wird wieder einmal recht bitter beklagen, daß er den Menschen, denen er seine Getreuen anvertraut, nicht in das Herz schauen kann.«

Häufig begehrten aus gleicher Besorgnis die Beschwerdeführer, den Königsboten allein sprechen zu dürfen oder in Gegenwart nur des Seneschalls. So geschah es auch heute.

Es war schon ziemlich dunkel; feuchte, schwere Nebel stiegen aus dem nahen Wald. Ein junger Sachse, schlank und von hochgewachsener Gestalt, kam in den Hof geritten, sprang ab und warf den Zügel locker über einen Pfahl des Zaunes.

Die Krieger bewunderten das schöne Roß edelster Zucht. »Es ist dänischer Schlag«, sagte der alte Welanding, der mit einer Kienfackel hinzutrat; »aber auch bei den Dänen trifft man selten so treffliche Renner. Trägt es keine Hausmarke? Ja doch«, und er leuchtete mit dem Kienbrand näher, »hier, von der Mähne verhüllt. Es ist die Rune Giba, G. Wie mag der Eigner heißen?«

Aber der Reiter war, den Speer über der Schulter, schon in den Hausflur getreten; hier stieß er auf den Seneschall. »Ich muß den Kaiserboten sprechen, sogleich.« – »Geht nur da hinein, in der Halle da drinnen sitzt er, am Tisch.« – »Allein muß ich ihn sprechen.«

»Auch du – ein Mann wie eine junge Tanne! – fürchtest dich vor diesem Grafen? Nun, er ist allein. Ich gehe mit dir, ich bin sein Schreiber.« – »Allein, sagte ich.« Der Seneschall warf einen prüfenden Blick auf den Jüngling. »Lehne deinen Speer hier an die Wand. So! Und gib mir – du trägst ihn doch wohl, wie ihr Sachsen alle, unter dem Mantel – deinen Skrama-Sachs.«

Willig gehorchte der Fremde; er gab ihm selbst den Speer in die rechte Hand, schlug den Mantel zurück, löste das Kurzschwert aus dem Wehrgehänge und gab es ihm in die linke. Nun öffnete ihm Audulf die Hallentür, und der Fremde trat ein; der Seneschall blieb in dem Gang, nahe der offenen Haustür, stehen.

In der Halle an einem mächtigen Tisch saß der Sendbote nahe dem lodernden Herdfeuer. Dies verbreitete viel mehr Licht als die kleine Silberlampe, die auf dem Tisch stand; aber das Feuer gab unsteten Schein, meist schwach fortglimmend, nur selten einmal hell aufflackernd. Der Alte hatte den Eintretenden nicht beachtet. Er saß über den Tisch gebeugt, das mächtige Haupt auf die linke Hand gestützt, während die rechte dicht vor die Augen eine breite Pergamenturkunde hielt, die das Antlitz völlig verdeckte; der lange, schöne, silberweiße Bart floß nieder auf den Tisch.

Der Fremde blieb an der Tür stehen, richtete zuerst die Augen auf den Mann und warf dann einen raschen Blick über den halbdunklen Raum. Er suchte etwas; endlich bemerkte er die mannshohe Fensterluke, die, fast bis auf den Boden reichend, durch einen Holzladen von innen geschlossen war. Nun trat er schnell ein paar Schritte näher, auf die linke Seite des Alten, der ward erst jetzt des Eingetretenen gewahr; ohne von der Urkunde aufzublicken, sagte er: »Was gibt's Audulf?« Noch einen Schritt näher, um die Ecke des Tisches herum, trat der Fremde, die geballte Faust im Brustlatz; seitwärts knisterte das Herdfeuer; er bog den Kopf vor, um hinter der Urkunde das Gesicht des ruhig Lesenden zu sehen. Da loderte die Flamme prasselnd hoch auf, hell beleuchtend Antlitz und Gestalt des Alten, der sich nun, aufblickend, voll dem Jüngling zuwandte.

»Kaiser Karl!« schrie der und taumelte zurück, wie vom Blitzstrahl geblendet, er brach ins Knie, beide geöffneten Hände wie zur Abwehr ausstreckend, etwas klirrte auf den Boden. Der Kaiser erhob sich ruhig, zu seiner vollen Größe sich aufrichtend.

Im selben Augenblick war der Fremde aufgesprungen und, den Fensterladen aufstoßend, in das Dunkel hinaus verschwunden. Gleich darauf stand er im Hof neben seinem Roß, riß den Zügel von dem Zaunpfahl, schwang sich in den Sattel und schoß wie ein Pfeil davon in den Nebel, in die Nacht, in den Wald. Nur die paar Krieger, die in der Nähe des Hoftores standen, hatten ihn wie einen Schatten vom Haus her auftauchen und verschwinden sehen.

Zweites Kapitel

Am nächsten Morgen ritten Graf Hardrad und der Abtvikar mit wenigen Reisigen von Burg Esesfeld auf der großen Straße, die nach Süden führt. Jener mahnte den Gefährten, schärfer anzutraben. »Mich verzehrt die Ungeduld«, rief er, »die Sorge. Wie mag es ausgefallen sein? Der Sachse könnte schon zurück sein, meine ich, wäre er entkommen. Er ritt ein herrliches Tier aus König Göttriks Roßgarten. Es litt mich nicht mehr in der Burg.« – »Da seht!« erwiderte der Abtvikar. »Dort sprengt ein Reiter heran; nie sah ich solch ein Jagen.« – »Er ist's! Er ist's! Es ist gelungen!« Und den Begleitern winkend, zu halten, ritten Graf und Priester in Hast vorwärts. »Aber Volkhelm! Bei allen Heiligen! Wie siehst du aus!« Das keuchende Tier war mit weißem Schaum bespritzt. Der Reiter hatte in dem rasenden Ritt die Sturmhaube verloren, seinen Mantel hatten die Buschzweige zerrissen, wild und wirr flatterte sein langes Gelock, er war bleich, sein Blick starr vor Entsetzen.

»Hast du den Teufel von Angesicht gesehen?« – »Nein! Aber Kaiser Karl!« – »Du bist toll geworden!« – »Du rasest.« – »Nein! Ich hab ihn gesehen, wie ich euch hier sehe, mit diesen Augen.« – »Wann?« – »Gestern abend.« – »Wo?« – »Zu Welandsfleth. Er ist der Königsbote, den sie Graf Francio nennen.« – »Unmöglich!« rief der Graf. Aber der Abt ward aschfahl. »Es ist recht gut möglich. Er liebt solches Umherziehen unter falschem Namen.« – »Du hast dich geirrt!« – »Ich sage euch: nein! Ich habe den Kaiser früher gesehen – nur einmal. Aber wer vergißt dies Antlitz, dies Auge! Mir war, als er mich ansah, zwei blaue Strahlen schossen daraus blendend hervor in meine Augen. Ich mußte sie schließen. Ich stürzte aufs Knie.« – »Feigling!« schrie Petrus außer sich. »Du fandest ihn, du konntest ihn treffen . . . und du tatest es nicht?« Ganz entsetzt erwiderte der Sachse: »Wie? Den Kaiser Karl ermorden? Wissentlich? Den Kaiser Karl? O du verruchter Priester! Schon seine Boten töten . . . es ward mir schwer! Aber ich mußte doch dem Dänen die Treue halten, die ich dem Franken gebrochen. Jedoch den Kaiser Karl ermorden? Das kann kein Mensch auf Erden! Die Giftnatter, meine ich, die auf der Erde kreucht, das scheußliche Getier des Teufels: Es bebte zurück vor diesem Antlitz! . . . Ich wollte euch warnen, aber nur, weil mein Weg hier vorbeiführt.« – »Dein Weg? Wohin? Du mußt den andern Königsboten treffen!« – »Der ist doch nicht abermals der Kaiser«, meinte der Abt. »Ich hebe nie wieder zum Morde die Hand.« Und er spornte das Roß. »Wohin willst du?« – »Du kannst fragen? Zu König Göttrik, meinem Herrn! Ihm melden die ungeheure Nachricht: Kaiser Karl steht an seines Reiches Tor. Der Däne ist verloren!« Und er schoß davon, gen Norden, ohne Abschied.

»Wir sind verloren«, sagte Graf Hardrad dumpf, dem in der Ferne Dahinsausenden nachblickend. »Wir oder er«, sprach der Priester kalt. – »Was? Ihr wolltet . . .?« – »Ich will nicht. Ich muß. Ja, und ich will auch! Mit heißen Freuden will ich! Die Sendlinge treffen: Es gefiel mir wenig, es lohnte nicht! Nur weil es galt, Zeit zu gewinnen um jeden Preis. Aber ihn selbst, den Tyrannen, das lohnt! Das tue ich meinem Herzen zur Wonne. Hab ich doch nichts mehr seit

Jahrzehnten als diesen Haß, der, ungesättigt, hungerte. Nun freue dich, Haß, jetzt wirst du endlich satt. Ha, der Stolze, der Undankbare! Der auf meine Ehre trat wie auf einen Wurm! Nein, Sachse: Die Natter beißt, wenn sie getreten wird! Auch einen Kaiser!« – »Was hat er Euch getan? Sagt's endlich! Man flüstert: zu Pavia...« – »Ich war Priester in dem belagerten Pavia. Viele Monde lag er vor der Stadt, durch Hunger wollte er sie bezwingen. Aber die Langobarden hielten standhaft aus. Da riß ihm die Geduld. Er ordnete sein Heer zum Sturm; viele tausend Franken wären dabei gefallen. Er wußte nicht, daß wir an diesem Tag das letzte Pferd geschlachtet, das letzte Mehl verteilt hatten. Ich schrieb ihm das heimlich und bedang mir zum Lohn ein Bistum aus. Er hieß die zum Sturm schon aufgestellten Scharen auseinandergehen. Am Tag darauf fiel Pavia ohne einen Schwertstreich. Er zog ein im Triumph, mit unversehrtem Heer. Er ließ mich in die Königsburg laden. Da stand er inmitten seiner Paladine. Sowie ich gemeldet ward, drehte er mir – oh, ich zahl's ihm endlich heim! – den Rücken und sprach laut vor all den Seinen und vor all den gefangenen Herzogen der Langobarden: ›Hinaus mit dem Schurken! Ein solcher Treuverräter soll König Karls Angesicht nicht schauen. Den Tod hat er verdient an seinem König Desiderius. Sein Verrat hat zwar vieler Franken tapferes Blut erspart. So mag er sein elend Leben behalten. Und auch die Priesterwürde ist ja unaustilgbar. Aber ich will ihn niemals sehen. Hinaus mit ihm!‹ Ich stürzte nieder im Gefühl unertragbarer Schmach. Aber die ärgste Schmach, die sollte nun erst kommen. Wie ich da lag auf meinem Angesicht, da gingen die gefangenen Langobarden, die Herzoge, die Grafen, die Gastalden an mir vorbei, und jeder, jeder gab mir einen Fußtritt. Und er, der Tyrann, er stand dabei und ließ es geschehen. Oh, einen Dolchstoß ihm für jeden Tritt! Seither hat er mich von Bischof zu Bischof, von Kloster zu Kloster umhergeschickt, stets auf die schlimmsten Strafposten in allen seinen Reichen. Jetzt führt ihn ein böser Engel hierher, ohne seine gepanzerten Paladine, ohne Heer, fast allein. Jetzt soll er fallen durch des Zertretenen Rache.« – »Den Kaiser morden? Es ist doch arg.« – »So geht hin und stellt Euch ihm! Um zehnfach leichtere Taten als Ihr – als wir beide! – getan, hat er schon Hunderte gehängt! Geht hin, bringt ihm Euren Hals, ein Sohn der alten Thüringer-Herzöge! Ei, wie Ihr da zuckt! Ein Fürst wolltet Ihr sein, wie Eure Ahnen waren, Fehde führen, Kriege, wie ein König im kleinen; am dürren Baum wird er Euch baumeln lassen, der Tyrann, den letzten Sproß der stolzen, götterentstammten Hermanfriede, wie er den letzten Agilolfinger ins Kloster gesteckt hat. Nicht wahr, das freut Euch wenig? Ihr habt keine Wahl: Er oder wir! Also er! Was ist's denn so Großes! Hat doch sein eigner Sohn – jener Bastard – nach des Vaters Leben getrachtet!« – »Aber wie wollt Ihr . . .?« – »Das laßt meine Sorge sein. Wegen der beiden Sendboten hab ich meine Gedanken nicht bemüht. Aber Kaiser Karl töten, das ist der Mühe wert. Ich hab auch schon meinen Plan. Doch zähle ich im Notfall auf Euren starken Arm!« – »Getrost! Ich ward noch nie im Schwerterkampf besiegt, und meine Hiebe hat noch kein Mann abgewehrt.« – »Wohlan denn! Wenn nicht wirklich eine Legion von Engeln niederschwebt, ihn zu schützen, so soll er nicht entrinnen. Folgt mir! Zurück in die Burg!«

Drittes Kapitel

Auf der Heide bei Sliesthorp, heute Schleswig, wogte, klirrte, blitzte und glänzte reichbewegtes kriegerisches Leben. König Göttrik hatte dorthin die Aufgebote der nächstgelegenen Bauernschaften einberufen.

In der Ferne, in der Schleibucht, sah man die blutroten Wimpel an den hohen Masten seiner stolzen Drachenschiffe flattern. Seine Gefolgschaft, eine nur kleine, aber trefflich berittene, trefflich gewaffnete Schar, flog hinter ihm über die fast schneefreie Heide. Zu vielen Tausenden waren die freien jütischen und dänischen Bauern eingetroffen, mit Speer und Schild, mit dem Eibenbogen und dem armlangen, das Ziel nie fehlenden, schwanfederbeflügelten Pfeil.

Der größte Teil der Bauern lagerte in dem Weiler Revik, südlich der Feste Sliesthorp. Diese Scharen hatte der König noch nicht gemustert, sie stammten aus dem äußersten Norden seines Reiches; diese Jüten galten für besonders kriegerisch, aber auch für besonders trotzig und freiheitsstolz.

Bevor er dorthin, auch sie zu mustern, aufbrach, versammelte der König vor den Toren von Sliesthorp nochmals alle seine Jarle, seine Gefolgschaft, die »Königsknaben« und die dort zusammengeströmten Krieger, auch seine beiden Neffen, Hemming und Hankwin, die für Freunde der Franken galten. Sie hatten vor Jahren den großen Kaiser zu Aachen in seinem Palast aufgesucht, und mit der größten Ehrfurcht vor seinem erhabenen Wesen, mit offen erklärter Scheu vor seiner unüberwindlichen Waffenmacht waren sie zurückgekehrt. Oft und oft hatten sie sich bemüht, den Oheim zu Frieden und Freundschaft mit dem gewaltigen Karl zu bereden; aber der Nordmann schüttelte dann die roten Locken, schalt sie furchtsam und schlug ans Schwert mit den goldnen, dem drachenköpfigen Griff.

Jetzt trabte er freudig dahin auf einem herrlichen roten Roß inmitten seiner Jarle und Gefolgen; der graue Geier auf seinem leuchtenden Helm schien wie lebend die Flügel zu spreizen. Hell glitzerte die Mittagssonne vom wolkenfreien Winterhimmel auf seinem funkelnden Panzer, auf dem kleinen, mit glänzenden Steinen und vergoldeten Buckeln besetzten Rundschild.

Hinter ihm hielt sein Bannerwart die Fahne, den gestickten goldnen Geier auf schmalem rotem Feld, das in zwei lange schmale Wimpeln auslief.

»Wie nun, ihr zagen Neffen?« rief er, wohlig im Sattel sich wiegend. »Ihr habt, als ihr von meinem Gelübde beim Ernteopfer vernahmt, mich flehend gebeten, den Göttern Buße zu leisten für die – Nichterfüllung, aber, so wahr mir Land und Leben lieb sei, ihn nicht zu reizen, diesen schrecklichen Karl, dem kein Mann – so sagt ihr – in die gewaltigen Kaiseraugen sehen kann, wenn er zürnt. Ihr meintet, die Dänen würden mir gar nicht folgen zu einem Kampf auf Tod und Leben zwischen beiden Reichen? Aber siehe: Der Heerpfeil flog durch meine Gaue, meine Königsknaben schlugen an den Schild in jedem Heidehof von Sliesthorp bis ans Skagenhorn – und alle Heerleute kamen. Selbst die stolzen Jüten, die harten Bauern der Nordmannshage, unbotmäßig im Frieden sind sie: Doch meinem Heerruf sind sie gefolgt. Morgen brechen wir auf! Ja, morgen! Mitten im Winter, da es die Weichlinge des Südens nicht für möglich halten, fallen wir ihnen in das Land. Herr Karl ist alt geworden. Alte Männer frösteln. Er sitzt daheim zu Aachen im Warmbad und schwitzt oder im goldnen Saal und friert. Wir wollen ihm einheizen! Seinen morschen Kaiserstuhl werfen wir in sein Hallenfeuer. Morgen reite ich aus! Und ich wende nicht dies edle Roß, bis es über die verkohlten Firstbalken des Aachener Kaiserhauses getrabt. Euch aber, Hemming und Hankwin, bringe ich von der Reise je ein Andenken mit: Hemming Herrn Karls Kopf und Hankwin seine Krone.«

Mit diesen Worten winkte er lachend dem Bannerwart. Dieser und die Königsknaben, die Gefolgschaft, etwas zweihundert, auf herrlichen Rossen, folgten ihm. Sausend, rasselnd, blitzend, sprengte er über die Heide. Seine roten Locken flogen, vom Südwind zerzaust, aus dem hohen Geierhelm.

Die Königsschau der kriegerischen Bauern aus den Nordgauen befriedigte vollauf des Heerkönigs Herz. Zwar erstaunte ihn der finstere, trotzige, fast drohende Ausdruck auf sehr vielen Gesichtern – kein freudiger Zuruf begrüßte ihn. Aber die Heerleute waren mit guten Waffen erschienen und so vollzählig wie noch gar nie. Er staunte über diese Pflichttreue; es waren mehr Speere und Bogen als je, wohl über viertausend.

»Ha, ha«, lachte er, übermütig seinen roten Bart streichend. »Zwang hilft! Sie haben gelernt, die trotzigen Odalbauern: Königswille ward Recht im Dänenland.«

Er hatte die Musterung nördlich und südlich des Weilers Revik auf freiem Feld vollendet. Nun ritt er von Süden her an der Spitze seines Gefolges wieder zurück, nach Sliersthorp zu, durch die einzige, lange schmale Straße, aus welcher das kleine Dorf bestand.

Als er in die Mitte desselben gelangt war, sah er das Nordende der engen Gassen gefüllt, verstopft durch eine dichte Schar von Speermännern; sie standen hier gedrängt, Helm an Helm. Er trabte vergnügt die Gasse entlang. Jetzt sollte wohl der bisher vermißte Königsgruß erschallen. Aber alles blieb stumm.

Er ritt nun grad auf die Leute zu. Sie rührten sich nicht. »Platz da! Gebt Raum für euren Herrn, ihr Bauernlümmel«, schrie der Bannerwart, dicht hinter ihm sich vorbeugend, denn für zwei Rosse nebeneinander bot die schmale Gasse nicht Raum. »Ihr seid ja schon besichtigt, ihr Leute von Nordmannshag!«

Nichts rührte und regte sich in dem Haufen.

»Platz, sage ich, ihr Bauernhunde!« rief nun der König selbst und hob die Reitgerte zum Schlag gegen den nächsten der den Weg sperrenden Männer. Aber er erschrak und riß das Roß zurück. Denn wie auf ein Befehlswort fällten die sechs Männer, welche die enge Gasse füllten, die sechs Speere, und er hörte das wohlbekannte Geräusch, wie hinter jenen sehr, sehr viele andere harte Speere schmetternd in die harten Hände der Bauern fielen.

Er sah, in den Bügeln hoch sich erhebend, vor sich ein ganzes Meer von Helmen, Sturmhauben, Filzkappen, wie sie die jütischen Bauern trugen, und wohl tausend blitzende Speere. Sofort witterte er Gefahr.

Er warf das Roß herum. »Zurück!« schrie er seinen Reitern zu. »Südwärts! Hinaus aus dem verfluchten Mauseloch! Und dann um das Dorf herum!« – »Geht nicht, Herr König!« scholl es ihm entgegen aus seinen hintersten Reihen. »Die Bauern sind uns von der Heide auf dem Fuße nachgefolgt in das Dorf. Hinter uns steht Speer an Speer.« – »Quergasse?« – »Keine!« Der König biß die Zähne zusammen, wandte wieder sein Roß und sprach zu den Leuten im Norden vor ihm ziemlich ruhig: »Was wollt ihr denn, meine freien Bauern?« Und er versuchte zu lächeln. Aber das Lächeln wollte nicht kommen. Denn er erkannte nun den Mann, gegen den er die Roßpeitsche gehoben hatte. »Freie Bauern«, sprach der langsam und strich sich bedächtig die langen Strähnen des weißen Haares aus den Augen. »Das sind wir. Nicht Bauernhunde. Und da du nun schon das gelernt, Herr König, wirst du wohl auch bald lebendig, gen Nord aus dieser Gasse reiten.« – »Du, Warstein Warfredsson?« – Der König erschauerte. Doch er fuhr fort: »Was willst du von mir?« – »Mein Recht. Mein Eigen. Mein Pferd. Das, auf dem du da so stolz reitest. Du hast es mir gestohlen. Steig ab, Herr König, von dem edlen Tier und gib es Warstein Warfredsson zurück.«

Statt einer Antwort tat Göttrik einen wütenden Gertenschlag auf den Hinterbug des Pferdes, stieß ihm den Sporn tief in die Weichen und wollte den Alten zerstampfen.

Hoch stieg das herrliche Roß, stolz aufspringend mit beiden Vorderhufen in die Luft, aber sein alter Herr pfiff leise und hob ganz sachte die rechte Hand, da sank das treue

Roß gehorsam vor ihm nieder auf die Knie. Hilflos, wehrlos wie ein kleiner Knabe kauerte der König, vornüber auf des Pferdes Hals geworfen durch die jähe Bewegung, vor dem Bauern.

»Du darfst aufstehen, Sleipnir«, sprach der Bauer und winkte dem klugen Tier, das sich langsam wieder erhob. Der König aber fand keine Worte.

»Wir haben getagt – dreimal – im Nordmannshagerthing. Dreimal haben wir dich geladen.« – »Mich! Vor die Bauernhunde!« – »Richtig geladen in deinem Königshof; vor das Gericht des Diebsortes, wo du gestohlen oder geraubt.« – »Bauer!« – »Du oder deine bösen Buben, die frechen ›Königsknaben‹. Du weißt es. Du hast es den Dieben befohlen. Oder das Diebsgut wissentlich genommen. Und du sitzt vor des Eigners Augen auf dem Diebsgut. Du bliebst dreimal aus. Die freien Bauern haben das Urteil gefunden: Ich darf mein Eigentum wieder nehmen, wo ich es finde, wie ich es finde, wann ich es finde, wie ich es nehmen mag, mit Güte oder Gewalt. All diese meine treuen Nachbarn sind gekommen, ihr Urteil aufrechtzuhalten, zu vollstrecken. Dreitausend Urteiler machen heute ihr Urteil wahr. Den Dieb darf ich zwingen durch Gewalt oder List; er muß von meinem Eigentum, er bleibe dabei lebend oder tot. König Göttrik! Ich will nur mein Recht, ich will nicht das Tier, obwohl ich es sehr liebe. König Göttrik! Ich bin dein treuer Bauer. Ich nahm Eibenbogen und Schwanenpfeil auf dein Gebot und will für dich fechten und für dich sterben wie jeder meiner Nachbarn. Aber vorher: Gib mir mein Recht und mein Roß. Oder bitte mich hier laut dreimal – beim Ernteopfer kamst du noch mit einemmal davon! – vor deinen frechen Königsknaben und vor meinen guten Nachbarn, dann schenke ich dir das Roß!« – »Niemals!« – »König, sieh dich vor!« rief der Alte. Er lehnte den Speer an die Brust und nahm rasch einen Pfeil aus dem Gürtel und den Langbogen von der Schulter. »Weigerst du mir mein Recht, so hole ich mir's.

Brichst du das Volksrecht, zerbrichst du selbst dein Königsrecht.« – »Was, elender Bauer? Königswille ist Landrecht!« – »Ist das dein letztes Wort?« – »Ja! Mein letztes.« – »Dann ist's dein allerletztes!«

Und Göttrik riß das goldgriffige Schwert aus der Scheide und spornte wieder den Hengst. Aber sausend flog von der Sehne der schwanfederbeflügelte Pfeil, flog dem König dicht oberhalb der Brünne durch den Hals und hinten im Nacken heraus. Rasselnd stürzte er rücklings aus dem Sattel; die grauweiße Schwanenfeder des Geschosses ward ganz rotgetränkt von seinem Blut.

Der Bauer griff das Roß am Zügel und zog es zu sich herüber; freudig wiehernd folgte das edle Tier.

»Mord! Mord! Der König ermordet!« schrien die Königsknaben. Die Vordersten rissen entsetzt die Rosse zurück. »Nein! In Notwehr getötet«, rief der alte Bauer. »Reitet frei hindurch, wenn ihr wollte.« – »Nein!« rief er Bannerwart. »Der königliche Herr gefallen von einem Bauernpfeil! Schmach über den Gefolgen, der ihn nicht rächte! Rache, Rache, Königsrache!« – »Rache! Rache! Königsrache!« wiederholten die stolzen Reiter, und brausend sprengten sie nach vorwärts in die dichten Haufen der Bauern. Schrecklich war der Kampf, aber nicht sehr lang. In der engen Gasse konnten allerhöchstens zwei Reiter nebeneinander ansprengen in den dichten Wald der langen, vorgestreckten Speere. Jeder fiel. Meist zuerst das Roß durch Speerstoß, dann der Reiter durch das Langmesser der erbitterten Bauern.

Mancher der Königsknaben hatte früher Gewalt geübt an Habe, an Weibern und Töchtern der freien Männer unter des rechtsbrecherischen Königs Schutz und Begünstigung. Grimmig kam nun über sie die Rache, die grimmigste, die es gibt auf Erden: die Rache des germanischen Bauern.

Am Anfang des ungleichen Kampfs kam der Anprall der

herrlichen Rosse, der Vorzug der ausgesuchten Trutz- und Schutzwaffen den Reitern zustatten. Aber nur ganz kurz. Zweimal, dreimal überrannten sie in wildem Anreiten die vordersten Reihen der Bauern. Allein, sowie an beiden Enden der Dorfgasse – denn gleich, sobald das Gefecht vorn im Norden begonnen, hatten die Königsgefolgen auf der Südseite kehrtmachen und sich der Angreifer vom Rücken her erwehren müssen – die gefallenen Rosse und Männer sich hochgehäuft hatten, das Ansprengen unmöglich machend, waren die Reiter rettungslos verloren.

Immer mehr zusammengedrängt, mußten sie stehen und fallen, wo sie standen. Über die toten und wunden Rosse hinweg stiegen und schlichen geräuschlos die vom Blut, vom Sieg berauschten Bauern, das lange Messer in der Hand, das sie von unten nach oben den edlen Rossen in den Bauch, den Reitern unter der Brünne in die Weichen stießen.

Da gab es kein Erbarmen!

Wie das Feuer, das ein trocken Schindeldach von Nord und von Süd zugleich erfaßt, gierig weiterfrißt – man meint, mit dem bewußten Streben der Flammen, zusammenzuschlagen in der Mitte –, Schindel um Schindel ergreift und die einzelne rasch überwältigt, immer kleiner wird der Zwischenraum, der die zusammentrachtenden Lohen trennt, bis sie sich erreichen und wie in frohlockend triumphierendem Glutschwall hoch emporschlagen, so arbeiteten sich die schrecklichen Bauern von Nord und Süd einander in die Hände. Einen sausenden Schwerthieb nach rechts, einen zweiten nach links, das war alles, was der stolze Reiter leisten konnte; oft stürzte er schon nach dem ersten Hieb nach der einen Seite, vom Dolche des andern Feindes getroffen. Das letzte Häuflein sprang von den Rossen, stellte sich in der Mitte der Gasse Rücken an Rücken und focht zu Fuß weiter bis zum Ende.

Das ließ nicht lang auf sich warten.

Zwar den Angriff der Bauern auf der Straße wehrten sie jetzt, zu Fuß, mit ihren festen Schilden dicht aneinandergedrängt, besser ab als früher jeder einzelne auf dem rettungslos niedergestochenen Gaul.

Aber die Pfeile! Die fürchterlichen, unhörbar heranfliegenden, unvermeidbaren Lose des Todes! Die Bauern drangen in alle Häuser der Dorfgasse links und rechts: Von den Dächern herab, aus den Fensterluken, unter den Pfahlzäunen hervor zielten sie langsam, kühl, bedächtig, mit nordgermanischer Ruhe. Keiner der armlangen Pfeile verfehlte sein Ziel. Sie mieden Sturmhaube, Schild und Brünne: In die Stirn, in die Augen, in den Mund, in die Kehle, in die Weichen unterhalb des Wehrgehänges flogen scharf schwirrend die schrecklichen Geschosse, grauweißen Vögeln mit ehernen Schnäbeln vergleichbar.

Lautlos sank einer nach dem andern der abgestiegenen Reiter dahin, einer nach dem andern. Endlich auch der allerletzte von den zweihundert. Und erst mit ihm sank auch die Königsfahne. Zwar, der Bannerwart lag schon lange tot. Gleich als allererster nach dem König war er gefallen, nachdem er, seinen Herrn rächend, dem alten Warstein die Speerspitze der Fahnenstange in den linken Arm gestoßen, hatte ihm der Bauer, zurückspringend, den langen Pfeil mitten zwischen die Augen geschossen. Aber dem Fallenden hatte ein Genosse die Fahne aus der Hand genommen: Und so war sie gewandert von Hand zu Hand, von Mann zu Mann – bis in des letzten müde Faust.

»Sind sie noch nicht alle tot?« fragte Warstein hervortretend. »Mein Köcher und zehn entliehene meiner Nachbarn sind leer.« – »Doch! Keiner rührt sich mehr. Da liegt das Banner. Wie es durchbohrt ist von Pfeilen!« – »Ja. Aber es reicht doch noch; ich blute stark«, sprach der Alte, riß den letzten Fetzen von dem Schaft und wand ihn sich um den linken Arm.

»Der Frankenkrieg ist nun wohl aus, bevor er anfing?« – »Ich glaube ja!« – »Kaiser Karl kann von Glück sagen. Und alles – all dies Blut – um dein Pferd!« – »Nein, Erich Erichson: um das Recht. Leb wohl!« Und er zog den Rothengst hinter einem Holzzaun hervor und schwang sich darauf. »Wohin?« – »Zu Kaiser Karl. Ich werde sein Untertan und, meinetwegen, auch des Herrn Christus. Unter ihm kommt der Bauer zu seinem Gaul ohne so harte Mühe, wie ich sie heute hatte.«

FÜNFTES BUCH

Erstes Kapitel

Einstweilen hatten sich auch bei dem andern Königsboten seltsame Dinge begeben.

Sowie der Bischof durch Lindmuth die ohne Zweifel mit Ächtung oder Tod bedrohte Tat Volkfrieds erfahren, hatte ihn blitzschnell der Gedanke erfaßt: »Er also stirbt.« Darüber hinaus wagte er kaum zu denken; er verscheuchte sogar in Scheu die heißen Träume, die ihm aufsteigen wollten: »Sie ist dann schutzlos, ganz in meiner Hand! Sie und ihre Kinder, von meiner Güte abhängig oder meiner – Gewalt.«

In dieser Stimmung hatte er, sofort nachdem er Muthgard aus der Höhle gefolgt war, jenen Bericht an Graf Francio geschrieben. Aber das ward alles anders auf einen Schlag, als er nun die beiden Gefangenen vor sich sah: nicht mehr die Traumgestalten seiner wilden Phantasien, seiner schlaflosen Nächte voll Hassens oder Verlangens – nein, diese beiden Menschen selbst: Schulter an Schulter gelehnt, bleich, mit den Spuren der so lange getragenen Leiden, wirkliche, lebende, unglückliche, wackere Menschen –, da war es ihm plötzlich unmöglich geworden, an Vernichten zu denken, an . . . Rauben!

Einer der Knechte, der das Wort vom Galgen gehört hatte, fragte ihn mahnend. »Was?« rief der Bischof, ganz erschrocken, mit einem Blick auf Volkfrieds mannhafte Gestalt. »Das hätte ich gesagt? Unmöglich! Oder nur im Fieber! Ich will nicht daran erinnert sein! Nein«, fuhr er nun, zu sich selber redend, fort. »Wohl soll er sterben – aber anders.«

Er hatte sich vorgenommen, die Gefangenen als deren Richter zu vernehmen. Er setzte sich auf der Lichtung vor der Höhle feierlich auf einen mitgeführten Faltstuhl und ließ die Gatten vor sich rufen. Aber sowie Muthgard nun vor ihm stand, da sprang er auf und stieß den Stuhl um – in den Schnee.

Auf sein Gebot erzählte Volkfried alles, was geschehen war. Finster, schweigend sah der Bischof vor sich nieder. Die Frau warf ihm einen großen, stolzen, fast drohenden Blick zu: »Herr Bischof – Acerbus –, ich kannte einen Richwalt, von dem hab ich Gemeines nie gedacht. Ihr werdet nicht diesen Schuldlosen ermorden.« – »Da sei Gott vor!« rief der Bischof. »Vielmehr . . .« Er winkte nun Volkfried, allein heranzutreten; Muthgard, zürnend die weiße Stirne gerunzelt, schritt langsam hinweg.

Die beiden Männer aber traten nun einander gegenüber Auge in Auge, lange schwiegen beide.

Volkfried musterte aufmerksam den Feind, den Todfeind, in dessen Hand sein und seines Weibes Schicksal lag. Eine hohe Gestalt, noch höher aufgeschossen als der stattliche Volkfried, fast allzu hager, noch schlanker sich ausnehmend in dem schwarzen, weitflutenden Bischofsmantel mit sparsam, aber geschmackvoll verwendeter Goldstickerei. Keine Spur von Fülle an dem, wie es schien, ganz aus Muskeln und Sehnen gefügten Leib. Die Unrast dieses Geistes ließ Behäbiges nicht aufkommen an dem Körper, der sein Gefäß war: stark, aber auch geschmeidig, wie edelster Stahl. Tief lagen in den Höhlen die dunklen, aber in unstetem Feuer leuchtenden Augen, von langen schwarzen Wimpern beschattet, überwölbt von hochgeschweiften, starken, Trotz drohenden Brauen. Das längliche Kinn war kräftig gerundet, der feine, aber festgeschlossene Mund bekundete starken, viel erprobten Willen; die oberen Zähne und die Oberlippe überragten ein klein wenig die unteren Zähne und die Unterlippe – die Folge jahrelanger Bändigung des Gefühls, des Wortes, ja der Miene. Das schmale, langgestreckte Antlitz war edel und schön; auf der mächtigen, stolz gewölbten Stirn thronte königlich, nach manchem Kampf sieghaft, der Gedanke. Aber eines fehlte zur Vollendung diesem Männerangesicht: der Friede. Ganz marmorweiß, wie blutlos, geisterhaft bleich war seine Farbe, jedoch hin und wieder, wenn heiße Gedanken durch dies Gehirn fuhren, dann schossen plötzlich in die weißen Wangen aus dem Herzen empor heiße Blutwellen, mit flammender Lohe sie rötend. Trotz jahrelanger Zucht der Selbstbeherrschung zuckten dann, den Sturm im Inneren verratend, die so festgeschlossenen Lippen, und wie Wetterleuchten flog es über die stolzen Züge.

Volkfried schloß seine lange Musterung: »Rastlos, friedlos, glücklos, unselig, nicht aber bösartig ist dieser Mann. Seltsam! Ich lese doch in seiner Brust: Er liebt sie noch – wie damals! Und doch, schon damals konnte ich ihn nicht hassen, ich kann's auch jetzt nicht. Und wie, und er bebte vor Zorn bei der Erinnerung, haßte ich jenen Fortunat!«

Gleichzeitig hatte auch der Bischof Volkfried geprüft, das satte Blond von Haar und Vollbart, die stattliche männliche Gestalt, die mächtige breite Brust, das offene regelmäßige Gesicht, auch jetzt so ruhig im Ausdruck, die treuherzigen, großen hellgrauen, echt germanischen Augen. Der Mann gefiel ihm im tiefsten Grund der Seele. So maßen sich prüfend die beiden Männer, jeder lesend in den geheimsten Gedanken des andern.

Endlich sprach der Bischof leise: »Hättest du, Volkfried, damals den Kampfgang angenommen! Es wäre nur besser: so oder so. Noch einmal: Heile deine Wunden vollends aus, ich will geduldig warten, bis du deine ganze Kraft wiedergewonnen hast – und dann, dann laß uns kämpfen um das Leben, um – um alles!«

Aber Volkfried schüttelte ruhig das Haupt. »Niemals. Ich breche nicht des Kaisers Recht.« – »Nicht? Nun denn! So trage denn des Kaisers Recht und was du dir nach diesem Recht bereitet hast.« Volkfried trat noch einen Schritt näher: »Hättet Ihr an meiner Stelle jene Frau dort der Gewalt des Frechen überlassen?« Da schrie der Bischof auf, beide Fäuste ballend, glutrot im Angesicht: »Erdrosselt hätte ich ihn mit diesen Händen! Doch«, fügte er bei, »Ihr mußtet nach der Nottat bei der Leiche bleiben, das wißt Ihr selbst! Aber – wie dem auch sei: Ich richte Euch nicht. Da sei Gott vor . . . Tretet her und hört es, Frau Muthgard, daß dich, anders als im Kampf, Eures Gatten Blut vergieße. Nicht vorschnell handle ich . . . streng nach dem Recht. Gewiß ist bereits ein rechtsgültig Urteil über ihn ergangen zu Esesfeld. Dies Urteil führe ich einfach aus. Ich muß: es ist des Königsboten Pflicht. Nicht ich, das Recht hat über ihn zu richten. Wer ihn freigibt oder straft, das ist das Recht, ich bin nur des Rechtes Arm.« – »Wir rufen den Kaiser und sein Gericht!« sprach Volkfried. »Das ist in diesem Fall verboten«, sagte der Bischof ruhig: »Hier steht's im neuen Sachsengesetz. Ihr könnt beide nicht lesen? Aber Ihr glaubt mir, Volkfried?« – »Ich glaube Euch jedes Wort.« – »Jeder mit bestem Recht Verurteilte rief zuletzt doch noch des Kaisers Urteil an. Es ward zuviel am Hofgericht. Da erging das Gebot: Gegen das Urteil des Grafenthings im Sachsenland gibt es keine Berufung an den Kaiser. – Auf! Wir ziehen gen Heidhof. Dorthin rufe ich Eure Gaugenossen als Zeugen. Ist ein Spruch gefällt, so muß ich ihn vollziehen. Begnadigen kann der Königsbote nicht. Muß aber erst gerichtet werden . . . nicht ich, Frau Muthgard, richte dann, wie ich wohl könnte, Euren Mann: Ich will nicht! –, dem andern Königsboten, Graf Francio, überweise ich ihn. Auf, gen Heidhof.«

Zweites Kapitel

Auf der ganzen mehrere Tage währenden Fahrt mied Acerbus die Frau auf das sorgfältigste. Er sah sie nie an, daß sie es merkte. Nur wenn er hinter ihr ritt, sog er ihr Bild mit gierigen Augen ein. Und mußte er bei der Enge des Weges einmal an ihr vorbei, nahm er sich sorgfältig in acht, daß nicht einmal sein weiter Bischofsmantel sie streife; er zog ihn dann fest, mit geballter Faust, an seine Brust.

»Eher hacke ich mir«, sprach er zu sich selbst, »mit der eigenen linke Hand die Rechte ab, als daß ich nur an ihre Schulter rühre, wie sehr es in der Hand mir leise zuckt gegen sie hin, wie heiß ich den Knecht dort beneide, auf den sie den Arm stützt, wie sie sich vom Wagen schwingt! Oh, nur einmal sie fassen, sie umfangen mit diesen Armen! Mein Leben gäbe ich drum. Aber nein! Ich wahre ihm sein volles Recht. Er soll nicht sagen, ich habe ihm das mindeste an seinem Weib gestohlen. Sein Recht, sein ganzes, soll ihm bleiben – aber auch widerfahren!«

Er verlangte von Volkfried bei Beginn der Fahrt das Versprechen, nicht zu entfliehen. Aber der Sachse schüttelte den Kopf: »Ich leide hier Gewalt. Nichts verspreche ich.« Da befahl der Königsbote, den Gefangenen an den Knöcheln beider Füße an den Wagen zu fesseln, auf dem er saß.

Übrigens erholten sich schon in den ersten Tagen der Fahrt die beiden Gatten und die Kinder rasch wieder völlig. Volkfrieds Wunden waren bereits in der Höhle in bester Heilung begriffen gewesen, nur der Mangel an guter Nahrung hatte ihn so lange in Schwäche befangen gehalten: Er und die Seinen, die ja nur an Erschöpfung gelitten, erstarkten nun schnell bei den nie gekosteten, edlen Weinen, der erlesenen Verpflegung, die der Bischof aus den mitgeführten reichen Vorräten seinen Gefangenen spenden ließ.

Und die beiden Kinder beschäftigte er gar viel.

»Weißt du«, fragte Volkbert die Schwester, »wie er aussieht? Wie der wunde Adler mit der gebrochenen Schwinge, den der Vater einst vor unserem Hofe fand. Er schlug ihn vollends tot, aus Mitleid.« – »Nein, ich meine doch anders. Mutter, schau, nur heimlich einmal, den Herrn Bischof an. Sieht er nicht aus, wie in des Fidus bilderbunten Buch der zornige Erzengel?« – »Sieh ihn nicht an, Kind!

Seine Augen können bannen.« – »O nein! Er ist so viel gut anzuschauen. Ich fürchte weder ihn noch sein dunkles, trauriges Auge! Gestern sah ich es sogar, ich fühlt's, es hatte lang auf mir geruht, in hellen Tränen stehn. Mutter, ich sag dir was«, flüsterte sie scheu hinauf: »Ich hab ihn lieb.«

Sie warf einen raschen Blick auf ihre Tochter. Das Kind hatte sich, sie sah es wohl, gar seltsam gewandelt seit den letzten Wochen. Die zarten Formen hatten sich langsam, aber doch merklich mehr gerundet. Ihr Auge leuchtete viel mehr als sonst, und oft sah es wie verträumt ins Leere. Sie errötete manchmal und senkte dann die Wimpern.

»Jawohl, sehr lieb! Schon wie er mich aus dem Schnee, aus dem Todesschlaf hob in seinen starken Armen. Ich war im Himmel gewesen in meinem Traum, und als das edle, bleiche Antlitz auf mich niedersah, glaubte ich, er sei mein Schutzengel, den ich so lang schon gern gesehen hätte. Und er hat mich ja auch geschützt und gerettet! Hättest du nur gesehen, wie seine Augen vor Freude blitzten, als er mich aus dem Schnee davontrug. Wie seine Stimme bebte vor Rührung! ›Muthgard‹ nannte er mich zuerst.«

Die Frau schwieg nachdenklich; dann schritt sie hinweg zu ihres Gatten Wagen.

Aber das Mädchen plauderte fort zu Volkbert. »Mich und unser liebes Vöglein – hörst du, es singt in dem Weidenkäfig da hinter uns, mitten im Winter – hat er zuerst gerettet. Und dann dich und die Eltern. Elend verschmachtet wären sie ohne ihn. Ja, er ist der Helfer, um den ich unablässig bat und flehte, noch mit letztem Hauch, bevor ich, so süß ermüdet, einschlief unter den dichten Schneeflocken.« – »Aber wenn er es treu meint mit dem Vater, weshalb legt er ihm Fesseln an?« – »Der Vater trägt keine Fesseln mehr.« – »Seit wann?« – »Seit heute! Die Mutter weinte manchmal, ganz geheim, aber ich merkte es doch. Als ich sie fragte, weshalb, da wir nun doch in des Kaisers Schutz geborgen seien, als ich immer dringender fragte, da sagte sie: ›Kind, das verstehst du nicht! Sprich dein Abendgebet für alle, wie ich dich's gelehrt. Aber nicht mehr für Richwalt‹, zürnte sie, mit ihrem allerhärtesten Blick, wie sie nur schaut, wenn sie nicht auf kurze, sondern auf lange Zeit böse wird, ›er verdient es nicht. Warum ich weine?‹ fuhr sie dann fort. ›Je nun, es grämt mich so, daß der Vater in Fesseln liegt.‹« – »Das ist's wohl nicht allein, weshalb sie so traurig ist. Wie seufzt sie oft!« – »Gewiß. Ich sagte nichts mehr. Bald schlüpfte ich zum Vater hin und fragte, er wolle doch gewiß seinem Richter nicht entlaufen? ›Niemals‹, sagte der Vater. ›Nur mich beugen, durch ein Versprechen, will ich nicht.‹ Da schlich ich zu dem Herrn Bischof hin. Du weißt, er hält stets das Roß an, sieht er mich auf der Straße in seiner Nähe, und wie wird dann sein ernstes, strenges, ja meist finsteres Antlitz manchmal so mild, so schön. Und ich sagte ihm des Vaters Wort, haschte seine Hand und küßte sie, und auch eine Träne fiel mir darauf. Da fing der Herr Bischof an, am ganzen Leibe zu zittern und zu beben. Und er beugte sich tief herab vom Roß, wir waren ganz allein, und küßte mich auf die Stirn. Und dann rief er einen der Speerleute heran. Und schickte mich mit dem zu dem Vater. Und wir lösten dem Vater die Fesseln von den Knöcheln. Siehst du nun, wie gut er ist? Du mußt ihn liebhaben! Du mußt.«

Drittes Kapitel

Im Heidhof angelangt, ließ der Kaiserbote sofort von den nächsten Höfen die freien Männer zu sich rufen, um mit ihnen über die Zustände im Gau zu verhandeln.

Staunend, zweifelnd, oft das strenge Haupt schüttelnd, hörte ihnen der Bischof zu; es war, als sträubte er sich im Herzen, ihnen zu glauben, als widerstrebe er der Überzeugung von des Grafen Druck und Gewalttaten, auch von des getöteten Vizegrafen bösen Lüsten. Seine erste Frage war gewesen, ob etwa das Gericht des Grafen zu Esesfeld über Volkfried den Sachsen bereits geurteilt habe? Da sagten zwölf Männer auf ihren Schöffeneid aus, daß das Urteil längst gefällt und längst rechtskräftig sei und daß nicht nur geächtet, sondern obendrein, nach den neuen verschärften Strafdrohungen wegen Tötung von Beamten, zum Tode verurteilt worden wäre, zum Tode am Galgen. Als sie hörten, er sei eingefangen, verwandelten sich alle dahin, ihn – das durfte der Sendbote – statt dessen enthaupten zu lassen. Daß nur der Kaiser selbst den rechtsgültig zum Tode Verurteilten zu Leben und Freiheit begnadigen konnte, wußten sie. So wagten sie keine weitergehende Bitte, wie sehr sie auch den wackeren Mann beklagten.

Der Bischof zog die Brauen zusammen und schloß die Augen. »Das war schon beschlossen. Denn ihm soll nicht mehr geschehen, als das Gesetz erzwingt. Nicht ich töte ihn, sondern Kaiser Karls Recht. Das will er ja selbst, in allen Stücken, so unverbrüchlich gehalten wissen.« Und zu sich selber sprach er: »Meinem Schwerte wollte er sich nicht stellen, so treff ihn denn des Richters Schwert.«

Die Gatten sollten von dem Unabwendbaren erst erfahren, wenn es sein mußte. Aber es war dem Bischof nicht wohl bei diesem nun doch unabwendbaren Verderben seines Todfeindes. Oft hörten ihn die Hofleute nachts laut beten oder leise stöhnen. Manchmal schritt er mitten in der kalten Winternacht aus dem Haus, in dem er Wohnung genommen, hinaus in das schneebedeckte Feld, an den Wachen vorüber. Die sahen ihn dann die Hände gegen den sternefunkelnden Himmel erheben und hörten ihn laut reden – mit sich selber oder mit den Heiligen.

In der vierten Nacht aber steigerte sich das Gären und Ringen in dem Mann noch mehr. Schweigend durchschritt er immer wieder die weite Halle, in welcher er sein Ruhebett aufgeschlagen; im Erlöschen glimmte das rote Feuer auf dem Herde.

Endlich sprach er zu sich selbst: »Was nützt es, biet ich ihm zum drittenmal den Kampf? Mir wäre nun schon viel, viel lieber, ich fiele durch ihn, aber er tut es nicht. Ich wollt es ihm so leicht machen!« Sein Blick fiel auf ein Kurzschwert, das an dem Hallenpfeiler hing. Er machte einen raschen Schritt darauf zu: »Nein! Das ist mir zu feig. Ich lief noch aus keinem Kampf und noch vor keinem Mann lief ich, auch nicht aus diesem, und auch vor Frau Muthgard lauf ich nicht davon. Luft! Luft! Hinaus ins Freie!«

Und nun, in dieser vierten Nacht, ist er hinaus, weit hinaus bis in die Wildnis geschritten, eilenden ungestümen Ganges, so weit, daß vom Hof aus auch sein Schatten nicht mehr gesehen werden konnte. Er ging, er lief, er stürmte, er rannte zuletzt immer weiter in den schweigenden Wald hinein, bis er erschöpft auf einer Lichtung innehielt.

Die gewaltigen Bäume ragten in der Ferne um ihn her wie drohende Riesen. Es war aber doch nicht ganz dunkel, obwohl der Mond nicht am Himmel stand, denn der Schnee warf ein bleiches Licht weit von sich, und schweigend sahen die Sterne auf den ringenden Mann herab, wie wartend.

Er warf sich auf das Antlitz in den tiefen, kalten Schnee, faltete die Hände, preßte sie vor die glühende Stirn und weinte und betete und schrie zu Gott.

Endlich sprang er wieder auf. »Was soll ich tun?« rief er. »Was? Was? Den Zufall fahren lassen, welcher sie und ihn in meine Hand gegeben? Mein Recht, meine Macht nicht gebrauchen? Sie bestimmen lassen? Gehen? Wohin? Wieder in die Einsamkeit? In die fürchterliche, verzehrende Einsamkeit? Die beiden glücklich wissen, jede Stunde des Tages und der Nacht, und selber elend und einsam sein, jede Stunde des Tages und der Nacht? Immer allein, unter meinen toten, kalten Büchern und Pergamenten, unter meinen strengen, erbarmungslosen Heiligen? Nichts Weiches, Sanftes, Holdes je um mich? Wohl bin auch ich beweibt! Ei freilich! Der heiligen Kirche, der Kirche zu Arezzo bin ich angetraut! O Hohn! Meine Ehefrau, sie ist von Stein. Kann ich ihr vom Munde den Hauch des duftigen Atems schlürfen, den ich . . . ahne? Legt sie mir den vollen, den weichen, den weißen, den heißen Arm um den Nacken, und flüstert sie mir zu: ›Nun, komm, komm zu mir, geliebter Mann, erlabe dich meiner Schönheit, meiner Liebe!‹ Kann ich sie küssen, küssen, küssen . . . bis sie vor seligem Grauen zu vergehen bangt? Was gibt sie mir für solche Wünsche? Ihren Fluch? Wohlan! Er rührt mich kaum!

Ist mein Herz denn tot?«

Er griff, er schlug sich wild an die Brust.

»Nein! Da zuckst du ja noch immer, zuchtloses, pflichtloses, feiges, elendes Herz! Es ist entsetzlich! Ich, Acerbus! Die schärfste Strenge gegen mich und gegen andre, sie war mein Stolz, die makellose Zucht mein Ruhm! Und wäre es nur um das Priesterkleid! Aber ich blieb doch ein Mann, ein Sachse, da ich Priester ward. Wie lautet unseres Sachsenstammes alter Schwur? ›Bis zum Tode getreu!‹«

Er hielt inne, er unterbrach sich. Er begann nach einer Weile mit ganz anderer, herber, kühler Stimme. »Bah! Wer darf mich darum schelten? Ist's ungerecht? Und wär es ungerecht, ich vollstrecke nur das Urteil. Ich hab es nicht gefällt. Und ich kann ihn gar nicht begnadigen.«

Aber plötzlich brach er ab in diesem Gedanken, rang die Hände hoch über dem Haupt und schrie in schrillem Vorwurf: »Lüge! Alles Lüge! Selbstbelügung! Und die gleißende, lockende Hoffnung, die da kirrt: ›Ist er nur tot, so wird alles möglich.‹ O Richwalt, was hilft es dir, wenn dich kein Mensch schelten kann, du aber, bist du mit dir allein, dir sagen mußt: ›Und du hast es doch nur getan, weil du sie ihm nicht gönntest, sie selbst gewinnen wolltest.‹

Du schreist, du gehst zugrunde, Herz? So geh zugrunde!

Besser als daß du treulos, ehrlos wirst. Nein! Nein! Und wüßt ich es gewiß, was ja nur ein Traum des Wahnes ist, sie wird dann mein, nach Jahren mein – nein, ich tu's nicht! Volkfried soll leben. Muthgard soll glücklich sein!«

Er wiederholte nun laut in freudiger Begeisterung: »Ja! Ja! Er soll leben! Sie soll glücklich sein!

Und ich? Und ich!« stöhnte er nochmals auf in tiefster Qual. »Was wird aus mir! Hab ich nicht auch ein Recht auf Glück im Leben? Richwalt, was liegt an dir? An der Ehre liegt alles! Und an der Pflicht der Treue.«

Und er richtete sich kräftig auf, hob das bleiche Antlitz zu den Sternen, die nun schweigend grüßten, feierlich erglänzend, wie einverstanden, wie segnend.

Und hoch aufgerichtet schritt er rasch nach Hause.

Viertes Kapitel

Er kam erst nach Mitternacht in das Gehöft zurück. Die Wachen bemerkten die ganze Nacht hindurch den Lichtschimmer, der aus seinem Zimmer drang.

Nach Tagesanbruch befahl er, Lindmuth zu ihm zu führen. »Das Kind allein! Ohne – ohne die Mutter«, fügte er hastig bei.

Aber als der Bote ihn verließ und die Tür öffnete, um sie zu holen, da stand das Mädchen auf der Schwelle. Sie trat ein; sie fand den Kaiserboten mit dem Antlitz auf sein reich mit Pelzen und Decken ausgestattetes Lager gestreckt; vor ihm auf dem Schemel stand ein hoher Silberbecher. Sie blieb an der Tür stehen, sie erschrak, so totenbleich waren seine Züge, so eingesunken seine Wangen. Er richtete sich langsam auf, stützte das Haupt auf die linke Hand und winkte ihr mit der rechten, näher zu kommen; ein sanftes, müdes Lächeln spielte freundlich um die sonst so strengen

Lippen. Das Mädchen richtete bang, angstvoll die klaren Augen auf den Mann, es blieb, wo es stand.

»Muthgard«, sprach er. »Nein! Nein doch! Lindmuth! Komm her.« – »Mein Gott, Herr Bischof«, rief sie, nun heraneilend. »Wie seid Ihr bleich! Ihr seid sehr, sehr krank! Ich rufe die liebe Mutter, die versteht . . .!« – »Nicht, Kleine, nicht.« – »Ihr solltet von dem edlen Wein da, randvoll, unberührt steht der Glanzkrug vor Euch! Trinkt davon! Der Feuertrank, der Lebenstrank hat uns allen – dem Vater und mir – so gutgetan damals, da wir ganz verschmachtet waren, als Eure Güte uns gerettet hat. Bitte, trinkt.«

»Ich will, Kind! Trinke du zuerst! So! Nun reiche ihn mir. Weißt du, was? Wir wollen Freundschaft schließen, Lindmuth. Willst du's? Ich – ich hab dich lieb.« – »Ich aber hab Euch sehr lieb gewonnen, lieber Herr Bischof, wie ich zuerst in . . . dein Antlitz sah.« Sie sah ihn voll an mit freudestrahlenden Augen, sie errötete nicht. Sie empfand kein Gefühl der Scheu, aber sie war überglücklich in ihrem reinen Herzen. »Ihr habt mich aufgeweckt von den Toen. Ich meine, wenn ich zum zweitenmal auferstehe aus dem Grabe, der Gottesbote, der mich weckt, muß Eure Züge tragen.«

Der Bischof richtete sich nun rasch ganz auf. »O Kind, laß ab!« Er schwieg eine Weile, dann legte er die Hand auf die Schulter des schönen Mädchens und sagte langsam: »Nicht wahr, Lindmuth, meine Freundin, du kannst gar nicht lügen?« – »Nein, Herr«, sagte sie. »Ich sage immer die Wahrheit. Oder ich schweige«, fügte sie gewissenhaft bei. – »Das dachte ich wohl. Nun sage mir, du standst dabei, als jener Vizegraf von deinem Vater erschlagen ward?« – »Ja, Herr!« – »Ist's wahr, daß der Graf und seine Leute mit Gewalt in den Hof brechen wollten?« – »Ja, Herr!« – »Ist's wahr, daß die Sonne schon untergegangen war?« – »Ja, Herr. Die Sonne war damals schon hinter die Eschenwipfel des Westerwaldes gesunken.« – »Und was hat der Vizegraf gerufen, als er sich über den Zaun schwingen wollte?« – »Den Sinn verstand ich nicht, nur die Worte. Er rief dem Fronboten zu, vor allem müsse er die Frau dort greifen, weil sie so schön sei. Er meinte die Mutter, lieber Herr Freund. Und wirklich griff er mit der Linken nach der Mutter. Und da schlug ihn der Vater tot.« – »Nicht eher?« – »Nicht eher.« – »Und ist es auch wahr, daß einer von des Grafen eigenen Leuten dem Grafen Rechtsbruch vorwarf?«

»Ja, das hab ich gehört.«

»Wie heißt der Mann?«

»Das hab ich nicht gehört. Oder nicht verstanden. Oder vergessen.«

Acerbus sprang nun so heftig von dem Lager auf, daß die Kleine ein wenig erschrak. »Ihr seid heute so milde im Gesicht gewesen – und in Euren tiefen Augen – und in der Stimme so sanft: Wollt Ihr nun wieder böse werden?« – »Nein, niemals mehr. Es ist alles so«, sagte er dann, die Halle mit langen Schritten durchschreitend, zu sich selber! »Natürlich ist es wahr! Ich hab es ja auch im tiefsten Winkel des Gewissens stets gewußt, daß es so ist. Den Schein des Rechts wollt ich mir selbst vortäuschen. Aber vor den klaren, himmlischen klaren Augen dieses Kindes besteht keine Unwahrheit . . .! Noch eins, Lindmuth, dann halt ich dich nicht mehr.« – »Ich bin aber so gern bei Euch, frommer Herr Bischof.« – »Sag«, hier trat er ganz dicht an sie heran und schaute sich vorher um. – »Was habt Ihr? Es ist ja niemand in der Halle.« – »Sag«, flüsterte er ganz leise, »hast du vom Vater oder von der Mutter niemals von einem Richwalt gehört?« – »Vom Vater nie. Von der Mutter oft. Richwalt war eines Grafen Sohn. Er ist verschwunden, wie der Mutter Vater. Die Mutter befahl mir, wie für des Großvaters Seele, so für Herrn Richwalts Frieden zu beten.«

Da brach der Bischof laut aufschluchzend zusammen; er warf sich auf das Lager und begrub das Haupt in den Decken.

Ängstlich sprang die Kleine hinzu: »Herr Bischof! Lieber Herr Bischof! Hört mich doch! Ihr seid ja nun mein Freund geworden. Ihr dürft mir jetzt nicht sterben. Ihr müßt uns ja wieder allen helfen, zum zweitenmal uns retten, deshalb kam ich zu Euch! Ich – Ihr fragtet gar nicht, was mich so früh zu Euch geführt! Die Eltern wissen nichts davon. Gestern abend hat einer der Schöffen dem Vater etwas zugeflüstert. Seitdem ward der so ernst, und die Mutter weinte. Sie schalt sehr auf Euch. Der Vater verwies ihr das; er sagte: ›Ich finde keinen Ausweg. Er tut nur nach dem Recht. Ich bin verloren.‹

Nun, lieber Herr Freund, das kann doch nicht sein. Und wenn der Vater keinen Ausweg findet, du findest – Ihr findet ihn gewiß. Ich schlich mich fort, mich trieb's zu Euch. Ihr könnt gewiß helfen, wenn Ihr wollt. Und weshalb solltet Ihr nicht wollen? Du bist ja gut.« – »Gut bin ich gar nicht, liebes, holdes Kind. Aber sei getrost. Ja, ich will helfen! Geh jetzt, kleine Freundin. Und nun – nun schicke mir deine Mutter.«

Gehorsam wandte sich das Mädchen zum Gehen; an der Tür blieb es stehen und sah zurück. »Herr Freund«, fragte es, ganz schüchtern kam die Stimme, »darf ich nicht zugleich mit ihr auch meinen Vater schicken?« – »Ihn?« Auch vor ihm soll ich mich so tief beugen? Aber es ist recht, das ist die richtige Buße für so viel gehoffte, geträumte Sünde. »Gut, schicke deine Eltern, ich erwarte sie!«

Fünftes Kapitel

Bald darauf schritten Volkfried und Muthgard Hand in Hand in die Halle; sie blieben nah am Eingang stehen.

Durch den ganzen Raum des Gemaches getrennt, stand Acerbus, hoch aufgerichtet, am breiten Eichentisch nahe dem Herd; er hatte sich vorgenommen, sich selbst zu züchtigen, und er hielt Wort. Anfangs freilich kamen ihm die Worte schwer aus den kaum geöffneten Lippen; aber allmählich riß ihn der Eifer fort, sich selbst zu richten. »Volkfried«, sprach er, »Ihr seid frei. Ich bin überzeugt, daß Ihr in Notwehr gehandelt habt, obwohl Ihr von der Leiche geflohen seid. Ihr mußtet wohl. Ein rechtsgültiges Urteil freilich mußte ich vollstrecken. Aber ich stoße jenes Urteil als ungültig um. Ich nehm's auf mich beim Kaiser, mag er mir darum grollen; er wird nicht lange grollen, wenn er alles von mir erfährt. Viele Sachsen des Nordgaus rügen Hardrads und Fortunats Frevel, und ein Mund, der nicht lügen kann . . . Aber nein, auch ich belüge nicht mehr Euch, nicht mehr mich selbst. Es muß, es soll alles gesagt sein. Ich bin nicht erst heute von Eurer Unschuld überzeugt. Ich bin . . . Ich habe nie so ganz, so wahrhaft an Eure Schuld geglaubt, auch als ich Euch hart behandelte. Ich wollte so gern an Eure Schuld glauben, denn – und nun merkt scharf auf, beide – jedes Wort ist mir ein Dolchstich, und ich wiederhole keines, denn ich bin ein Sünder.«

Er stockte. Aber gleich fuhr er fort. »Ein arger Sünder. Stets flüsterte mein Gewissen: ›Du weißt es ja, daß er schuldlos ist. Du klammerst dich an den Buchstaben des Notwehrrechtes, um ihn – auszutilgen.‹ Und ich wollte dich – austilgen, damit . . . damit dieses Weib eine Witwe werde.«

Volkfried zuckte und drückte seines Weibes Hand, die er nicht aus der seinen gelassen hatte. Muthgard senkte zürnend das Haupt zur Seite.

»Schont sie«, sprach Volkfried. »Ich weiß alles.«

»Nein!« schrie Acerbus. »Du weißt nicht alles! Und sie auch nicht. Nur Gott im Himmel und der Satan in der Hölle und mein zermartertes Gehirn wissen alles. Aber ihr sollt davon hören! Ihr müßt! Sonst – sonst könnt ihr mir ja nie verzeihen. Ihr liebt euch, in eurer kühlen, schlichten Art, aber ihr wißt beide nicht, wie ich dies Weib vom ersten Jünglingsalter an geliebt habe. Wie Mondlicht gegen den Feuerstrom, den ich in Welschland aus finstern, harten Felsen brechen sah, so ist eure Liebe gegen die meine. Ich verzehrte mich um diesen herben, spröden Reiz. Als ich sie dein wußte, unabwendbar dein, als du den Zweikampf verweigertest« – erschrocken sah Muthgard auf ihren Mann –, »da faßte mich wahnsinnige Verzweiflung! Ich hätte es weit bringen können in weltlichen Ehren, des reichen Grafen Richulf Sohn. Denn ich war stark und kühn, und meine Gedanken waren schnell und scharf und sehr mannigfaltig. Keinem Großen Kaiser Karls wollte ich nachstehen. Jetzt aber floh ich aus dem Stammhof meiner Ahnen. Mein greiser Vater sah mich niemals wieder, er starb gar bald vor Gram um den Verlorenen. Ich lief zum nächsten Priester, den ich finden konnte. Ich schwor der Welt, all ihrem Ruhm, all ihrem Reichtum, all ihren Ehren, ihrer Lust und aller Frauenliebe ab. Ich ward Mönch, Priester. Kein Kloster war mir streng, keine Regel grausam genug. Ich lernte alles, was ich zu lernen fand an Wissen, in Francien, in Italien. Ich ward geehrt in jungen Jahren wegen meines Wissens, gefürchtet wegen meiner Strenge. Ich stieg rasch, ich ward Abt, ward Bischof. Und derselbe Acerbus, der jeden jungen Priester zu furchtbarsten Geißelungen verurteilte, wenn er beichtete, daß sein Blick mit Wohlgefallen geruht auf eines Weibes nacktem Arm, derselbe Acerbus . . . o Frau, tritt von uns hinweg, du aber höre mich, du bist ein Mann! Bist ihr Mann freilich, gerade darum sollst du's hören!«

Sie wandelte mit gefurchter Stirn im Hintergrund der Halle auf und ab, mit gemessenen, langsamen, feierlichen Schritten. – »Ich ward Tag und Nacht verzehrt von rasender Sehnsucht! Du kannst mich, wenn du willst, mit diesen meinen Worten beim Kaiser und beim Papst verderben. Tu's!

Und willst du noch barmherziger sein, dann nimm jenes Kurzschwert von dem Pfeiler dort und stoß mich nieder! Ich werde dir's danken. Denn ich hasse mich. Viel mehr als dich. Dich hasse ich längst nicht mehr.

Um sie, um sie ist all mein Heldentum dahin! Ich war schon ein Held, ein größerer wär ich noch geworden! Jedoch sie, sie hat mich im tiefsten Mark geknickt! Ach, vergangen – Muthgards wegen – ist all meine Weltfreude, meine Schwertfreude – ach, dahin, dahin ist all mein Heldentum!

Jahrelang fand ich fast keinen Schlaf. Euch beide sah ich, Brust an Brust geschmiegt, vor meinem Lager stehen. Ich fing an, im Halbschlummer zu wandeln. Ich erwachte einmal, wie ich, im Traume dahinschreitend, die weiße Marmorsäule meines Schlafgemaches im Bischofshaus zu Arezzo mit beiden Armen umschlungen hielt.

Mein Beichtvater sagte: ›Du bist besessen von einem bösen Dämon. Bete, geißle dich, vergiß.‹

Und mein mönchischer Arzt sagte: ›Du bist todkrank, Herz und Hirn und Blut und Mark! Wahnsinnig bist du – oder wirst es morgen.‹

Aber mein sarazenischer Arzt – er war ein Sklave des Bistums, ein gefangener Araber aus Spanien –, der sprach: ›Der einfältige Priesterarzt! Ich kenne ihn, diesen bösen Dämon, Himeros heißt er auf griechisch. Das einzige, was Euch fehlt, ist die Liebe. Ist auch kein Wunder. Ein Mann wir Ihr! Viele Weiber brauchet Ihr! Wir Söhne des Propheten, wir verstehen uns besser darauf. Ein Mann ohne Weib ist ein Kopf ohne Rumpf. Seid klug. Werft diesen Bischofsstab weg, er freut Euch herzlich wenig. Ihr braucht ein Schwert fast so notwendig wie ein Weib! Flieht nach Córdoba. Schon mancher Franke hat's getan, hat dort sein Glück gefunden. In einem Jahr seid Ihr einer unserer ersten Fürsten, und in Eurem Frauensaal habt Ihr zwanzig Arzneien.‹

Ich stieß ihn mit der Faust von mir. Ein Richwalt löscht seine Flammen nicht mit Kot. Lieber verbrenne! Ich ließ mein Blut strömen, bis ich umfiel, zergeißelte mich, fastete und trug unter dem Hemd viele Jahre einen Stachelgürtel. Und wenn ich in eine bilderreiche Handschrift sah, ward jeder Frauenkopf zu Muthgard! Und es blieb immer das gleiche, all diese Jahre. Und – hört es, Frau Muthgard! meiner Seele Frieden fand ich nimmermehr! Wahrlich, Euer Glück ist teuer erkauft: durch meines Vaters Gram, durch Eures Vaters Gram – ich traf ihn, ehe er starb zu Metz! – und durch das zerknickte, zerquälte Leben jenes Richwalt, der sich einst vorgenommen hatte, Kaiser Karl den Liebling, Held Roland – Roland selber! –, zu ersetzen.«

Er hielt erschöpft inne.

Da sprach Muthgard, herantretend und die Augen fest auf ihn heftend: »Meines Vaters Gram tut mir tief leid. Aber was kann ich dafür, daß ich ihn lieben mußte, diesen Volkfried da und keinen sonst? Und wären alle Männer der Welt darüber verzweifelt, ich hätte doch nur diesen Mann geliebt.«

Und sie lehnte sich an ihres Gatten starke Brust. Volkfried drückte ihre Hand.

»Ich weiß, ich weiß! Und nun, nach fünfzehn Jahren, finde ich Euch wieder. Zuerst jenes holde Kind und dann Euch selbst! Und mein böser, scharfer Kopf raunt dem wilden, dem tobenden Herzen zu: Des Mannes Leben ist in deiner Hand. Laß ihn sterben. Dann . . .« – »Nun? Und was dann?« sprach Muthgard. »Die Verlassene zwingen – mit Gewalt. Wie jener Fortunat . . .« – Da schrie Acerbus laut auf in leidenschaftlichem Schmerz: »O weh! So schlecht bin ich in diesen Augen! Nein! Ich bin ja so tief herabgeschmettert. Wär es wahr, ich würde auch diesen Frevel meiner Gedanken euch gestehen. Aber das hab ich nie gedacht!« – »Nicht Gewalt? Also wagtet Ihr zu wählen . . .?« zürnte die Frau. »Nichts! Oder ja doch, denn alles muß gesagt sein! Ich träumte wohl, wenn der Mann doch sterben muß, nach des Kaisers Recht, und wenn ich dann der Witwe mich annehme wie ein Bruder und wenn sie sieht, wie die Kinder in meinem Bischofshause zu Glück, Reichtum, Glanz und aller Herrlichkeit der Welt aufsteigen, dann wird vielleicht ihr Herz in Freundschaft, in Dankbarkeit, in Mitleid für mich schlagen. Und wer weiß, wenn ich die kluge Frau selbst emporhebe in das helle Licht meines Geistes, wenn ich sie teilen lasse all meine stolzen, reichen Gedanken – denn ich verachtete dich, Volkfried, in der eitlen Hoffahrt meines Bücherwissens und erhob mich sehr über dich in meinen Gedanken und bin doch nicht wert; hör es, Frau Muthgard –, daß ich als Knecht diesem Vielgetreuen diene!«

Unsichtbar für den Bischof drückte sie stolz ihres Mannes Hand.

»Ach, ich träumte wohl, der Papst kann alles. Papst Leo liebt mich sehr – er kann auch das. Gar mancher Bischof hat ein Weib.«

»Kluger Bischof«, grollte die Frau, »was für ein Tor bist du! Das Weib, das Volkfrieds war . . .! Hier, diese einfältige Muthgard, die nicht lesen und nicht schreiben kann und nichts zu eigen hat als ein niedergebranntes Gehöft, würde, selbst wenn ihr als Witwe der große Kaiser Karl Herz, Hand und Thron bieten würde, nur lachen und sagen: ›Armer Herr Kaiser! Ihr kennt mein Herz und meine Liebe nicht. Denn Liebe, das ist Ewigkeit.‹«

»Amen«, sagte der Bischof feierlich. »Das brauchst du mich – wahrhaftig! – nicht zu lehren. Ich meinte in den letzten Nächten, ich würde nun wirklich wahnsinnig. Aber Gott der Herr hat mir geholfen, diese Nacht, tief draußen im Wald, im kalten Schnee. Gott und Lindmuth, die sein Engel ist auf Erden. Und ich beschloß zu meiner ersten Buße – meine zweite, die viel leichter ist, daß ich Papst und Kaiser alles gestehe, dem Bistum entsage und in ein Kloster als

Büßer trete –, euch, auch dir, Volkfried, alles zu gestehen und mich zu demütigen bis in den tiefsten Staub!«

Er schritt nun rasch durch die ganze Halle hin auf beiden Gatten zu: »Ich bin fünfzehn Jahre lang ein sündhafter Priester gewesen. Ich habe dich ermorden wollen in Gedanken, dich, du treuer, reiner, aufrechter Mann, ermorden unter dem Schein des Rechts und deine Witwe mir gewinnen durch Reichtum, Glanz und Hochmut des Geistes. Ich büße! Hier, vor eure Füße, werf ich mich und beuge mein Haupt vor euch in den Staub! Verzeiht mir, ich flehe euch an, verzeiht!« Und ehe sie's verhindern konnten, lag er vor ihnen hingestreckt am Boden, das Antlitz zur Erde gedrückt, die Hände über dem Haupt flehend emporgereckt.

Sofort faßte Volkfried seine Rechte und zog ihn halb empor, so daß er knien mußte: »Richwalt, Nachbarssohn! Du hast viel um diese Frau gelitten und verloren. Richwalt, ich verzeihe dir aus tiefstem Grund des Herzens.«

Aber Frau Muthgard wandte sich ab und schwieg.

Hilflos, flehend blickte der Kniende zu ihr empor. Sie sah es wohl. Aber finster blickend aus den so lichten Augen, schüttelte die Frau feindselig, wie drohend, langsam das schöne Haupt. Verhalten begann sie, jedoch – gegen ihre sonstige Art, gegen ihren Willen – riß sie das Gefühl dahin, daß sie immer rascher, immer lauter, immer heftiger sprach.

»Nein! Nicht also! Daß Ihr mich damals liebtet, mich wirklich liebtet, ich hab es wohl gefühlt. Ich habe deshalb für den Frieden Eurer Seele gebetet, mein liebes Kind beten lassen. Daß Ihr« – sie stockte, Erröten übergoß ihre Wangen –, »daß Ihr dann noch immer meiner . . . daß Ihr mich in fünfzehn Jahren nicht vergessen habt – ich will es Euch verzeihen.«

»Ihr seid sehr gnädig«, lächelte er bitter und sprang auf.

»Verzeihen – nur um jenes Kindes willen, das Ihr gerettet habt. Aber daß Ihr meinem Mann, diesem Mann, den Tod zugedacht habt, das kann Euch Gott, vielleicht, ich kann's Euch nicht vergeben.« Zornig funkelten jetzt die sonst so ruhigen Augen. Lodernde Blitze schossen auf den Bischof, daß dessen bleiches Angesicht noch bleicher ward. Weder er noch Volkfried hatte sie jemals so gesehen. Sie trat drohend einen Schritt gegen ihn vor. »Hört es: Ich hasse Euch! Es war nicht wohlgetan, daß Gott Euch schuf!« Und stürmisch rauschte sie aus der Halle.

Der Gebeugte richtete sich hoch auf und hob zum erstenmal das Haupt: »Das war zuviel!« sagte er ruhig.

Da ward die Tür der Halle aufgerissen, und Hülsung und Fidus eilten über die Schwelle. »Gelobt seien alle Heiligen«, rief der Mönch, »Volkfried! Da steht er lebend.« – »Er ist unschuldig, Herr«, rief Hülsung. »Der Kaiserbote Francio sendet uns. Der Mann handelte in echter Not. Ich beschwöre es.«

»Ich weiß es. Er ist frei.«

Da trat Volkfried an des Bischofs Seite und legte ihm die Rechte auf die Schultern: »Ja, und sagt dem Kaiserboten, der Bischof hatte mich freigegeben, bevor Ihr kamt.«

SECHSTES BUCH

Erstes Kapitel

Wenige Tage darauf saß in dem Welandshof Graf Francio gegen Abend wieder an dem Tische, der mit Urkunden überdeckt war; er las bei dem Scheine der römischen Ampel; er war allein. Vergebens hatte nach jenem Mordanfall der Seneschall gefordert, daß immer Bewaffnete in der Halle selbst weilen sollten. Nur den Laden ließ der Graf fest schließen, und vor der Hallentür durfte ein Krieger wachen.

Das Ergebnis seiner Lesung schien den Alten wenig zu befriedigen. Das mächtige Haupt leise schüttelnd, warf er eines der Pergamente auf den Tisch, stützte den Kopf auf die linke Hand und sah träumend, brütend vor sich hin in das Feuer, das von dem offenen Herd aus eine wohlige Wärme verbreitete.

Immer tiefer furchten sich die Falten auf der gewaltigen Stirn, immer unzufriedener blickten die halb geschlossenen Augen.

»Herr, Herr«, sprach er zuletzt halblaut vor sich hin, »warum prüfst du deinen treuen Vogt auf Erden gar so schwer? So unaufhörlich? Könntest doch jetzt nachgerade wissen, wie ernst es ihm ist mit deinem Dienste! Wenn alles, was ich so sorgfältig in langen wachen Nächten zum Heile des armen Volkes aussinne, wieder von den schurkischen Amtleuten mißbraucht wird, um die Bedrängten vollends in den Staub zu treten, wenn die Arznei so zum Gifte wird, dann, lieber Christus, ist das doch recht hart von dir gegen deinen Kämpfer, der allüberall auf Erden deine Sache führen will, daß du all das so hingehen läßt. Tust du's nur, um meine Geduld zu prüfen, dann, lieber Herr, dann mach bald ein Ende der Prüfung, sonst bestehe ich sie nicht.

Wie hetzt du mich umher in deinem Dienst! Kaum vom Ebro heimgekehrt, jagst du mich bis an die Theiß, und vom Tiber schickst du mich spornstreichs über die Elbe hierher an die Eider. Und keine Nachricht – immer noch nicht! von Benevent, von Spanien, den Awaren, von Byzanz zumal. Bedenke doch, lieber Herr, ich bin alt, ich werde müde. Du hast mit dreiunddreißig Jahren schon genug daran gehabt, die Erde zu treten. Und ich bin mehr als doppelt so alt geworden in deinem schweren Dienst. Und wenn doch so manches mißlingt, verdrossen möcht ich werden! Ach wenn ich doch nur lesen könnte in den Herzen meiner Völker, ob sie's mir denn wirklich auch ein wenig danken, ob sie's ahnen, wie ich mich für sie mühe und mir Tag und Nacht keine Ruhe gönne? Auch die Sachsen, wohl hab ich sie lange quälen müssen, aber der Herr Christus hat mir's befohlen, zu ihrem Heile: Ob die das gar nicht ein wenig einsehen? Ob sie nur dem Besieger fluchen, nicht auch dem väterlichen Beschirmer des Rechtes danken? Auf die Schmeichelberichte dieser falschen Grafen gebe ich noch weniger als auf die Lobverse meiner Hofdichter! Wie soll ich nun hinter die Wahrheit kommen? Ach, manchmal werd ich todmüde, und ich meine, all meine Lebensarbeit war umsonst!«

Und er stöhnte und schloß verdüstert die Augen.

So nahm er nicht wahr, wie die Hallentür geöffnet ward; freilich auch nur ein klein wenig – das genügte, eine gar schlanke, feine Gestalt durchschlüpfen zu lassen, die nun leise, leise mit den kleinen Füßen über den Estrich hin zu dem Alten glitt, unhörbar vor ihm auf beide Knie niedersank und jetzt anhob, mit beiden Händen ganz sanft und zärtlich den schönen langen, blütenweißen Bart zu streicheln, der ihm bis zum Gürtel herniederfloß.

Nun sah er auf. Über sein Antlitz zog ein heller Schimmer, die Düsterkeit, sie war hinweg: »Du bist's, Kleine? Du Sonnenstrählchen! Was willst du?«

»Nur bei Euch sein. Darf ich?« – »Gern. Aber was willst du bei mir?« – »Euch anschauen. In Euer großes, liebes Gesicht. Das ist soviel gut anzusehen. Und dann . . .« –

»Was dann?« – »Ich komme wohl auch von selbst gern zu dir; auch schon vorher. Aber doch! Ich hätte es nicht gewagt, so oft. Denn du bist zwar sehr, sehr gut, Herr Graf, aber doch auch sehr erschreckend.« – »So?« sprach der Alte und wollte das Mädchen auf seine Knie heben. Sie errötete aber und schmiegte sich nur an seine Seite. »Erschreckend bin ich?«

»Ja«, fuhr sie fort, ganz zutraulich in dem weißen Bart wühlend, »und ein klein wenig zornig wirst du doch recht oft.« – »So?« – »Ja, ja. Und Herr Audulf sagte, wenn du ganz zornig bist, dann fahren dir Feuer aus den Augen, und niemand könne dann deinen Blick aushalten. ›Aber‹, hat er gesagt, ›du, Kleine, gehe du nur oft zu ihm, wenn ich fortgezogen bin und wenn er die tiefen Furchen macht zwischen den Brauen. Denn er hat sehr viele schwere Gedanken, der Graf Francio. Aber dich hat er gern um sich, etwa wie du dein Rotkehlchen, das auch im Winter singt.‹ Und wie die Mutter meinte, ihr sei das wohl ganz recht, aber wie das doch käme, daß der gestrenge Herr Graf an solch jungem Ding Gefallen finde? Da sagte Herr Audulf: ›Wegen ihr – wegen Frau Hildigard! Das war nämlich seine Frau, wie er noch jung war. Und die hat er mehr geliebt als die ganze Welt.‹«

»Ja«, sprach der Alte langsam vor sich hin, »das war meine Frau, wie ich noch jung war. Und die habe ich mehr geliebt als die ganze Welt.«

»›Und‹, fuhr Herr Audulf fort, ›wie zuerst das Mädchen über die Schwelle trat, da rief der Seneschall: Das Mädchen ruft mir Frau Hildigard zurück. Hildigard war etwa so alt, als sie mein ward; das Kind soll recht viel um mich sein.‹« – »Sie war dreizehn Jahre, und mit vierundzwanzig hab ich sie schon begraben«, sprach der Alte schwermütig vor sich hin, mehr zu sich selbst als zu der Kleinen. »Und vor dem Abreiten wies mir Herr Audulf einen Spalt in der Tür und befahl mir, da soll ich, wenn Ihr lange Zeit allein hier sitzet, hereingucken. Und wenn Ihr die tiefen Furchen zöget, dann solle ich keck hereinkommen und Euch was erzählen. Und so tat ich auch heute, jetzt. Aber erzählen? Ich weiß nichts. Außer wie wir in der Höhle lebten.«

»Arme Leute! Warte nur, Graf Hardrad!«

»Und wie wir vorher auf unserem lieben Hof lebten. Und von Fidus. Aber das wußtest du meist schon. Und von Hofwart. Den hast du leider nicht gekannt. Und von Heimo, dem Guten. Und von dessen vielen Geschichten von der Waldfrau und . . .« – »Soso! Da weißt du wohl auch von dem üblen Wotan und Thor und . . .«

Da hob die Kleine ernsthaft den Zeigefinger und sprach: »Du! Absag ich Wotan und Thor und . . ., kennst du den Spruch denn nicht?« – »Doch, doch!« sagte der Alte ganz beschämt. »Dann weißt du auch, daß man von denen nicht mehr reden darf. Kaiser Karl hat's verboten.« – »Bah! Der ist ja fern in seinem Aachen. Der hört es nicht.« – »Du, da irrst du dich aber! Erstens, sagt Fidus, muß man das Unrecht meiden, auch wo es niemand sähe, denn Gott der Herr und mein schöner Herr Schutzengel« – sie errötete über und über – »sehen es doch. Hast du das nicht gelernt?« – »Ja, doch, ja!« Recht kleinlaut sprach das der Versucher. »Und zweitens, weißt du denn nicht, daß Gott seinem lieben Freund, Kaiser Karl, gar vieles zeigt, was gegen sein Recht in allen seinen Landen geschieht?« – »So? Nein! Davon weiß ich leider gar nichts!« – »Nicht? Nun, so kann ich dir davon erzählen; überhaupt von Kaiser Karl.« – »Wer aber erzählte dir von ihm?«

»Fidus und der Vater und Heimo, die haben ihn gesehen. Und die Mutter. Und er . . . ich meine, mein Herr Freund! Und jeder Gast, der über die Furt wollte und von Süden kam.« – »Haben die ihn alle gesehen?« – »Wie du doch seltsam fragen kannst! Nein! Aber gehört von ihm haben sie doch. Und einer sagt es immer dem andern. In den Hallen und Höfen, an dem Herdfeuer, die langen Winternächte über reden die Leute sehr viel von Kaiser Karl. Fast von nichts anderem, seit sie von den Heidengöttern nicht mehr reden dürfen.« – »Sie schelten wohl auf ihn?« Wieder hob das Mädchen warnend den Zeigefinger, diesmal noch höher, strenger: »Aber, Kaiser Karl schelten! Die Bösen freilich, die Grafen . . .« – »Die Grafen! Das sind also die Bösen?« – »Ja, natürlich, meistens, sagt der Vater.« – »Ist ja recht tröstlich«, meinte der Alte und nickte grimmig. – »Aber alle Guten, die Bauern, die Nachbarn, die Freien wie der Vater, die haben ja – oft sagt es der Vater – nichts zum Schutz als das Schwert an der Seite, den Himmelsherrn da droben und – Kaiser Karl zu Aachen. Oh, was war es mir für ein Trost in all unserem Elend, zu wissen, daß Kaiser Karl und sein Recht auf Erden leben.« – »Herzlich wenig halfen euch beide. Verhungert und erfroren wäret ihr nahezu, wenn nicht . . .« – ». . . Kaiser Karls Sendbote des Wegs gekommen wäre. Die sendet Kaiser Karl, wie er nämlich meint. Aber in Wahrheit sendet sie Gott, der auch Kaiser Karl auf die Erde gesandt hat, als seinen großen Sendboten.« – »Woher weißt du das?« – »Ei, das wissen doch schon die Kinder bei uns. Gott der Herr hat ihn zum Kaiser gemacht, zum Heil aller Armen und Schwachen. Die Sänger singen's überall in den Hallen und Höfen!«

Da drückte der Alte einen leisen Kuß auf des Mädchens blondes Haar, so leicht, daß die Kleine es gar nicht bemerkte, sondern gar eifrig fortfuhr.

»Jawohl! Und weißt du denn nicht, daß manchmal Gott der Herr seine Engel aussendet in Menschengestalt, die dann als Karls Sendboten umgehen? Wer weiß, ob nicht auch in meinem Retter . . .?« Sie errötete und brach rasch ab. »Aber jenes Vöglein, das mich retten half, das hat mir . . .«, nun lachte sie, »darf ich dir was anvertrauen? Sagst du's, lieber Herr, auch nicht Kaiser Karl?«, und schmeichelnd strich sie seine Wange. »Von mir erfährt er's nicht«, beteuerte der Alte. »Nun, dann höre: Volkbert sagt, die Rotkehlchen sind Thors Sendboten. Und so schulde ich, sagte er, dem rotbäckigen Donnerkönig ein Dankopfer von roten Ebereschen, sobald sie wieder reifen. Sonst wird er mich mit dem Blitz erschlagen. Aber ich fürchte ihn nicht, den Heidengott. Denn mich schützen Christus der Herr und mein Schutzengel oder auch – mein Freund!« In schöner Begeisterung leuchteten die blauen Augen des Mädchens auf. Der Alte strich ihr über das edel gebildete Haupt. »Amen! Aber den bösen Buben, den Volkbert, an den Ohren zu schütteln, dazu wird wohl auch noch Rat werden. Amen.« – »Schilt ihn nicht! Er hat all das von Heimo. Und Heimo war sehr gut. Wann kommt endlich der Vater? Und Volkbert? Und er . . . mein lieber, guter Freund?« – »Wenn sie ihre Geschäfte erledigt haben. Der Bischof schrieb mir, als er deine Mutter und dich hierher sandte, er habe deinen Vater sich als Wegführer in all die Einzelhöfe des Nordgaues erbeten.« – »Und Volkbert wollte dabeisein.« – »Also der tote Heimo erzählte so viel von den Heidengötzen? Gut, daß er tot ist. Und der Vater und die Mutter – von was erzählten die?« – »Am liebsten von Kaiser Karl.« – »Muß langweilig werden.« – »Du! Das sage nicht! Von seinen Kriegsfahrten. Und, was ich viel lieber höre, wie weise er ist und gerecht.« – »Wer weiß, ob alles wahr ist«, meinte der Alte; aber er schmunzelte doch. »Aber doch gewiß! Und ach, wie gut war es, daß mir die Mutter so viel von seinem Recht erzählt hatte. Das gab mir Kraft, auszuhalten in unserem argen Elend.« – »Wie meinst du das, Kind?« – »So. Ich sagte mir: So viel wert bin ich doch wohl auch wie eine Blindschleiche. Kennst du die Art von Tierlein? Sind gar gutartig. Mußt dich nicht vor ihnen fürchten, weil sie kriechen wie die Giftnattern.« – »Ich? Ich . . . ich fürchte mich gar nicht so leicht«, lachte der Alte. »Aber was willst du mit der Blindschleiche?« – »Nun ja! Das ist ja die schöne Geschichte, die wahrhaftige, von des Kaisers Recht. Gib fein acht, dann erzähle ich sie dir. – Nein, nicht zugleich in die langen Rollen sehen! Nur auf mich mußt du achten. Sonst paßt du nicht recht auf.« Gehorsam legte der Alte die aufgenommene Urkunde wieder auf den Tisch. »Und vor allem: Sonst wirst du wieder grämlich, wie du aussahst – so düster! –, als ich eintrat. Jetzt blickst du schon viel freundlicher. Also, gib acht! Nun kommt's. Der Kaiser Karl ist der beste Herr König, der je gewaltet hat auf dem Erdreiche.« – »Schwerlich«, zweifelte der Alte, das gewaltige Haupt hin und her wiegend. »Aber wenn ich dir's doch sage! Du darfst mir nicht immer in die Rede fallen! Und er hat Christus dem Herrn gelobt, der ihm zu Romaburg die Krone aufs Haupt herniederschweben ließ durch seinen Engel ...« – »Es war aber doch Papst Leo und ...« – »Still doch! Da hat er gelobt, das Recht zu schirmen allüberall in seinen weiten Reichen, auch des geringsten Geschöpfes, wider Gewalt und Unrecht immerdar. Und Brot und Becher, Fleisch und Fisch zu lassen und Rast und Ruhe im lieben Lager, im breiten Bett, wann sie am wohligsten wäre – du merkst es wohl: Ein Sänger hat den Sang der Mutter vorgesprochen! –, wenn irgendein Armer ein Unrecht klagt beim König.

Und am herrlichen Haus in dem alten Aachen ließ er seit langem eine gleißende goldne Glocke hangen zu Häupten der Pforte der Pfalz, ob den steinernen Stufen.

Und schwur den schweren Schwur vor dem Volke der Franken: ›Wer immer ein Weh, ein arg übel Unrecht leide im Lande, wie arm und elend, wer irgend atme in Karls Königtum, der solle, selber oder durch bittende Boten, ziehen ohne Zagen am straffen Strange der goldenen Glocke! Und wann immer den weckenden Wehruf die Mahnerin melde – bei steigenden Sternen, bei sinkender Sonne, in fröhlicher Frühe, in nebelnder Nacht –, stets wolle der starke Rächer und Richter, des Rechtes Helfer, lassen vom Lesen, lassen vom Lager, vom wonnigen Wein, von der seligen Seite der milden Gemahlin, und eilen vor allem, mit

Hilfe zu helfen dem kleinsten Kläger, der da klingen lasse das leiseste Läuten der gleißenden Glocke.‹

Saßen selbander selig im Saale bei flammenden Fackeln, bei wonnigem Weine Karl der König und die herrlichen Helden: Roland der Recke . . .« – »Das ist dann lange her«, seufzte der Alte.

»Und Audulf der Edle und Gerold der Gute und alle die andern im goldnen Gemach. Sangen da süß in welschen Weisen Priester des Papstes. Horch da, hell hallend klang ein Klingen von der Pforte der Pfalz, von der Treppe ein Tönen. Und ein Edeling eilte hinaus aus der Halle, zu sehn und zu suchen.

Aber er fand nicht Freund, nicht Fremden.

Und lautere Lieder sangen die Sänger: Doch horch, man hörte aufs neue durch die Nacht klingen die Klänge.

Da hastet ein Herzog hinaus aus der Halle, zu bringen den beharrlichen Bitter. Aber Mann nicht merkt er, Weib nicht gewahrt er; leer wie die Luft ist rings der Raum vor der Pforte der Pfalz, der treuen Türe.

Und lauter lärmten die lustigen Lieder, die Freuden des Festes, hallten die hellen Harfen, hohe Hörner hoben die Helden, es rauschte die Rede – horch: Da hörte zum dritten dröhnen Karl der Kundige die goldne Glocke: mächtig mahnend übertönend das laute Gelage. In der Hand hielt der Held den bildreichen Becher, das schöne Geschenk der reichen Römer. Durst ihn drängte, der Männer mäßigsten: denn dreimal nur darf, nach gelobtem Gelübde, täglich trinken der Treue; so hat in jungen Jahren der Edle geeidet, seit selber er sah, wie ein redlicher Richter, sonst wacker und weise, der Pflicht nicht pflog und, vom Weine bewältigt, nicht dachte des Things.«

»Das ist wahr. Mich wundert, daß man's weiß.«

»Noch nicht netzte er die lechzende Lippe mit erstem Antrunk: Müde war der Mächtige! Gerade gekommen aus spanischen Speeren, aus Haufen der Heiden, von dem

Staube der Straße! – Horch, da hörte er laut durch das Lärmen wieder den Wehruf des klingenden, klagenden Klangs.

Auf sprang der Edle, den bereiten Becher, den schäumenden, schob er, die liebe Labe, von lechzender Lippe und ging, der Gute, sonder Saumsal, er selber, zu sehen. Fand er da forschend, bei flammender Fackel nahe sich neigend – denn sorglicher suchte er selber als der erste, der Edeling, und der hurtige Herzog –, um den straffen Strang der Glocke geschlungen ein weniges Wichtlein, einen winzigen Wurm, die blinde Blindschleiche. Als die Harrende hörte, die Harmvolle, Herrn Karls des Königs staunende Stimme – er rief: ›Zu richten ruft und zu rächen, mir trauend, ein Tier?‹ – da glitt von der Glocke die Glatte und schlich gar schleunig, doch oft abwartend, ob der Fürst ihr folge, herab von der Halle, von den stolzen Stufen, durch staubige Straßen, durch das türmende Tor hinaus in die Heide, oft haltend und horchend, ob fürder ihr folge der rettende Richter. Der folgte mit flammender Fackel allein ihr und ohne die andern. Endlich aber weilte der Wurm vor Gestrüpp und Gestein und dichtem Gedörn.

Da schaute der Schirmer des Rechts, der Richter, wie ins niedliche Nest des wehrlosen Wurms schlimme Schlange, neidige Natter, üble Otter, giftgeschwollene, mit Gewalt sich gewälzt, verdrängend, verdräuend des Hauses Herrin, die alte Eignerin, die schlichte Schleiche. Und zornig züngelte gegen den schimmernden Schein der flammenden Fackel, gegen den guten Gewährer rettenden Rechts, die nächtige Natter, der Neiding: wie alles Untier auf Erden böse sich bäumte gegen den guten Karl, den Kaiser. Heia, nun hob er, der hohe Held, der herrliche Herrscher, das schwingende Schwert, und mit hurtigem Hiebe schlug er der Schlange häßliches Haupt. Dankbar drängte des Hauses Herrin, die ihr Recht nun richtig errungen, an die Füße des Fürsten, mit der Zunge sie leckend. Aber der Edle hob sie mit Händen, sänftlich, er selber, in Haus und in Heimat und winkte ihr weihend, wie ein rechter Richter, feierlich Friede. Aber von oben, hoch von dem Himmel, schoß mit Schimmern ein strahlender Stern auf das Haupt des Herrschers; seinen Segen sandte Gott der Gerechte Karl dem Kaiser, der auch winzigem Wurm ein Rächer des Rechts!«

Das Mädchen war von den Knien des Alten weggetreten im Eifer der Rede: Nun stand es vor ihm, seiner Gegenwart kaum bewußt, die großen lichten Augen weit geöffnet und nach oben gerichtet, auch beide Hände erhoben. Wie entzückt stand sie da.

Der Alte sah sie schweigend an, es zuckte ihm über die Augen hin, aber er nahm sich zusammen. Endlich sprach er: »Und – glaubst du das, Kind?«

»Gewiß und wahrhaftig.«

»Ein blöder Wurm! Es wäre ein Wunder.«

»Gewiß! Der Himmelsherr tut aber Wunder alle Tage, seit er die Welt geschaffen hat, sein größtes Wunder, sagt Fidus. Warum soll er nicht auch Wunder tun für ein armes hilfloses Tierlein? Mir aber ward in meiner allergrößten Not, im Walde, im Schnee, diese Geschichte zur Rettung. Ich sagte sie mir oft und oft, wann ich verzagen wollte in dem Elend der Höhle, und zuletzt im dichten, dichtfallenden Schnee. ›Vorwärts, Lindmuth‹, sprach ich zu mir selber, ›im Himmel waltet Gott der Herr und auf Erden Kaiser Karl. Gott hat durch Kaiser Karl das arme kriechende Tierlein gerettet. Er wird auch dich erretten durch Kaiser Karl.‹ Und in Gedanken zog ich an der goldenen Glocke: Ihr leises, leises Klingen war das letzte, was ich im sausenden Ohr hörte, als ich einschlief im Schnee. Und als ich erwachte: nun? Da stand er vor mir – mein Freund, ein Bote Gottes und des Kaisers.« – »Du seltsam Kind!« – »Seltsam? Gar nicht. Kaiser Karl, er ist des Volkes Hort, der Armen Schild. So sagen in unserem Lande alle guten Menschen, die ich kenne. Und keine Nacht durfte ich einschlafen – so hat die

Mutter, hat sogar der Vater mich gelehrt –, bis ich die Hände noch mal frisch gefaltet und zu Gott gebetet hatte für Kaiser Karl, des Rechtes und der Schwachen Hort. Aber, was hast du? – Du, du siehst jetzt so seltsam. Ernsthaft! Und doch freudig?«

»Ein Sachsenkind! Ich danke Gott«, sprach der Alte und küßte das Mädchen auf die weiße Stirn, »daß er mir dich gesandt hat und diese Stunde.« Sie machte sich leise los und sah zu ihm empor – ein wenig listig. »Herr Graf, Ihr habt mir oft gesagt in diesen Tagen: Ihr habt mich lieb.« – »Und ist die Wahrheit, holdes Kind.« – »Wohl. Ich hab Euch auch lieb, nicht wie, aber doch auch. Also. Nun, da wir so gut miteinander sind, nun müßt Ihr mir auch helfen.«

»Gern! Worin? Wobei?« Sie sah sich scheu um, man hörte Muthgard fern im Hause schaffen und walten. »Bei der Mutter. Sie hat zwei schwere Stücke auf dem Herzen. Das eine weiß ich nicht, aber das andere weiß ich.« – »Nun, was ist das andere?« – »Mein Freund. Sie schieden in Unfrieden; weshalb, das ahne ich nicht. Aber es drückt sie; sie war wohl ungut gegen ihn. Aber es drehte sich schon ein klein wenig ihr Herz herum. Ich habe bereits viel daran geschoben«, lachte sie schlau. »Sie hatte mir verboten, für ihn zu beten, wie ich das doch jahrelang getan, bevor . . .« – »So? Was heißt bevor?« – »Nun eben, bevor . . . ich ihn gesehen und er mich. Da bete ich nun bald zehn Jahre für ihn jeden Abend. Und nun, da ich ihn glücklich herbeigebetet habe und er mir hilft und so gut und so viel schön ist . . .«

»So?«

»Jawohl! Findet Ihr das denn nicht? Schon wie ich aus dem Schnee zu ihm emporsah, erschrak ich fast, so schön war er, obzwar so traurig. Und seitdem habe ich ihn so lieb, gleich nach den Eltern und Volkbert. Heimo hatte ich auch recht lieb, und Fidus ist mir so wert. Aber ihn – ganz anders! Muß immer an ihn denken. Ist ja auch meine Pflicht, Dankespflicht, nicht wahr? Ich muß ihn liebhaben! Nicht?« Sie war ganz eifrig geworden. Er sah sie an. »Kind, wie alt bist du?« – »Vor wenigen Wochen war mein vierzehnter Winter vorbei.« – »So! So! So! Nun, meinetwegen hab ihn lieb, soviel du willst. Und was soll ich dir nun helfen?« – »Der Mutter Sinn noch vollends umzustimmen, denn es fehlt noch ein klein wenig. Ich bete nun also nicht mehr für ihn. Das heißt«, und sie lächelte wieder, fast so lieblich wie ihre Mutter, »nicht mehr laut. Aber im stillen heißer als je. Neulich abend nun – wir hatten ihn und den Vater verlassen –, als mein lautes Gebet zu Ende war, sagte die Mutter, ganz tief in Gedanken: ›Du bist ja noch nicht fertig.‹ – ›Doch.‹ – ›Nein. Bete wieder für . . . für deinen neuen Freund. Bete: Gott möge ihm ein versöhnlich Herz geben.‹ – Merkt Ihr was?« – »Ich glaube, ich merke was! Mehr als du merkst.« – »Er und die Mutter müssen sich wieder vertragen; sie müssen! Sonst scheint mir die Sonne nie mehr hell. Helft mir dazu! Aber horcht! Sie ruft mich. Verratet mich nicht! Könnt Ihr wohl auch ein solch schweres Geheimnis wahren?« – »Ei, ja, ich hoffe doch!« – »Gleich, Mutter, gleich!« Sie sprang dahin.

Der Alte sah ihr nach: »Sieh, sieh, das Kind! Es ward ein Jüngferlein! So war Hildigard, da sie mich liebte und es noch lang nicht recht wußte. Es ist ihr erster holder Herzenstraum. Sie ist die Mutter noch einmal, verjüngt und weicher. Papst Leo gibt ihm sicher die Erlaubnis, fordere ich sie. Wird das die Lösung für sie alle?«

Zweites Kapitel

In dem Wald, der sich zwischen der Burg Esesfeld im Westen und Welandsfleth im Osten hinzog, ritten aus einer Seitenrichtung, von Norden her einbiegend auf den Weg nach dieser Siedlung, Volkfried und sein Knabe; sie waren freudigen Herzens: Der böse Graf ward sicher bald unschädlich gemacht, und Acerbus hatte zugesagt, der Wiederaufbau des gegen das Recht geschädigten Hofes sollte auf Kosten des Schuldigen geschehen. Muthgard und die Kleine wußten sie gut aufgehoben bei dem andern Königsboten.

Es war ein schöner heller Wintertag, vom blauen Himmel herab lachte die Mittagssonne auf die Bäume, die im Rauhreif prangten – jede Nadel der Fichten funkelte, von vielen kleinen zarten Kristallen wie von winzigen weißen Federchen umschlossen –, und auf die harte Schneedecke der Waldstraße: Es war ein fröhliches Reiten in der frischen, wangenrötenden, aber nicht scharfen, windstillen, klaren Luft. »Laß uns doch wieder rascher traben«, drängte Volkbert. »Wir müssen ja nun doch bald am Ziel sein.« – »So rasch noch nicht. Vor der Nacht nicht. Es sind noch viele Meilen. Der rechte Reiter schont sein Roß. Immer zu hastig bist du mir! Sonst war ich zufrieden mit dir in diesen Tagen. Es hat mich nicht gereut, dich auf dein Bitten mitgenommen zu haben auf den Wegen kreuz und quer zu all den Nordhöfen. Es ist gut, daß du beizeiten das Nachbarland und die Nachbarleute ringsum kennenlernst.« – »Wann stößt der gute Herr Bischof wieder zu uns?« – »Bald, sowie er fertig ist mit den noch übrigen Höfen. Zu den letzten konnte er den Weg nicht verfehlen. So erbat ich Urlaub, mit dir zur Mutter . . . Aber horch! Da! Hinter uns hallen ferne Hufschläge, auf dem hartgefrorenen Boden hört man's weit. Das kommt von der Straße von Esesfeld her – Vorsicht!« Beide hielten und spähten scharf aus. »Bah«, rief der Knabe. »Es ist nur einer. Aber der hat's eilig, Vater! So sah ich noch niemals reiten. Der fliegt ja dahin!« – »Welch herrlich Roß! Aber den Reiter, meine ich, sollte ich kennen: . . . die Gestalt . . .« – »Jawohl! Und nun sieht man auch schon das Gesicht im hellen Sonnenschein. Das ist ja . . .« – »Mein

Bruder ist's! Was kann ihn hetzen zu so wildem Jagen?« Der Reiter war heran. Die langen dunkelblonden Locken hingen ihm wirr ins Gesicht, der Mantel flatterte weit hinter ihm her, tief lagen die Augen eingesunken, seine Wangen waren fahl, obwohl ihm der Schweiß von der Stirne troff. Er hatte nun auch die beiden erkannt, er hielt das keuchende Roß an, nicht mehr die wenigen Schritte, welche die Brüder noch trennten, konnte er zurücklegen; erschöpft, todmüde, ließ er sich vom Sattel gleiten in den Schnee.

Rasch war Volkfried an seiner Seite; er richtete ihn auf, rieb ihm die Hände, die Schläfen. Der Knabe mußte ihm aus einem Lederfläschchen Wein einflößen. Da schlug der Bleiche die Augen auf. »Bruder!« sprach er matt, aber hastig die Worte hervorstoßend. »Also lebst du wirklich, wie sie, die Wendin, sagte! Dich schickt der Himmel! Der Christengott, zu dem ich reuig wie zu Kaiser Karl wiederkehre! Ich kann nicht mehr! Du kannst, du wirst ihn retten!« – »Wen?« – »Eben ihn.«

»Wen denn, Bruder?« – »Den Kaiser!« – »Du fieberst, armer Bruder!« – »Nein, nein! O Gott, glaube mir doch! Es verrinnt die Zeit! Und jeden Augenblick können sie hier sein und auch dich aufhalten. Dann ist er verloren. Ich beschwöre dich; glaube meinen Worten! Der Graf dort – im Welandshof –, der alte Königsbote, ist kein Graf – es ist der Kaiser selbst!«

»Der Kaiser? Unmöglich!« – »Ach, niemand weiß es besser als ich! Ich hab ihn selbst gesehn!« – »Du? Was wolltest du in seiner Nähe? Man sagt, du bist des Dänenkönigs Gefolge!« – »Ich war's! Davon mehr später! Wenn wir am Leben bleiben, sollst du alles erfahren; auch er; denn er muß mir vergeben! Aber nicht jetzt. Ich erkannte den Kaiser. Ich jagte zurück, es dem König zu melden. Unterwegs traf ich Hardrad und Petrus. Leider, leider sagte ich es auch ihnen.«

»Du meinst, nun werden sie entfliehen?« – »O nein! Höre

nur! Als ich das Dänenheer erreichte, fand ich König Göttrik erschlagen.« – »Wie? Von wem?« – »Von einem Bauern, dessen Recht er brach! Nur Göttrik hab ich Treue geschworen, an die andern Dänen knüpft mich nichts. Reue, bittere Reue war über mich gekommen. Ich wollte zu Kaiser Karl zurück, alles eingestehen. Auf dem Weg von Sliesthorp her suchte ich Nachtlager gestern abend in Esesfeld. Man ließ mich ein, aber denke, Bruder, nicht mehr Sachsen und Friesen . . . Wilzen hausen in der Burg.« – »Was? Sind Hardrad und Petrus gefallen?« – »Sie haben die Wenden hereingelassen.« – »Die Verräter!« – »Sie haben vorher die Sachsen und Friesen unter allerlei Vorwänden fortgeschickt; in die leere Burg riefen sie die Wilzen.« – »Woher weißt du . . .?«

»Wlasta, die Wendin. Warte nur! Eins nach dem andern. Ich muß Atem sparen. Als Petrus durch mich erfuhr, der Kaiser weile in der Nähe, beschloß er, ihn zu ermorden.« – »Volkhelm!« schrie der Bruder auf; der Knabe starrte sprachlos vor Entsetzen auf den schwer Ringenden. »Hardrad wollte doch zuerst nicht daran. Er wollte fliehen zu den Dänen. Aber an der Grenze ward er zurückgewiesen. Göttrik war tot, und sein Neffe, der jetzt seine Krone trägt, sucht Frieden mit dem Kaiser, er nimmt keine Flüchtlinge aus dem Frankenreich auf. Verzweifelt kehrte der Graf nach Esesfeld zurück, nun willigte er in des Priesters Plan.« – »Unglaublich!« – »Sie verhandelten mit den Wilzen in der Nähe; ein Schwarm der Wenden besetzte die Burg; Hardrad und Petrus ritten davon, um zu einem zweiten Haufen hier im Wald zu stoßen; von hier aus wollen sie noch heute Kaiser Karl überfallen.« Volkfried sprang auf: »Zu Pferd, zu Pferd!« – »Deshalb jage ich ja wie Wotan durch die Wolken! Geduld! Nimm mein Pferd! Es ist ein Roß des Dänenkönigs. Viel rascher als . . .« – »Aber woher weißt du das alles?« – »Die Wendin, sage ich dir, Wlasta.« – »Die Dirne!« – »Sie bereut. Sie ist halb irrsinnig vor Gram.« – »Hat

Hardrad ihr . . .?« – »Nichts hat der ihr vertraut. Aber die Wilzen! Die zischelten untereinander in ihrer Sprache, Wlasta am Herdfeuer schlief nicht, wie sie wähnten. Sie vernahm, sie verstand alles. Sie verriet mir den Plan. Sie verhalf mit zur Flucht aus der Burg, noch vor Tagesanbruch, denn die Slawen wollten mich darin festhalten. Seitdem eile ich wie auf den Flügeln des Windes.«

»Und die Wendin wollte den Kaiser retten? Warum?« – »So forschte auch ich, voll Argwohn. Aber . . .« – »Nun, aber?« – »Ich verstehe sie jetzt. ›Du fragst noch?‹ sagte sie. ›Kaiser Karl ist, oft hat er es gesagt, das Allerherrlichste auf Erden für, für ihn.‹« – »Für wen?« – »So fragte auch ich. ›Für den einzigen Mann‹, erwiderte sie, ›der lebt, für Wlasta lebt! Und den Wlasta in das Elend trieb – für Volkfried. Er lebt, er reitet mit dem anderen Königsboten, so meldeten Leute aus den Nordhöfen. Um Volkfrieds willen rette ich seinen Kaiser.‹« – »Fort! Fort! Steig aufs Roß, Bruder, ich kann dich doch nicht allein hierlassen. Wenn die Wilzen . . .« – »Zu spät! – Da sind sie schon!« schrie Volkhelm, sich aufrichtend. »O weh! Jetzt sind wir und – ach! – der Kaiser verloren.«

Drittes Kapitel

Und also schien's.

Denn plötzlich ward der stille Wald lebendig.

Nicht von der großen Straße, nicht von Esesfeld, sondern seitwärts, von Süden her, kam ein Schwarm von Wilzen herangebraust. Sie tummelten ihre kleinen, magern, zottigen Klepper ohne Weg und Steg über die Schneefelder hin, manchmal einbrechend, fast bis an den Bauch, aber immer gleich wieder sich emporarbeitend, so kamen sie unglaublich rasch heran. Sofort sperrten sie, sobald sie dieselbe erreicht hatten, die Straße nach Osten, nach Welandsfleth; ein kleiner Haufen trabte auf die drei Sachsen heran. Diese saßen einstweilen im Sattel, Volkfried auf dem edlen Dänenroß, das ihm der Bruder hingedrängt hatte; auch Volkhelm war trotz seiner Erschöpfung wieder aufgestiegen, auf Volkfrieds Pferd. Aber das Entkommen schien unmöglich, zu groß die Übermacht.

Der Führer der einen Rotte winkte den Seinen mit der Hand, noch nicht zu schießen, denn ein Dutzend Hornbogen waren im Nu, auf jene drei zielend, gespannt. Er ritt auf die drei Bedrängten los. Er trug nicht wendische Pelze, sondern fränkische Waffen. Mit stumm eingedenkem Ingrimm erkannte Volkfried Golos, des Fronboten, verhaßte Züge. »Hui«, rief dieser, »das ist ein hübscher Fang! Lebend bring ich den Mörder Herrn Fortunats dem Grafen. Ergebt euch, ihr Sachsen.«

Statt der Antwort riß Volkfried das Schwert heraus. »Hierher, hinter mich, Volkbert! Komm, Bruder! Wir rennen sie über den Haufen.« Und was die Rosse rennen konnten, sprengten nun die drei Reiter auf jenen Haufen der Feinde los, der die Heerstraße nach Osten besetzt hielt. Volkfried kam durch. Ein Schwerthieb spaltete dem nächsten Wilzen die Pelzkapuze, den zweiten kleinen Gaul überrannte der starke dänische Hengst. Der dritte Slawe duckte sich scheu zur Seite. Wie ein Pfeil flog Volkfried weiter auf der guten Straße. Einmal nur schaute er sich um. Da sah er seines Knaben Roß stürzen und zugleich den Bruder von vier Wilzen gepackt.

Einen Augenblick schwankte er, er überlegte: »Umkehren? Noch einmal in die Feinde sprengen? Den Knaben herausreißen oder mit ihm sterben?«

Da hörte er Golos Stimme, der, allen voraus, ihm nachgejagt war: »Halt! Sachse, halt! Ich bürge dir für eure drei Leben! Gib's auf, den Kaiser zu warnen! Nicht? So will ich mit grausigen Qualen deinem Knaben die Seele aus dem lebenden Leibe reißen! Bleib, und er lebt! Flieh, und er stirbt!«

Das gequälte Vaterherz stöhnte tief auf, es krampfte sich zuckend zusammen. Aber nur einmal.

»Kaiser Karl!« rief der treue Mann und stieß dem Roß den Sporn in die Weichen, daß es, mächtig ausgreifend, davonschoß.

Viertes Kapitel

Die Höfe der sächsischen Bauern sahen und sehen heute noch einander alle so ziemlich ähnlich. Der gemeingermanische Hausbau hat hier eine dem Stamm eigenartige Gestaltung entwickelt.

So unterschied sich denn auch von dem schlichteren Heim der Volkinge der Welande reicheres Anwesen im Äußeren nur durch bedeutendere Größe. Auch hier umzog den Hofraum ein festgefügtes Pfahlwerk, die Hofwehre, auf der Stirnseite mit nur enger Pforte; im Rücken des Hauses gestattete eine breite Öffnung einem Pflug oder auch einem Wagen die Ausfahrt.

Auf der Bank neben der Haustür saßen Graf Francio und Muthgard. Lindmuth schmiegte sich an des Alten Knie.

Die Sonne hatte seit Mittag, durch Gewölk nicht gehemmt, ihre Schatten reichlich herabgesandt; schwacher, weicher Südwind brachte milde Luft; der freundliche Wintertag neigte nun gemach zum Ende. Es dämmerte allmählich; aber ein schönes rosiges Licht ergoß sich über den sonst klaren Himmel und über die feierliche Schneelandschaft von Westen her, wo die Sonne hinter leicht behauchte Schleier von Dunst und Duft hinabglitt.

Der Sendbote hatte Lindmuth zu sich in den Hofraum gerufen, ihr das reizvolle Schauspiel zu weisen; die Mutter war gefolgt, die Spindel in der Hand. Sie hatte auf die Holzbank neben der Tür eine dicke Wolldecke gebreitet und auf den hier schneefreien Boden ein Wolfsfell geworfen, daß der alte Herr behaglich eine Weile hier sitzen möchte; er hatte ihr freundlich gedankt und sie am Arm an seine Seite auf die Bank gezogen; denn auch die Mutter stand gar sehr in Gunst bei Herrn Francio. Aber Frau Muthgard atmete manchmal schwer, wenn sie niemand merkte.

»Immer fleißig, wackere Frau. Das lobe ich! So war auch meine liebe Mutter, die nun schon lang in Gottes Lichte lebt.« – »Wie hieß Eure Frau Mutter?« fragte Lindmuth. »Bertha.« – »Wie des Herrn Kaisers Mutter. Ja, die soll auch stets gesponnen haben, sagte Fidus. Die Leute rühmen, sie spann Gold und webte Frieden.« – »Ja, Frieden webte sie!« sprach er feierlich. »Unermüdlich versuchte sie ihre beiden hadernden Knaben zu versöhnen, bis . . . bis der jüngere so früh – starb.« Und er sah gar ernst vor sich hin.

»Nicht traurig werden, Herr Graf«, schmeichelte die Kleine. »Ich hab Herrn Audulf versprochen, Euch nicht verdüstern zu lassen. Seht, Euch geht's ja sehr gut! Ihr habt Euch nicht nach Vater und Bruder und nach . . . nun, überhaupt so zu sehnen wie ich – so sehr!« Muthgard unterdrückte einen Seufzer; aber der Graf hatte es doch bemerkt. »Ihr aber sehnt Euch nach dem Gatten, schöne Frau?« Ein leichtes Rot, ein lebhafter Ausdruck flog über die weiße Stirn, über die feinen, aber meist so stillen, fast allzu ruhigen Züge. »Ich leugne es nicht«, sagte sie. »Wir sind fast noch nie so lang getrennt gewesen.«

»Er muß nun bald kommen«, tröstete der Alte gutmütig. »Auch Acerbus muß nun bald hier sein«, fügte er zögernd bei.

Muthgard wandte das Antlitz von ihm und ihrer Tochter ab.

»Und Audulf muß zurückkehren. Und viele Boten müssen endlich eintreffen, auf die ich lange harre! Dann halten wir das große Sendgericht, und wehe . . . Siehe, auf der Straße, von Westen her – die Sonne blendet doch noch –, das ist ein Reiter. Wie der eilt! Das erträgt ja kein Gaul! Gleich, gleich ist er da.« – »Ist das nicht . . .?« zweifelte die Kleine. »Mein Mann!« rief die Frau. Aber hart erschrak sie, als dicht vor der Zaunpforte das Roß wie vom Blitz getroffen zusammenbrach, sowie der Reiter absprang. »Volkfried! Was ist . . .? Du glühst . . .!« – »Wo ist er?« – »Wer?« – »Ah, ich seh ihn schon! An dem erschrockenen Weibe vorbei, vorüber an der Tochter, ohne Wort, ohne Blick, stürmte er auf den Alten zu und warf sich vor ihm auf die Knie.

Darüber staunte Muthgard am meisten.

»Wer ist das«, fragte sie sich selbst in namenlosem Befremden, »daß er, daß Volkfried vor ihm kniet?« Sie brauchte nicht zu fragen.

»O Kaiser Karl«, rief ihr Mann. »Flieht! Rettet Euch, Herr Kaiser!« – »Kaiser Karl!«, riefen Mutter und Tochter zugleich, und unwillkürlich sanken auch sie auf die Knie nieder, gebeugt von allüberwältigender Ehrfurcht. »Mein Richter!« flüsterte Muthgard für sich. »Was verrätst du mein Geheimnis?« sprach unwillig der Kaiser, hoch sich aufrichtend. »Herr, es gilt Euer Leben!« rief Volkfried. »Wo – wo sind Eure Krieger? Wo Weland und die Seinen?«

Der Kaiser schwieg.

»Fort! Alle verschickt!« rief nun Muthgard, die sich erhoben hatte. »Wie bat Herr Audulf«, erinnerte Lindmuth, »nicht so verwegen zu sein! Jetzt versteh ich's erst!« – »Wie viele Männer sind im Hof, Herr Kaiser?« – »Außer mir nur ein Knecht Welands und einer meiner Krieger. Wer bedroht uns?« – »Ein Schwarm von Wilzen! Wohl fünfzig! Geführt von Hardrad und Petrus! Ermorden wollen sie Euch!« – »Wo ist Volkbert?« fragte die Frau ahnungsbang, den Finger auf seinen Arm legend. Da zuckte es wehevoll über des Vaters Gesicht. »Gefangen! Vielleicht schon tot.« Nur ganz leise stöhnte Muthgard; lautlos blieb Lindmuth, aber zwei große Tränen rollten ihr über die Wangen.

Der Kaiser hatte das nicht gehört, er hatte sich umgedreht und prüfend einen Blick auf das Gehöft geworfen. »Es ist nicht lang zu halten«, sprach er dann sehr ruhig. »Aber lang genug, um Euch zu retten!« fiel Volkfried eifrig ein. »Nur ein Mittel gibt's. Der wegkundige Knecht jagt sofort mit Euch davon, Acerbus entgegen. Wir anderen drei – die Feinde wähnen Euch noch hier im Hof –, wir verhandeln mit ihnen in Eurem Namen, als wäret Ihr im Haus. Wir halten sie eine Zeitlang hin. Endlich, wenn sie's merken, verteidigen wir eine gute Weile das Haus, bis Ihr geborgen seid. Aber eilt, eilt!«

»Eilt, eilt, Herr Kaiser«, flehten Mutter und Tochter.

Allein Kaiser Karl ließ einen langen Blick auf Volkfried ruhn und fragte ganz langsam: »Du stirbst darüber, unvermeidbar. Warum tust du das?«

»Warum? Weil ich Euch geschworen: ›Bis zum Tode getreu!‹ Das ist der Sachsen Eid.«

Da richtete Kaiser Karl seine hohe Gestalt noch höher auf, und schlicht sprach er: »Das gefällt mir, daß du das so gut weißt, Sachse. Aber merke, auch ich habe euch geschworen, euch zu schützen – ›bis zum Tode getreu‹. Das ist des Kaisers Eid. Der wird auch gehalten. Ich fliehe nicht, indes du hier für mich verblutest. Ich bleibe.« – »Herr Kaiser, unmöglich könnt Ihr doch . . .« – »Ich bleibe. Soll ich vor Wenden davonlaufen? Hab's nicht gelernt, und lern's nicht mehr. Bin zu alt.« – »Herr Kaiser, gedenkt des Reiches! Wenn sie Euch fangen! Was werden sie als Lösegeld erpressen!« – »Meine Söhne haben Befehl, mich niemals auszulösen. Und es hat keine Not, niemand greift lebend Kaiser Karl, der steht in Gottes Schutz. Und dieses Eisens. Zurück ins Haus. Wir wollen uns mannhaft wehren.«

Fünftes Kapitel

Und das tat not.

Kaum hatte Kaiser Karl und Volkfried die beiden Männer aus den Ställen und Nebengebäuden herbeigerufen, die zwei Tore des Wohnhauses sorgfältig geschlossen, ebenso die Fenster mittels der Holzläden, und alle Waffen, die in dem Gehöft aufzufinden waren, auf dem Estrich der Halle aufgehäuft, als von Westen her mit wüstem Geschrei der ganze Haufen der Wenden heranbrauste.

Sie staken alle in Pelzen, meist in Schaffellen, die Wolle nach innen; sie starrten von Schmutz. Von Schaffellen waren auch die hohen, viereckigen Mützen, die zum Schutz gegen die Kälte, auch gegen Pfeilflug oder Schwerthieb, so tief herabgezogen werden konnten, daß nur die Augen freiblieben. Seitenklappen, unter dem Kinn verknotet, deckten dann den Nacken, die Wangen und die Kehle. Über dem Schafwams flatterte den Reicheren über den Rücken hin ein Pelzmantel, bei den vornehmsten mit kostbarem Rauchwerk verbrämt; aber vom Knie abwärts gingen oder ritten auch die Führer nackt, barfuß. Nur um einen Fuß war ein schmaler Riemen geschnürt, um den Sporen aus spitzen Hartdorn zu tragen. Allein dieselben Führer prangten in phantastischem Putz. Gestohlene fränkische Gold- und Silbermünzen waren durchlöchert und auf die schmierigen Schaffellmützen nebeneinander aufgenäht, hohe Reiherfedern erhoben sich auf der Stirnseite. Doch ging auch von diesen goldprunkenden Fürsten der Slawen ein übler Geruch aus, von den selten gereinigten Lammfellen, von den niemals gereinigten Leibern. Sie trugen Hornbogen über der Schulter, kleine Rohrbolzen, oft vergiftet an der Spitze, in zierlich geschnitzten Köchern, Holzkeulen, vier oder fünf, vor dem Sattel in einem Ledergurt – sie wußten damit vortrefflich zu werfen –, leichte Lanzen und kurze, oft sichelähnlich geschweifte Hieblinge. Mit einem wölfischen Geheul begrüßten sie das Sachsengehöft, das schweigend im letzten Abendlicht des Wintertages vor ihnen lag und ihren Anprall fest, trotzig zu erwarten schien.

Im Augenblick waren sie abgesprungen von ihren musterhaft gewöhnten Gäulen, die regungslos stillstanden, wo immer ihnen der Reiter die Zügelriemen über den Nacken warf. Sofort waren die wimmelnden Gestalten über die Hofwehr geklettert, durch die Gatterpforte eingedrungen.

Es ward nun rasch dunkel; in der Halle verbreitete das Herdfeuer Licht und warf es bis auf den Flur. Die Angreifer führten rotflackernde Fackeln von Kien und Werg, welche sie durch den Schnee in den Erdboden stießen.

»Ein greuliches Volk«, sprach der Kaiser, »als Bundesgenossen schon – und erst als Feinde!«

Graf Hardrad trat vorsichtig, mit dem gelupften Schilde sich deckend, gegen die Vordertür, dicht neben ihm stand ein Fackelträger. »Herr Kaiser«, rief er mit scheuem Ton, »wir wissen, daß Ihr in diesem Haus weilt. Gebt Euch gütlich gefangen. Wir sind sechzig Mann. Gebt Antwort! Wo ist Kaiser Karl?« – »Hier!« erwiderte eine mächtige Stimme aus der halb geöffneten Luke. Der Fackelträger stürzte mit lautem Schrei, ein Wurfspeer hatte ihn getroffen. Die Fackel erlosch knisternd, aufspritzend im Schnee. Hardrad sprang zurück. »Er will's? Nun, also drauf! Von allen Seiten.« – »Drauf mit Beil und mit Feuer«, rief hinter ihm eine dunkle Gestalt und schleuderte die erste Fackel in das Holzwerk.

Der Kampf konnte nur kurz währen, allzu groß war die Übermacht. Die beiden andern, der Krieger und der Knecht, konnten dem Kaiser und Volkfried nicht helfen. Sie hatten alle Mühe, die in den »Achterhof« mündende zweite Tür des Hausganges zu halten.

Eifrig bearbeiteten die Wenden mit Feuer und mit scharfem Eisen die beiden Türen des Hofes und die Läden. Unter den vielen Beilhieben splitterten alsbald die Bretter der Türen. Nur im Anfang konnten die vier Männer hier und da durch eine rasch aufgerissene und rasch wieder geschlossene Ladeluke einen Pfeil schießen, eine Wurflanze schleudern. Bald mußten sie hierauf verzichten, denn sobald einmal die Angreifer die Luken genau bemerkt hatten, flogen, sowie sie von innen ein wenig geöffnet wurden, die kleinen Bolzen von den Hornbogen der Wenden herein.

»Was können wir beide tun?« flüsterte Muthgard, auf die Kleine deutend. Volkfried legte den langen Speer ab, schob den linken Arm in einen breiten Lederschild und zog das Kurzschwert aus dem Gürtel. »Beten! Heiß beten«, erwiderte er ebenso leise. »Es geht zu Ende.«

Im selben Augenblick flog die ganze Vordertür krachend nach innen, ihre brechenden Bretter trafen den Kaiser. Wildes Gejauchze der Slawen ergellte. Zwei von ihnen sprangen zugleich auf die Schwelle. Aber schon stand Volkfried zur Rechten vor Kaiser Karl. Mit dem Schildbuckel gegenfahrend fing er den Lanzenstoß des einen auf, der taumelte zurück, dem zur Linken schlug er das Schwert über das Gesicht. Einen Augenblick wichen die vordersten. Da trat der Kaiser ganz vor auf die Schwelle, offen und ungedeckt. »Wagt es, ihr Elenden«, rief er, »mich anzutasten! Vor euch steht der Gesalbte des Herrn. Weh dem, der Hand an mich legt.«

Einen Augenblick wichen alle zurück, vom Anblick des Kaisers eingeschüchtert.

Da mahnte eine heisere Stimme: »Hand anlegen? Nicht nötig! Wurfspeer und Pfeil!« Und der Priester gab das Beispiel, sausend flog seine Wurflanze. Aber schon stand Volkfried wieder vor dem Kaiser. Sein Schild fing auch dies Geschoß auf. »Nieder mit dem Sachsen!« schrie Hardrad. »Alle Speere auf ihn.« Ein Hagel von Geschossen flog auf die Türöffnung. Im nächsten Augenblick staken und hingen so viele Wurfspeere und Bolzen in Volkfrieds Schild, daß er ihn nicht mehr halten konnte. Müde senkte er den linken Arm. Und da rannte, die Lanze mit beiden Händen fassend, ein neuer Feind herzu: Golo war's. Scharf zielte er auf des Sachsen schutzlose Brust, der, seiner nicht achtend, mit gezücktem Schwert nur den Kaiser zu schirmen bedacht war. Schon erreichte fast des Feindes Speer Volkfried, als ein machtvoller Schwerthieb auf jenen niedersauste, Sturmhaube, Haupt und Hals des Angreifers spaltend. Lautlos fiel er.

»Danke, Herr Kaiser!« rief Volkfried. »Das war ein Streich.« – »Ja! Joieuse, die freudige Klinge«, sprach der Alte ruhig, »ist noch immer scharf.« Mit scheuer Furcht, mit Entsetzen wichen die Slawen, die den gewaltigen Hieb gesehen.

»Drauf, ihr feigen Wenden«, mahnte der Priester. »Flieht ihr vor einem Greis?«

»Herr«, erwiderte einer der Gescholtenen. »Er sieht aus wie der weißbärtige Gott des Todes!« – »Das war keines greisen Mannes Hieb!« – »Feuer fliegt aus seinen Augen!« – »Das ist kein Sterblicher!« – »Laß doch sehen! Gib mir deinen Bogen!« Und der Priester kniete nieder und zielte scharf.

Da kam Graf Hardrad von hinten her um die Ecke des Hofes zurück. Er hatte versucht, von dort her einzudringen, um den Kaiser plötzlich, überraschend von hinten, lebend zu fangen. Er scheute sich noch immer, ihn zu töten; auch erwog er im goldgierigen Herzen, was ihm die Slawen oder Awaren oder Byzanz für diesen Gefangenen zahlen würden. Aber die Tür da hinten und die beiden Verteidiger gaben nicht nach. Und das Geschrei, das die Wilzen bei Golos Fall erhoben, rief ihn nach vorn. Er überblickte rasch die Lage. Sofort schlug er mit dem Schwert dem Priester den Bogen aus der Hand. »Lebend müssen wir ihn haben! Stellt euch! Ein Anlauf! Den Sachsen niederstoßen, den Alten greifen.« Volkfried überblickte die Gefahr. »Leb wohl, Muthgard«, rief er. Denn nun schien doch das Äußerste unabwendbar. Wohl bedeckte Volkfried den Kaiser mit seinem Leib, aber ermattend wankte er, und mit ihm wankte der Kaiser.

Da erscholl plötzlich aus den hinteren Reihen der Angreifer gellendes Geschrei: »Flieht! Die Franken! Die Sachsen über uns! Flieht!«

Und gleichzeitig ertönten von fern her die helle Trompete des fränkischen Heerbanns und der dumpfe Hall des sächsischen Stierhorns. Fackeln in großer Zahl näherten sich rasch, manche der Wilzen flohen. Freund und Feind horchte nach der Ferne hin.

Graf Hardrad eilte an die Tür des Zauns, um zu sehen, was es gebe.

Diesen Augenblick ersah Petrus. Er hatte sich bis dahin im Dunkeln niedergekauert; nun schnellte er vom Boden auf und zielte mit dem Dolch einen tödlichen Stoß auf den Kaiser. »Stirb, Tyrann!« zischte der Langobarde. Aber im selben Augenblick stürzte er zu Boden. Der erste der Erretter, weit voraus allen andern, hatte den Zaun von der Seite her, eine Streitaxt in der Rechten, überklettert und den Priester niedergeschlagen.

»Volkhelm! Fluch!« schrie der im Fallen. Volkfried wandte sich staunend seinem Bruder zu. Da warf ein Wilze die Lanze auf den Kaiser.

Und er traf; aber nicht Kaiser Karl, sondern Volkhelm, der – es war das einzige Mittel, um den Kaiser zu retten – dazwischensprang. »Volkhelm!« rief Volkfried. »Du stirbst?« – »Ich glaube. Aber der Kaiser – ist gerettet. Und dein Knabe lebt auch.«

»Zu Hilfe«, schrie einer der beiden Knechte von der Rückseite des Hauses her, »sie dringen ein!« Da eilte der Kaiser mit erhobenem Schwert zu Hilfe in den Gang.

Schon kehrte Graf Hardrad von der Zauntür zurück. »Fliehen können wir nicht mehr«, rief er. »Wohl aber den Kaiser, bevor sie da sind, fangen. Dann – sein Leben für das unsrige. Hört!« Und er flüsterte leise, mit hastigem

Deuten auf die Tür, dann auf Volkfried. Gleich darauf teilten sich die Wenden. Eine Schar zog sich um die Ecke des Hauses herum, um die Angreifer auf der Rückseite zu verstärken. Sechs andere warfen sich zugleich auf Volkfried.

Wohl wehrte sich der heldenhafte Mann gewaltig, aber in dem Ringen ward er von der Schwelle herausgezerrt. Und nun war er verloren.

Wie ein Rudel Hunde – mag gar mancher unter ihnen blutend davongeschleudert werden von den grimmigen Hauern – den tapferen Eber zuletzt doch deckt, wehrlos macht und niederhält, bis ihm der Jäger den Fang gibt, so riß die Überzahl der Slawen den starken Sachsen trotz allen Widersträubens endlich zu Boden. Zwei hielten seinen linken Arm gepackt, auf jedem seiner Füße kniete einer, und Graf Hardrad, über ihn gebeugt mit gezücktem Schwert, spähte nach der Blöße der Brust, die der müde rechte Arm doch nun gleich öffnen mußte, mit dem er sich – das Kurzschwert in der Faust – noch verzweifelt verteidigte.

Da schrie ein Wende vorn in der Hoftür einen Warnungsschrei und fiel.

In der Hoftür erschien ein Mann, der erste der Entsatzschar. Er trug, barhäuptig, weder Brünne noch Schild. Ein dunkler Mantel flatterte um die Gestalt, ein nacktes Schwert, irgendwo aufgerafft, hielt die geballte Faust. Er spähte in den Hofraum, wo nur schwer Freund von Feind zu unterscheiden war. Nun langte hinter ihm ein zweiter Mann an, ein vollbewaffneter Krieger: »Zurück, Herr, um Gottes willen!« rief der. »Es sind zu viele! Wir sind des sicheren Todes! Wartet hier.« Aber nun hatte der im Mantel die Lage überschaut, den am Boden Liegenden erkannt. »Volkfried?« rief er. »Ich komme!« Im selben Augenblick stand er mitten zwischen den Wenden. »Graf Hardrad! Seht Euch vor!« rief einer derselben niedertaumelnd. Schon riß der Retter Volkfried an dem rechten Arm vom Boden auf.

»Graf Hardrad!« rief er. »Wendet Euch. Nicht morden, fechten müßt Ihr jetzt.«

»Wer wagt es? Tollkühner!« schrie der Graf, ließ ab von Volkfried, der sich nun wieder mit Erfolg der Wenden erwehrte, und warf sich auf den neuen Angreifer.

Und nun begann ein fürchterliches Fechten!

Wohl war Hardrad der Stämmigere, wohl deckten ihn alle Schutzwaffen, Eisenhelm, Brünne und Schild, und schutzlos bot ihm Haupt und Brust sein kühner Feind, aber er war ein ausgezeichneter Fechter, dieser Feind. Zwar sprang ein Wende von hinten herzu und schlug ihm eine Wunde in den Rücken, daß das Blut hoch aufspritzte, aber er achtete es nicht. Er führte die Klinge so meisterlich, als wäre sie beseelt. Im Doppelschwung, wie eine zuckende Schlange, züngelte sie bald rechts, bald links um das wuchtige Hiebschwert des breitschultrigen Grafen, alle die zornigen, starken, aber ungeschlachten Streiche auffangend, nicht zurückschlagend, nur eine ungedeckte Stelle an dem Leib des Gepanzerten zum Stoße suchend.

Hardrad ward immer grimmiger über die Erfolglosigkeit seiner besten, bewährtesten Hiebe: »Ich mach ein Ende!« schrie er nun, faßte, den Schild fahrenlassend, das gewaltige Langschwert mit beiden Fäusten und hob es, um einen furchtbaren Hieb auf das helmlose Haupt herabzuschmettern.

Aber dieser Hieb fiel nicht mehr. Mitten durch die Kehle fuhr dem Grafen zuvor blitzschnell die schmale, scharfe Klinge. Rasselnd in allen seinen Waffen, stürzte er schwerfällig auf den Rücken. Da flohen schreiend die Wenden aus dem Hof. Volkfried war frei.

»Ihr, Bischof? Ihr seid's!« rief er. »Zum Kaiser!« antwortete der und sprang in das Haus. Muthgard eilte ihm entgegen. »Wo ist der Kaiser?« fragte er. »In Sicherheit! Der Seneschall ist von hinten in den Hof gedrungen. Aber wo ist mein . . .?«

»Da«, sprach der Bischof, Volkfried vor sich her auf sie zuschiebend, wankend, auf sein ganz blutig Schwert gestützt, »da, Frau Muthgard, habt Ihr Euren Mann!« – »Er allein hat mich gerettet«, rief Volkfried. »Eure Wunde . . .?« – »Nicht der Rede wert! Aber nun war's doch wohlgetan, daß Gott – mich schuf.«

Und er stürzte zu Boden.

Sechstes Kapitel

Alsbald nach des Grafen Fall waren von allen Seiten die Befreier herbeigeströmt, auch Volkbert war in die Arme der Eltern geeilt.

Hell leuchtete am andern Tag aus klarstem Winterhimmel die Sonne auf den Welandshof. Im Laufe dieses Tages waren auf gar vielen Wegen eilende Boten eingetroffen, welche dem Kaiser brieflich oder mündlich allerlei Nachrichten brachten. Immer heller und heiterer wurde das gewaltige Antlitz.

Die Spuren des Kampfes wurden unter Frau Muthgards sorglicher Leitung, so gut es ging, getilgt, die Erschlagenen fortgeschafft und im Walde eingescharrt.

Volkhelm, der unter der Schwägerin Pflege das Bewußtsein wiedererlangte, lag, wohlgebettet, in einer Kammer des Hofes. Die Gatten und die beiden Kinder saßen an seiner Seite.

Der Knabe aber erzählte, denn Volkhelm war das Sprechen fast unmöglich.

»Gewiß«, rief Volkbert, »hat der Herr Kaiser dem guten Oheim hier seine Rettung zu danken. Er war es doch, der all die Franken und Sachsen herbeigeholt, die dem Vater und dem Kaiser herausgeholfen. Aber freilich, der Oheim und ich, wir wären nicht losgekommen ohne die Wendin –

weißt du, Vater? –, die Wlasta! Das war nämlich so. Gar traurig lagen wir beide, der Oheim und ich, an Händen und Füßen mit Stricken gebunden, nebeneinander im Schnee. Nachdem es Golo aufgegeben hatte, dem Vater nachzusetzen, erhob er drohend die geballte Faust gegen uns und schrie: ›Entgeht uns der Fang durch des Sachsen Warnung, zerbrech ich euch alle Knochen im Leib.‹ Er hatte die Vorhut der Wenden geführt; bald traf der größere Haufen, unter dem Grafen und dem Abtvikar, ein, und auch von Esesfeld her kamen ein paar Reiter. Diese – die Wilzen sind ja des Landes fremd – zu geleiten, hatte sich ihre Stammesgenossin Wlasta erboten. Sofort brach die ganze Schar gegen euch auf. Wir wurden auf ein Pferd gebunden; ein paar Wilzen sollten uns mit Wlasta nach Esesfeld bringen. Noch waren wir nicht weit geritten – gar traurig gedacht ich, daß ich euch alle drei wohl niemals mehr im Leben sehen würde! –, da trieb die Wendin ihr Rößlein an uns heran und rief laut, drohend, scheltend in ihrer Sprache gegen uns. Wir verstanden es nicht. Ja sie hob die Hand und schlug mit geballter Faust dem Oheim ins Antlitz und mir auf den Rücken; sie fuchtelte in der Luft herum gegen uns mit einem scharfen Messer. Der Slawe hinter uns lachte ihr zu und ritt an uns vorüber. Kaum hatte er uns den Rücken gekehrt, da zerschnitt sie mit dem Messer gar flink unsere Stricke und flüsterte uns auf sächsisch zu: ›Nun reitet, was ihr könnt! Im Süden zieht, so meldeten eben die Späher dem Grafen, eine fränkische Schar, die holt nach Welandshof zu Hilfe. Du aber‹, sprach sie zum Oheim, ›sag ihm, wenn er den Knaben in die Arme schließt, die Wendin schickt ihm den Sohn. Er soll sie nicht mehr, in seinen Gedanken, mit dem Fuß stoßen.‹ Ich weiß nicht, was das heißen . . .« – »Weiter«, drängte Volkfried. »Weiter.« Aber er verzieh der Ungestümen in seinem Herzen.

Frau Muthgard nickte leise, verständnisvoll vor sich hin.

»Kaum«, fuhr der Knabe eifrig fort, »merkten die beiden Wilzen, was geschehn war, als sie die Gäule wendeten, um uns nachzusetzen. Dem einen fiel das Mädchen in die Zügel und hielt ihn so lange fest, bis er sie aus dem Sattel hieb. Ich sah es, denn ich, hinter dem Oheim sitzend, schaute mich angstvoll um. Lautlos fiel sie in den Schnee. Nun setzten uns beide nach. Aber nicht gar weit. Der von Wlasta Aufgehaltene kam uns schon gar nicht mehr nach. Und der Oheim kannte die Gegend. Er verließ sofort die festgefrorene Straße und sprengte mitten in den Wald hinein; er mied meistens die lockeren, die unsicheren Stellen. Wohl sanken auch wir zweimal in den tiefen Schnee ein, aber rasch half der Oheim dem Rosse heraus, und wir jagten wieder davon, während der eine Wilze, der uns noch nachsetzte, so oft und so tief einbrach, daß er uns bald nicht mehr einholen konnte, sondern aus den Augen verlor. Wir eilten nun immer fort nach Süden, wohin uns die Wendin gewiesen. Und wie es dunkel ward, sahen wir nicht mehr gar weit Fackeln glänzen. Es waren die Leute des Bischofs und des Seneschalls, die aber gar nicht zu euch – durchaus nicht! –, sondern noch weiter gen Süden ziehen wollten. Der wilden Verzweiflung des Oheims glaubten sie gar bald. Herr Audulf gleich, aber der Herr Bischof machte große Augen, daß es hier den Herrn Kaiser zu retten gelte. So ritten sie und wir denn, was die Rosse laufen konnten. Und kamen, scheint es, gerade noch zu rechter Zeit.«

Volkhelm hatte der Erzählung eifrig zugehört, manchmal genickt, manchmal die starr blickenden Augen noch weiter aufgerissen. Jetzt sprach er mit matter Stimme: »Bruder, ich kann nicht sterben, ohne daß er mir verzeiht! Rufe mir den Herrn Kaiser herbei.« – »Ach«, mahnte Volkfried, »quäle dich nicht darum. Du hast wie so viele Tausende unseres Volkes den aufgezwungenen Eid gebrochen, bist zuletzt zu den Dänen geflohen. Das ist zwar sehr schlimm, aber er hat so vielen verziehen, die ihn nicht, wie du, reuig vom sicheren Tod gerettet. Er hat dich gestern schon von der Acht gelöst, er wird auch dir verzeihen. Laß es gut sein.«

»Nein, Bruder! Du weißt nicht . . . sollst es nun auch . . . nicht mehr erfahren. Ich flehe dich an, ruf ihn! Aber sag ihm vorher, was der Knabe erzählt, daß ich ihn wirklich gerettet! Es eilt, ich kann nicht mehr warten.«

Volkfried ging zum Kaiser in die Halle, erzählte ihm alles und sagte ihm des Sterbenden Wunsch. »Ihr werdet nicht!« rief Audulf zornig. »Ihr sagtet ja, es sei kein Zweifel – Ihr habt ihn gleich erkannt . . .« – »Still, Seneschall!« sprach der Kaiser, sich ruhig von dem Sitz erhebend. »Soll ich einem Sterbenden, einem so tief Bereuenden nicht verzeihen?«

»Nein! Warum?«

»Warum? Ich bete jede Nacht vor dem Einschlafen das Vaterunser. Soll ich nicht mehr sprechen können: ›Wie wir vergeben unseren Schuldigern‹?«

Gleich darauf stand er am Lager des Sterbenden.

»Herr, Herr!« hauchte der, mit letzter Kraft sich auf dem linken Ellbogen aufrichtend und ihm die rechte Hand entgegenstreckend. »Verzeiht mir – alles! Schweigt vor Volkfried von dem andern.«

»Das bleibt zwischen uns beiden«, sagte der Kaiser. »Ich habe dir gestern abend schon verziehen, bald nachdem ich dich erkannt. Ich hatte vor, dich, wenn du genesen, nach Spanien gegen die Sarazenen zu schicken, mit dem Auftrag, dort zu kämpfen, bis du für den Herrn Christus und für mich den Heldentod gefunden. Du findest den schon jetzt! So gehe mir voraus zum Heiland; grüße ihn von mir und sag ihm, daß ich dir vergeben habe. So vergib auch du, Herr Christ, ihm seine vielen Sünden, denn er hat's nötig.«

Und er reichte ihm die Hand, Volkhelm drückte sie, sank

zurück und starb. Und Volkfried weinte, wie er den Bruder begrub.

Siebentes Kapitel

In einem Nebengebäude des Hofes an dem Lager des Bischofs saß ein grauköpfiger welscher Mönch, der Heilkunst tief gelehrt; er war als einer der Boten aus Italien gekommen.

»Bruder Sincerus«, sprach der Bischof, die dunklen Augen ihm in die Seele senkend: »Ihr schweigt noch immer? Wohlan, bei Eurem priesterlichen Gehorsamseid legt Euch der Bischof von Arezzo zwei Pflichten auf. Vorerst, Ihr sollt mir die volle Wahrheit sagen.« – »Ich werde sie Euch sagen.« – »Was wird mit meiner Wunde?« – »Ihr könnt heute noch, jetzt gleich, aufstehen.« – »Ja, aber dann? Ich werde doch sterben, oder? Ihr zögert? Die Wahrheit, Bruder Sincerus. Redet? Ich gebiete es.«

Diesem Blick war weder auszuweichen noch zu trotzen. »Ja, Ihr werdet sterben. Der Rückenwirbel ist zu schwer verletzt. Ihr werdet jetzt genesen, werdet auch, nicht ohne bittere Schmerzen freilich, gehen, reiten können, aber nicht gar lange Zeit.« – »Wie lange?« – »Ein Jahr, vielleicht zwei.« – »Es ist gut so.« – »Wie, hochheiliger Bischof?« – »Sehr gut sogar. Sterben für sie, auf daß sie ihn behält! ... Nun gelobt mir, zum zweiten, Schweigen gegen alle!« – »Auch gegen den Kaiser?« – »Auch gegen den Kaiser.« – »Jedoch, die blonde Frau? Es sind ja jetzt viele in den Häusern, aber ich meine die Schöne. Sie versteht sich offenbar gar fein auf Wunden; ich erstaunte über ihre Fragen, sie will Eure Wunde untersuchen, sie wird alles merken.« – »Nein«, sprach der Bischof kurz, die Decke zurückschlagend und sich erhebend, »denn ich stehe ja jetzt genesen auf. Da ist nichts zu untersuchen. Helft mir beim Ankleiden.«

Als sie damit fertig waren, trat der Kaiser ein. Der Mönch verneigte sich und ging. »Ich danke auch Euch, mein schwerttapferer Herr Bischof. Ich war sogleich bei Euch, als der Kampf zu Ende war. Aber Ihr lagt bewußtlos da.« Des Bischofs bleiche Wangen erröteten heftig, er beugte tief das Haupt. »O mein Herr und Kaiser! Euch, Euch hab ich gebeichtet.« Der Kaiser reichte ihm die Hand. »Es ist alles gutgemacht. Ich komme als ein Bote von ihr. Von Frau Muthgard. Sie wollte Eure Wunde pflegen, aber ich sehe, daß dies nicht mehr notwendig ist. Und dann wollte sie vor ihrem Mann und mir mit Euch reden. Überwindet es! Ich will Euch heute gar nicht Eurer Priesterschaft mahnen. Ihr seid wund am Leib und an der Seele, sonst spräche ich ganz anders! Hört aber ein Wort, wenig christlich, wenig kaiserlich, aber wahr: Ein Mann, der sich zergrämt, weil ihm ein Wunsch nicht erfüllt werden kann . . .« – »Ein Wunsch! Der Wunsch des Lebens!« – ». . . ist ein Tor. Oder krank.« – »Oder er liebt.« – »Seht auf mich, mein Blut war sehr heiß, meine Macht fast ohne Schranken, und doch sag ich Euch, es kann ein Mann nicht jedes Weibes froh werden, dessen er begehrt.«

Der Wunde richtete sich hoch auf: »Ihr vergeßt, großer Kaiser, ich habe, solang ich atme, nur ein Weib geliebt.«

»Ihr – Euer Schicksal – schafft ihr Unrast.«

Der Bischof schüttelte lächelnd, zweifelnd ein wenig den Kopf.

»Doch! Ich weiß es! Von Eurer kleinen Freundin weiß ich es. Wie hold ist dieses Kind! Und ganz die Mutter, süßen Reizes voll! Wie wär's, mein Freund? Papst Leo tut, was ich verlange. Ich könnt die Kleine haben, sobald Ihr wollt. Ja, Ihr habt sie schon!«

Abwehrend streckte Acerbus den Arm aus. »Wer die Rose verlangt, den tröstet nicht die Knospe. Wie sagt Frau

Muthgard? ›Lieben, das ist Ewigkeit!‹ Recht soll sie auch darin behalten.« – »Euch ist nicht zu helfen! Übrigens, es ist mir lieb, daß es dem herben Sachsenweib doch endlich zu Herzen geht. Ich wartete darauf, bei dieser Art von Frau.« – »Weshalb?«

»Weil . . .! Nun, es gibt auch eine andere Art von Weibern, die solches freut und ihres Reizes Schaden stiftend Werk. Sie spielen mit dem Verderben aus eitel Übermut. Dagegen diese Muthgard! Laßt mir die Frau fortab in Frieden und Ruh!« – »Ich habe ihren Frieden nie gestört. Und ihre Ruhe? Hab ich die gestört, so gebe ich sie ihr wieder. Kommt, Herr Kaiser, Ihr sollt mit mir zufrieden sein.«

Achtes Kapitel

Sie gingen in das Hauptgebäude; der Wunde hielt sich ganz aufrecht, nur beim Ausschreiten stützte er sich manchmal auf das Schwert, das er, aus dem Wehrgehänge gelöst, eingescheidet in der Rechten trug.

In der Halle trat Muthgard mit der Anmut ihres schwebenden Schrittes ihm entgegen, ihr Mann folgte. Sie hielt die Augen streng niedergeschlagen und wandte das Haupt leicht zur Seite, als sie mit fester Stimme sprach: »Herr . . . Acerbus!« – »Ich heiße wieder Richwalt.« – »Ich danke Euch für meines Gatten Leben.« – »Und du verzeihst . . . Ihr verzeiht mir?« rief er rasch. Innig bittend, angstvoll flehend hafteten seine dunklen Augen auf dem so schönen, aber nun so strengen Antlitz; sie fühlte das wohl, aber sie wandte sich schweigend noch weiter ab.

Ein langes, banges, banges Schweigen. Ihm schien es endlos. Das Herz pochte ihm zum Zerspringen.

Endlich, endlich belebten sich ihre starren Züge.

Kaum merklich öffneten sich die fest geschlossenen Lippen. Noch immer abgewandt, mit niedergeschlagenen Wimpern, hauchte sie ein ganz leises, kaum hörbares »Ja!«

»Das kam hart heraus!« stöhnte er.

Dieses gepreßte, aber abgrundtiefe Weh drang doch überwältigend in das lang schon ringende Frauenherz. Sie fühlte den Wunsch, den Trieb, ihm irgend etwas zu bieten, zu spenden, zu gewähren. Ihr suchender Blick fiel auf einen kleinen Becher, der auf dem Tisch stand. Es war nur ein ganz klein wenig Wein darin, aber sie langte danach und reichte ihm schweigend das Gefäß, die Augen nun voll auf ihn gerichtet; ein holdes Erröten überflog die weiße Stirn. Er ergriff den Becher und schlürfte hastig die paar roten Tropfen. »Ja, ich verzeih Euch ganz! Und mehr noch!« Alles kam sehr schwer heraus. Sie stockte wieder. »Es ist nicht recht . . . es tut mir leid, daß Ihr Euch . . . Der Herr Kaiser sagt – und der muß es verstehen! –, es wäre schade um Euch. Und Eure Freundin Lindmuth«, hier lächelte sie ein wenig, »die meint das auch. Sie redete mir sehr eifrig zu, ich soll . . . Ja, und will es Euch auch sagen! Ich . . . Ich kann es nur so schwer zeigen! Ich hasse Euch nicht mehr, seid Ihr doch sein Retter. Ich will versuchen, ob ich kann! . . . Ja, ich meine, ich werde es können. Ich glaube, ich bin Euch schon . . . fast . . . ein ganz klein wenig gut.«

Sie hielt inne und atmete tief, wie nach einer großen, schweren Tat.

Da leuchteten zum erstenmal Herrn Richwalts traurige Augen auf.

Und eine große Wandlung kam nun über ihn. Wohl verflog jenes Aufleuchten sofort wieder, allein über diesen Augen, die sonst traurig oder allzu scharf geblitzt hatten, lag es jetzt wie ein sanfter Schleier; die bleichen Wangen, allerdings heute noch bleicher, wurden nicht mehr von jäh aufflammender Lohe gerötet. Das unruhige Wetterleuchten zuckte nicht mehr über das versöhnte Antlitz hin, ein Hauch leiser Wehmut, aber aufgelöst in Frieden, schwebte darüber, und mild war seiner einst herben Stimme Klang, als er begann: »Ich habe nun in diesen Tagen, und vollends in dieser letzten Nacht, Frieden gefunden. Nicht durch das Gebet! Nicht durch die Heiligen! Nicht der Priester, der Mann in mir hat mir geholfen, hat gesiegt. Oh, welche Wonne war's, wieder einmal das Schwert in der Faust zu fühlen. Ich gönne Euch von ganzem Herzen Eurem Mann. Nicht Euch besitzen ist das Höchste, Euch würdigen. Und darin«, er lächelte traurig, »nehme ich es getrost auch mit Freund Volkfried auf! Ihr seid schön, wohlan, so ist der Stern, der gestern abend, der dann die lange Nacht über auf mein Lager schaute. Ich will den lichten Glanz nicht für mich, will nicht ihn haben. Aber ich darf ihn doch schauen, darf mich freuen, daß Gott der Herr ihn so wunderschön geschaffen. So darf ich Euer gedenken, immerdar, daß Ihr so schön seid und so gut! Ihr bleibt mir heilig, bis ich sterbe! Es war ein furchtbares Leiden. Aber nun, nachdem sich alles so gewendet, so vortrefflich für uns alle«, da rüttelte ihn bitterster Schmerz, er griff nach dem Pfeiler der Halle, um sich zu halten, faßte sich aber sofort wieder, »nun gebe ich, was ich erlebt und gelitten, gebe ich mein Weh für alles Glück nicht hin. Nachdem ich dies bestanden, trotze ich allem, was noch kommen mag auf Erden. Seltsam! Ich muß jetzt der Sage gedenken, die mir dereinst ein Skalde sang in grauem Bart.« Er fuhr wie träumerisch mit halb geschlossenen Augen fort: »›Ein Held sah einst die blonde Göttin Freia selbst. Er liebte sie. Da lächelte die Göttin, sie verzieh ihm, und sie zog aus ihrem goldenen Haar ihre goldene Nadel und fuhr ihm damit ritzend über die Brust. Nie heilt die Wunde und ihr süßes Weh, doch unbezwingbar ward der Held im Kampf, und keinen anderen Schmerz der Welt verspürte er mehr.‹

So sang der Skalde. Es war ein trauriges, aber stolzes,

schönes Lied. Ich konnte Euch nicht zwingen, mich zu lieben, aber wenn ich einst, vielleicht lange vor Euch, sterben werde ...«

»O Richwalt!«

»... dann werd ich Euch gezwungen haben zu sagen: ›Das war ein Sieger.‹ Und dann wird meiner Augen letzter Traum sein – Euer Bild.«

Er ließ sich nun langsam niedergleiten auf die Bank der Halle. Er winkte mit der Hand, sie möchten ihn ruhen, ihn allein lassen.

»Nun ist ja alles gut mit ihm«, sagte Volkfried im Hinausschreiten.

Die Frau sah zu ihm empor und nickte. »Ja, freilich, ganz gut! Nicht er liegt mir jetzt noch in Gedanken, nur ... das andere!«

Der Kaiser folgte den Gatten. Er warf noch einen Blick auf Richwalt und schüttelte schweigend das Haupt.

Neuntes Kapitel

»Und nun, Frau Muthgard«, hatte der Kaiser gesagt, »nun sollt Ihr uns zeigen, was Ihr als Hausfrau leisten könnt. Keine Frau, nur Mägde sind ja im Welandsfleth. Welandig selbst, seit langem verwitwet, ist noch nicht zurück von den Botengängen, auf welche ihn Graf Francio verschickt hat. Auf Mangel an Vorräten sollt Ihr Euch nicht ausreden können. Ich gebe Euch freie Hand über all die zwanzig Wagen, guter Dinge voll, die da draußen aufgefahren sind auf dem Hof. Ihr seid morgen des Kaisers Mundschenk, Truchseß und Küchenmeister, Euch müssen all die Meinigen gehorchen. Ihr rüstet uns das Kaisermahl, das Siegesfest!«

»Euer Wille wird geschehen«, erwiderte die Frau ruhig und ging ans Werk.

Der Kaiser und der Seneschall lehnten in einem der Fenster und sahen hinaus in den Hofraum.

»Herr«, sprach Audulf, »schaut nur die Frau, diese sächsische Bäuerin! Habt Ihr je ihresgleichen gesehen an Vornehmheit zugleich und Anmut? Wie sie jetzt über den Hof hinschreitet, nein, hinschwebt! Sie trägt in der Hand nur eine Schüssel kalten Fleisches, aber sie trägt sie, als wär's der Königshort zu Aachen in der Pfalz! Und seht nur, wie sie da für ihren Gruß den langobardischen Reiterführern dankt: so freundlich, so fraulich und doch so vornehm! Die halten sie – so ehrerbietig verneigen sie sich! – für eine Herzogin. Herr Kaiser, das wäre eine Frau für Euren Sohn, Herrn König Karl, der noch unvermählt ist.«

»Ei, ei, Herr Seneschall im grauen Bart! Auch Ihr? Großvater seid Ihr? Ich werd es Eurer Frau in Aachen melden! Haben wir zwei Greise nichts Weiseres zu reden als von dieser blonden Frau?« – »Weiseres vielleicht, Besseres nicht.« – »Und Schöneres schon gar nicht! Und keine königlichere Frau verlangte ich mir für meinen Sohn! Allein, wir werden sie doch wohl diesem glücklichen Volkfried lassen müssen, wir, wie – wie andere Leute. Nun wollen wir gehen, um uns für Frau Muthgards Mahl umzuziehen.«

Und gar gewaltig und stolzprangend erschien Kaiser Karl, eine wahrhaft kaiserliche Gestalt, wie er, der siebenmal seines eigenen Fußes Länge maß, nun alsbald mit feierlich langsamem Schritt in die Halle trat.

Unter dem blauen Mantel – eine kostbare griechische Spange hielt ihn auf der Schulter zusammen – trug er jetzt ein golddurchwirktes Gewand von weißer Seide. Edelsteine schmückten seine goldenen Schuhe. »Joieuse, die freudige Klinge«, hatte er abgelegt. Er führte, aus dem Wehrgehänge gelöst, in der Hand, wie einen Stab, ein breites Prunkschwert in silberner Scheide. An dem Kreuzgriff desselben funkelten und blitzten ebenfalls lichte Steine, und zwei schwere goldene Ketten umzogen den mächtigen Nacken; hell leuchteten, freundlich und freudig, die großen hellblauen Augen. Ganz großartig, gebieterisch war die große, machtvolle und doch mildfreundliche, echt väterliche Erscheinung.

Der Seneschall hatte gestaunt, als ihm Kaiser Karl, der sonst stets in einfachster Gewandung ging, geboten hatte, die große Truhe, in welcher sie kostbaren Schmuck mitführten, heranbringen und öffnen zu lassen. »Ja, ja«, hatte Kaiser Karl dem Befremdeten zugelächelt, »heute feiern wir ein Fest, eigentlich viele Feste für viele Siege.«

Als nun das Mahl bereitet war und die Tafel, reich mit Silbergeschirr bedeckt, in der Mitte der Halle prangte, da befahl der Herr Kaiser, daß Volkfried ihm zur Rechten, Frau Muthgard ihm zur Linken sitzen sollten, ihm gegenüber der Bischof und der Seneschall. Lindmuth und Volkbert aber mußten ihm die Speisen zutragen und den Becher füllen.

Und wenn die Kleine sich auf die Zehen stellte und dem Rotkehlchen in seinem Käfig, der an der Hinterwand der Halle hing, die Brotsamen zuschob von dem zarten Weizenbrot auf des Kaisers Tisch, dann sah das Vöglein mit klugen, vergnügten Augen auf das Mädchen herab, als wollte es sagen: »Und ich hab auch ein wenig mitgeholfen.«

Und als das Mahl zu Ende ging, da sprach der Herr Kaiser: »Nun hört, ihr getreuen Herzen, gar viel, was euch erfreuen mag. Die Gnade des Herrn Christus hat Großes an mir getan in diesen letzten Monaten und Wochen, ohne daß ich's wußte, ahnte!

All das schwarze Gewölk, das ich über dem Reich drohen sah auf vielen Seiten, hat er hinweggeblasen, ohne mein Verdienst, mit dem allmächtigen Hauch seines Mundes. Gar viel freudige Kunden trafen in diesen Tagen zusammen unter diesem schlichten Dach, so daß ich heut wohl ein Fest begehen darf. Mein tapferer Sohn Pippin hat den trotzigen Herzog von Benevent geschlagen. Mein tapferer Sohn Karl hat den letzten Ring der Awaren gestürmt. Mein Sohn Ludwig«, hier furchte er leise die Stirne, »nun, alle Söhne können nicht gleich kühne Helden sein, mein Sohn Ludwig meldet, mein gewaltiger Feldherr, Graf Wilhelm von Toulouse, hat Huesca und Saragossa in Spanien bezwungen. Nur Tortosa trotzt noch, doch davon alsbald mehr! Der Kalif von Bagdad, mein trauter Freund, Herr Harun al-Raschid – er ist ein edles, ein kluges und ein heiteres Haupt, aber seine Neigung, verkappt im Land herumzustreichen, ist doch zuweilen nicht ungefährlich, ich mache ihm das sobald nicht wieder nach –, hat mir die Schutzgewalt über das Grab des Heilands zu Jerusalem übertragen, sie fortab vereint mit ihm zu üben. Mein Comes Stabuli Burchard hat die sarazenischen Seeräuber mit meiner fränkischen Kriegsflotte – selbst hab ich sie geschaffen! – bei der Insel Korsika geschlagen. Dies Eiland und die Balearen – ich weiß wirklich gar nicht so genau, wo die liegen – haben meine Frankenschiffe erobert. Und der neue Dänenkönig Hemming bittet um Frieden.«

»Herr«, rief der Seneschall, »von allen Seiten kommen gute Nachrichten. Der Himmel hilft Euch sichtbar!« – »Ja«, sprach der Kaiser, langsam den Silberbart streichend, »dem Herrn allein die Ehre!« Da trat Hülsung der Westfale mit einer Meldung an des Bischofs Seite. Der sprach tief gerührt:

»Gott hat auch dieses schön gefügt! Der Mönch Fidus, der gute . . .« – »Was ist mit ihm?« fragte der Kaiser. »Aus vollem Herzen billigte und lobte ich, Herr Bischof, die Buße, welche Ihr ihm auferlegt. Das habt Ihr gut gemacht.« Da fragte Muthgard, freundlich sah sie dem Bischof in die Augen, und ohne Zucken erwiderte der den Blick: »Ich erfuhr von Graf Francio des guten Mönches Schuld und daß Ihr seine Buße bestimmen solltet. Was habt Ihr ihm auferlegt?« Bevor der Bischof antworten konnte, erwiderte der Kaiser: »Er hat ihm auferlegt, das Grab seines geliebten Weibes aufzusuchen und dort für beider Seelen Heil ein Vaterunser zu beten.« Da reichte Frau Muthgard Herrn Richwalt über die Tafel hinweg schweigend die schöne weiße Hand. Er drückte sie fest und fuhr ruhig fort: »Er war schon recht schwach, der gute Alte, da er von mir Abschied nahm; nun meldet dieser treue Mann, Hülsung der Westfale...« – »Ich kenne ihn wohl«, nickte der Kaiser. »Das alte Sachsenrecht wird eifrig in diesem Geschlecht überliefert und minder nicht die alte Heldensage. Gar manches Stück vom Kampf auf roter Heide hab ich von den Männern und Frauen des Hülsunghofes mir und Einhard erzählen lassen – keiner weiß soviel davon wie die Hülsunge! – für meine große Sammlung solcher Sagen. Gebt ihm einen Becher meines besten Weines. Er hat ihn sich redlich verdient.

Ich hatte ihn zum Führer der Bedeckung des Mönches bestellt. Sprich du selber, Hülsung.«

Der Westfale verneigte sich tief vor dem Kaiser und hob an: »Sowie er das einsame Grab wiedergefunden, das er selbst gegraben hatte – das Kreuz ragte noch ein wenig aus dem hohen, frisch gefallenen Schnee –, da hat er mir und den Wehrmännern geboten zurückzutreten. Mit lauter Stimme hat er dann das Vaterunser gesprochen und sich nach dem ›Amen‹ auf den Schneehügel geworfen mit dem Rufe: ›Hercha, liebes Weib! Nun führt uns Gott der Herr zusammen für immerdar.‹

Lang lag er so schweigend, regungslos, mit ausgebreiteten Armen; als ich hinzutrat, um ihn aufzuheben, da war er tot. Und ein seliges Lächeln hatte die Züge des Greises verjüngt. Da gruben wir ihm ein Grab neben seinem Weib und ließen die beiden Gatten nebeneinander im einsamen Wald ruhen.«

»Er war getreu bis in den Tod«, sprach der Kaiser. »Herr Christus, vergib ihm seine läßliche Schuld! Hätte ich Frau Hildigard aufgeben sollen, ich weiß nicht, ob ich mich nicht viel heißer versündigt hätte. Ja, die Frau Hildigard!« Er schwieg; plötzlich rief er: »Lindmuth, Kleine! Du hast ja Tränen in den Augen!« – »Verzeiht mir, Herr Kaiser, bei einem frohen Mahle! Aber ich habe Fidus sehr, sehr lieb gehabt.« – »Komm zu mir! So, an mein Knie. Einmal darfst du mir noch den Becher füllen. Ich habe den letzten, den dritten Trunk zu gutem Abschluß gespart. Bleib nur hier an meinem Knie, du bist wie der Frühling, wie auch sie meines Lebens Frühling war.

Ich bin noch nicht zu Ende mit meinen Botschaften. Das Beste, das Größte hab ich zum Schluß aufgehoben.« Er winkte Audulf, nahm diesem eine mächtige Pergamentrolle mit schwerem Siegel ab und hielt sie in die Höhe. »Hier! Das langersehnte Schreiben aus Byzanz. Der Kaiser daselbst hat mich endlich als Kaiser anerkannt.« Stolz und freudig leuchteten die blauen Augen: »Der Kaiser dort nennt mich ›seinen Bruder‹, nennt mich ›Basileus‹ und ›Imperator‹! Das ist, seit Papst Leo mir die Krone aufgesetzt, das mächtigste Geschehnis in der Welt. Der lange Krieg mit Byzanz, er ist zu Ende. Versöhnt sind Abendland und Morgenland, die ganze Christenheit hat Frieden. Und was schreibt nun mein Gesandter aus Byzanz? ›All meine Mühe war umsonst, da lief ein Schreiben des Bischofs von Arezzo ein‹«, der Kaiser blickte hinüber zu Richwalt, der die Augen niederschlug, »›das hat ihn völlig umgestimmt. So geistüberwältigt hat ihm das Schreiben dargewiesen, daß seines eigenen Reiches Vorteil wie der des Abendlandes diese Anerkennung und die Versöhnung fordere.‹ – Der Mann, der diese Staatsschrift verfaßt hat, darf mir nicht Bischof von Arezzo sein, das kann ein anderer auch – und vielleicht besser. Mein Kanzler Rado ist gestorben, er war mir schon lange zu alt und zu langsam, ich brauche einen raschen

Geist um mich, einen Mann von klugen, scharfen, feinen Gedanken, der das Herz der Menschen kennt in allen seinen Tiefen, in seinen Schwächen und Leidenschaften und in seiner Heldenkraft. Diese aber ist: die Stärke der Entsagung. Denn es ist mir schon lange bewußt, das ist die Tugend, die der echte Christ und der echte Held, und sei er Heide wie mein Freund Harun, gemein haben: die allüberwindende Stärke der Entsagung, die Tod und Schmerz nicht scheut, nein, freudig überwindet, weil also Gott, weil so die Treuepflicht gebietet. So war Fidus, der alte Mönch, der leibschwache, ein Held, wie's dieser starke Volkfried da zu meiner Linken ist. Der Kanzler, den ich brauche, der seid Ihr, Herr Bischof. Ich werde das schon durchsetzen bei dem Herrn Papst, er hat mir das gleiche wiederholt bewilligt. Und als mein Kanzler und oberster Paladin dürft Ihr auch, obzwar Bischof, die Waffen führen. Nur ein Feind ist noch unbezwungen. Im Laufe des Jahrs wird ein neuer Feldzug gegen die Araber in Spanien nötig. Zweimal hat mein Sohn Ludwig vergeblich Tortosa belagert; es muß fallen! Das ganze Heer des Reiches sende ich dazu aus. Und Ihr, Herr Kanzler, sollt dies Heer mir führen. Man weiß, daß Ihr die Heere wie das Schwert zu führen wißt. Nehmt hin, hier, Audulf, reiche es ihm, mein eigen Schwert. Ich weiß, vom Sieg umlaubt bringt oder«, und der Kaiser sah im gütevoll, aber traurig tief in die Augen, »oder schickt Ihr mir's zurück.«

Da fuhr er auf vom Sitz, der sonst so streng sich bändigende Mann, mit beiden Händen griff er leidenschaftlich nach dem breiten, eingescheideten Schwert, das ihm Audulf darreichte. Er riß es an sich, er drückte es an die Brust, er küßte hastig den Knauf und konnte nur stammeln: »Dank Euch, mein Kaiser!« Und die so traurigen Augen strahlten vor glückseligem Stolz.

»Und ich werde dafür sorgen«, fuhr der Kaiser fort, »daß Ihr zwar nicht unsere Freundin Muthgard selbst, aber deren jüngeres Ebenbild oft am Hof seht. Nein! Erschrick nur nicht. Ich schleppe dich nicht fort von den Eltern – noch nicht! Aber in ein paar Jahren! Ich habe, Frau Muthgard, am Hofe einen gar feinen Knaben von zwanzig Jahren, den Sohn des Grafen Wido, von dort, wo der starke Rhein der schlanken Jungfrau Mosel sich vermählt. Was sagt Ihr zu dem künftigen Schwiegersohn?« – »Aber, Herr Kaiser«, sprach die Frau. »Wie mögt Ihr spottend scherzen mit der heiligen Ehe? Eines schlichten Freisassen Kind und . . .«

»Ja so!« Und er lächelte vergnügt vor sich hin. Er schwieg eine Weile und strich den schönen, langen, blütenweißen Bart. Dann sprach er laut, ohne irgendeinen der Tischgenossen dabei ins Auge zu fassen, gerade vor sich hin: »Ein Gesandter der Wilzen kam vor einer Stunde. Sie unterwerfen sich. Sie bitten um Erlaß der Strafe. Esesfeld ist von ihnen geräumt. Die Burg muß erweitert werden, aus der schmalen Grafschaft mache ich eine große Markgrafschaft. Herr Markgraf von Esesfeld, zieht ein in Eure Feste!«

Er rief das so laut, jetzt plötzlich auf Volkfried blickend, daß dieser sich umwandte, um den so Angeredeten zu sehen.

Aber hinter ihm stand niemand.

Erstaunt sah er nun auf den Kaiser; der aber lachte laut und sprach: »Du, Volkfried, bist der Markgraf von Esesfeld. Deiner Treue – ich habe sie erfahren! – vertraue ich diese schwer bedrohte Mark an. Aber ein Markgraf muß Grundbesitz haben. Das Allod des Verräters Hardrad ist dem Krongut verfallen. Nach Abzug dessen, was der Elende deinen Nachbarn widerrechtlich abgepreßt . . . ich schenk's dir, Markgraf Volkfried, es bleibt noch genug! Ihr aber, schöne Frau Markgräfin . . .«

Frau Muthgard jedoch rang schon lang gewaltig mit sich. Sie konnte sich der Freude nicht voll hingeben. Statt frohen

Stolzes lag der Ausdruck der tiefen Beschämung, der Scheu, der Reue auf ihrem edlen Antlitz. Ihr Busen wogte, die sonst so weiße Stirn erglühte, die Nüstern der feingeschnittenen Nase zuckten. Plötzlich sprang sie auf, warf sich ungestüm zu Füßen des Kaisers und streckte beide Hände wie abwehrend gegen ihn empor.

»Haltet ein, Herr Kaiser, halt! Ihn belohnt – nichts ist zuviel! Er ist das treueste Herz der Welt. Ich aber verdiene nicht Lohn, Strafe verdiene ich für schwere Schuld. Seit Monaten lastet sie auf mir! Ich muß es von der Seele wälzen! Bestraft mich! Ich ward Euch und Eurem Recht ungetreu!«

Staunend, mit großen Augen sah Kaiser Karl auf das schwer ringende Weib.

»Seit ich gewußt«, fuhr sie in atemloser Hast fort, »der Kaiser steht vor mir, wollte ich's Euch gestehen. Euch allein, Euch im geheimen. Aber nun! Nun, da Ihr solche Huld, wie nur Gott oder doch wie nur ein sehr großer Kaiser kann, ausgeschüttet über mich und all die Meinen, nun sei's meine Strafe, daß es alle hören. Ich habe meines Mannes Bruder, Volkhelm, der da draußen schläft im Wald, als er geächtet war, zwar nicht ins Haus genommen, so heiß er bat, aber – er war am Verschmachten – ich hab ihm vor dem Hofzaun zu essen und zu trinken gegeben. Wir wollten beide, schon bevor wir in die Bärenhöhle flohen, zu Euch nach Aachen gehen, Euch alles sagen und Euch fragen, welche Strafe darauf steht. Sagt's, Herr Kaiser, und gebt mir keine Gnade, sondern meine Strafe! Ich bitte Euch darum auf meinen Knien.« Und sie schwieg erschöpft und warf die beiden zusammengeschlungenen Hände auf des Kaisers Knie, und fest darauf drückte sie den herrlich gerundeten Kopf, und über ihren Nacken floß gelöst das wunderschöne blonde, das wellige Haar.

Tiefe Stille entstand in der Halle, niemand wagte ein

Wort. Die Leute hielten den Atem an, denn der Kaiser sah sehr, sehr ernst auf das gebeugte Weib, das vor ihm lag. Endlich, nach geraumer Weile, sie schien den Gästen allzu lange, sprach er: »Du willst es. So werde dir dein Recht. Hülsung, alter Schöffe, du warst dabei, als wir das Sachsenrecht neu ordneten zu Aachen. Finde du das Urteil: Was sagt für diese Tat das Sachsenrecht Kaiser Karls?«

Der Westfale erhob sich, tief erschrocken: »Herr Kaiser, Ihr werdet doch nicht? Ihr wollt . . .?«

»Soll ich zweimal um ein Urteil bitten?« sprach der Gewaltige mit drohender Stimme. »Sprich, Schöffe! Oder kennst du nicht dein eigen Sachsenrecht, das du mir verzeichnen halfst?«

Da sprach der Mann, die linke Hand auf die Brust legend, die rechte hoch erhebend, feierlich: »Ich weiß das Sachsenrecht Kaiser Karls: Wer einen Ächter beherbergt, der soll des Todes sterben.« – »Das hat sie nicht getan! Weiter.« – »Wer aber einem Ächter zu essen oder zu trinken gibt, der soll den Hals in Ketten tragen bis an sein Ende.«

Alles blieb still in namenlosem Schrecken.

Nur Lindmuth trat vor und hob beide Hände bittend zu dem Kaiser auf.

Der aber sprach, die hohe Stirn entwölkend, und wunderschön leuchtete nun der milde, freudige Blick des blauen Auges: »Du hast den Spruch gehört? Du willst nicht Gnade, sondern Strafe – nimm sie denn!« Er löste von seinem Hals die schwere Goldkette, die in zwei breiten Schnurreihen zweimal ihn umschloß, und hängte sie um den weißen Nacken der knienden Frau.

»Steh auf, Frau Muthgard, du Schöne und Getreue, und trage diese deine Strafe bis ans Ende. Gott segne dir, mein Töchterlein, dein klares Antlitz und deine klare Seele«, sprach der Kaiser und strich ihr leise über das Haar.

Langsam erhob sich, leise bebend, die edle Gestalt.

»Dank!« hauchte sie. Dann suchten ihre feuchten Augen das Auge des Gemahls. Der drückte ihr nur stumm die Hand. Sie war so schön wie nie zuvor.

Lindmuth schenkte Richwalt ein, aber der Becher war ganz voll, es war nur eine List. »Mein Freund und – o mein Herr!« flüsterte sie. »Ich will mich gar nicht vermählen. Ich will immer bei der Mutter bleiben, abends für Euch beten, aber auch des Tages über recht viel an Euch denken, mit geschlossenen Augen, da geht es am besten, Euer Antlitz schauend und . . .« – »Die Mutter wird dich selbst an den Hof schicken.« – »Treffe ich Euch dann am Hof?« fragte sie rasch und freudig. »Gewiß! Ich werde dich dann vielleicht – aber beeile dich, in zwei Jahren triffst du mich nicht mehr dort! – selbst mit dem Grafensohn trauen.« – »Ich mag ihn aber gar nicht!« – »Das ändert sich, mein Kind. Er ist sehr schön. Du wirst ihn schon morgen, wenn ich . . . geh, schenke Herrn Audulfs leeren Becher voll.« Und er schob sie sanft von seiner Seite weg.

Kaiser Karl aber erhob seinen Pokal und rief mit freudiger Stimme: »Erst laßt uns demütig dem Herrn Christus danken, der alles dies so wunderbar gelenkt: Herr Gott, wir danken dir! Und nun ruft Heil mit mir, ein lautes Heil, dem Kanzler und dem Markgrafen Heil. Sie waren treu – treu bis zum Tod –, darum hat sie Gott mit Sieg gekrönt!«

Zehntes Kapitel

Es war im Spätsommer dieses Jahres.

Ausgebaut, vollendet war die Burg zu Esesfeld.

Auf dem Dach des höchsten Turmes flatterte der blumenbunte Kranz, den die Zimmerleute als frohes Zeichen des Abschlusses ihrer Arbeit um den Firstbalken geschlungen hatten.

Auf der Zinne seiner Burg aber stand der Markgraf der neugeschaffenen Eidermark, an seiner Schulter lehnte seine schöne Markgräfin, an beider Knie schmiegten sich die Kinder. Das Jahr war ein reichgesegnetes gewesen. Überall, wohin das Auge traf, strotzte das fruchtbare Land: Spelt und Hafer nickten mit wehenden Halmen im sommerlichen Abendwind.

Und er Markgraf streckte den rechten Arm aus und wies seinem Weib nach allen Himmelsrichtungen, wie weit sein Amtsgebiet sich dehne und wo das Kronland mit des Markgrafen Allod oder Lehngut grenze. – »Siehe«, schloß er, »soweit du schauen magst, all diese reichen Felder, sie sind mein eigen.«

Da hob sich die Brust der Frau voll höchsten Stolzes auf ihren Mann. Sie sah mit holdem Blick zu ihm empor, drückte zärtlich seine Hand und flüsterte ihm zu:

»Und all das hast du erreicht, nur durch die eigene Kraft und Treue. All das dankst du allein dir selbst! O Volkfried, was bist du für ein Mann! Wie ich dich liebe!« Und erglühend barg sie das schöne Haupt an seiner Brust.

Und die Abendsonne legte ihren vollen Strahlenguß auf die Frau, ihr welliges Haar leuchtete wie Gold.

Und dieselbe Abendsonne leuchtete zur selben Stunde im fernen Spanien auf ein blutiges Feld.

Die große Schlacht vor Tortosa war geschlagen. Ein Sieg der Franken, wie er seit vielen, vielen Jahren nicht erfochten worden war. In zwei Tagen hintereinander hatten die Christen das Entsatzheer abgewehrt, welches in ungeheuren Massen von Córdoba herangezogen war, und gleichzeitig den letzten verzweifelten Ausfall der Belagerten. Lange, lange schwankte die Schlacht hin und her. Endlich hatten sich vor den Reihen beider Heere getroffen und im Einzelkampf gemessen ein Paladin der Franken und der große Emir von Córdoba selbst, Ibrahim, »der Zauberer des Schwertgefechts«, wie ihn der Islam in ganz Spanien und Afrika pries. Als ihn nach hitzigem Gefecht ein Stoß durch die Kehle vom Rosse warf, da hatte das Entsetzen seine heulenden Araber in wilder Flucht entschart.

Da war auch die gleichzeitig ausfallende Besatzung von Tortosa in die Feste zurückgetrieben worden. Mit den Weichenden vermischt waren die Franken in das Osttor der Stadt eingedrungen, die Geschlagenen flohen zum Westtor hinaus.

Damit schien dem durch zweitägiges Ringen gegen die Übermacht erschöpften Heer der Sieger für diesen Abend der Arbeit genug getan, denn die heiße Augustsonne sank bereits.

Aber da sprengte, hochragend auf schwarzem Roß, der Franken Oberfeldherr auf den Marktplatz der Stadt. Er befahl mit Trompetenruf, eine kleine Schar von Reitern hier um ihn zu sammeln. Bis ein müdes Häuflein beisammen war, hielt er auf dem Platz. Schwer atmend, aber stolz saß er im Sattel, vom schwarzen Helm bis an den Wehrgurt über und über mit Blut bedeckt.

Jetzt trieb aus einer Seitengasse Audulf, der Seneschall, das matte Pferd heran.

»Wie, Herr Kanzler?« warnte er. »Ihr wollt noch nicht ruhn? Zwei Tage lang habt Ihr über Menschenkraft hinaus gekämpft, über Menschenmaß hinaus gesiegt. Erst Ibrahim vom Gaul gestochen! Und der erste im Tor von Tortosa! Ihr blutet aus vielen Wunden!«

Aber der Kanzler hob sich in den Bügeln: »Keine tief genug!« Aus seinen dunklen Augen leuchtete ein wunderbares Feuer. Nicht einem Lebenden, einem bleichen Geist der Schlachten sah er ähnlich. Er hob schräg den Arm hoch und wies waagrecht mit der schmalen Klinge nach Westen dem Feinde nach: »Blast! Blast zur Verfolgung! Kaiser Karl und Sieg!«

Und bei dem schmetternden Ruf der lauthallenden Reiterfanfare – von Kindheit hatte er diesen Klang vor allen anderen Tönen geliebt! – jagte Richwalt, hell aufjauchzend vor Kampfes- und Siegeslust, weit voraus den Seinen zu dem Westtor hinaus. Verwildert in dem langen Krieg war ihm Bart und Haar. Im Westwind flogen ihm wieder die langen dunklen Locken aus dem Helm, wie er sie vor dem Mönchsgelübde in froher, stolzer Jugendzeit getragen. Durstig sog er noch einmal tief die Luft, die Lust, den Stolz des Lebens, in vollen Zügen ein. Die andern konnten ihm nicht folgen, bald war er ganz allein.

Am Rand eines Piniengehölzes hatte sich, den Rückzug der Massen zu decken, ein Häuflein arabischer Pfeilschützen in dem Waldgraben festgesetzt. Eine bunte, mit vielem Gold geputzte lange Fahne ragte aus ihrer Mitte. Kurz vor ihnen hielt der Reiter auf der breiten, ganz offenen Heerstraße. Er schleuderte den Helm vom Haupt, schnallte und riß die Brünne von der Brust, ließ den Schild vom linken Arm fallen und sprengte unter die Feinde mit dem jauchzenden Ruf: »Karl und Muthgard!«

Sie schossen ihre kurzen, spitzen schwarzen Pfeile ab. Ein ganzes Schwirrgewölk davon zischte ihm entgegen, aber sie hielten nicht stand, als der mächtige Rappe nun in edlem Schwung stolz wiehernd unter sie setzte. Den Bannerträger holte der Verfolger noch ein, durchstach ihn und riß ihm die Fahne aus der Faust.

Dann stürzten, von vielen Pfeilen getroffen, Rappe und Reiter.

In der Ferne, im Westen, verschwanden die fliehenden Feinde.

Die Abendsonne schien voll zwischen den Wipfeln der Pinien hindurch in das bleiche Antlitz; er hatte die Augen geschlossen.

»Um Gottes willen, Herr Kanzler!« rief nach kurzer Weile der graubärtige Audulf, über ihn gebeugt. »Ich sah, was Ihr getan! Ihr habt ihn gesucht, den Tod.«

»Nein«, sagte der Sterbende, die Augen noch einmal aufschlagend, »den Sieg und – endlich – den Frieden! Bringt dem Kaiser dieses eroberte Banner; es ist das zwölfte. Und hier sein Schwert – gebt es ihm zurück. Ich hab's geführt, wie er erwartet hat. Nun sterbe ich doch, ein Held, für ihn, wie einst sein Roland fiel – bei Ronceval. Grüßt ihn und . . . Ah, da ist sie schon! Sie schreitet, nein, sie schwebt heran! Sie lächelt, den Himmel seh ich strahlend offenstehen! Muthgard! Der Ehre und dir – bis zum Tode – getreu.«